Temple of Heaven
Temple of Agriculture
Yung ting Gate
Moat
Moat
Pei-shang Gate
Shen-wu Gate
Yu chien Pavilion
Tung hua Gate
Hsi hua Gate
The Well for the Imp. Kitchen
Bridges of the Inner Chin Shui
Chin Shui Bridge

故宫国宝

向斯◎著

中国工人出版社

序　言

故宫，是在明清紫禁城基础上建立的皇家博物院，是一座文明灿烂、文物琳琅满目的宝库。

故宫，占地72万平方米，建筑面积17万平方米，房屋建筑面积15.5万平方米。现存宫殿980余间，房屋8728间。

故宫呈长方形，南北长961米，东西宽753米，周长3428米。有4座城门，南为午门，北为神武门，东为东华门，西为西华门。北门神武门，原名玄武门，因为避康熙皇帝玄烨讳，改称神武门。城墙高10米，呈梯形结构，上宽6.7米，下宽8.6米。城墙外16米，是护城河，河宽52米，深6米。

故宫，是世界上现存最大的皇家宫殿建筑群，是一座精美绝伦的中国皇家宫殿，是中国古代建筑工艺集大成者的最高建筑典范。

故宫，是明清帝王之家，明代14位皇帝、清代10位皇帝，先后生活在这里。从明永乐年间建成之日，到清朝末代皇帝溥仪逊位，中国帝制时代结束，经历了492年。

故宫，全称故宫博物院，以古物馆、图书馆、文献馆三大馆闻名遐迩。

北京故宫博物院，收藏、保管着紫禁城遗留下来的皇家图书、档案、古物珍宝，现存藏品总数达186.3404万件；其中，珍贵文物，168.4490万件；一级品，8873件。

文献馆，后改称中国第一历史档案馆，收藏中国古代宫廷档案文献一千余万件。

台北故宫博物院，收藏、保管着中国古代图书、文献、古物62万余件；其中，1933年以后，故宫博物院分批南迁运往台北文物，计2972箱，

238951件。

皇宫宝地，珍宝遍地，琳琅满目。琳，青色美玉；琅，白色美玉。琳琅满目，就是满院满目都是珍贵国宝。

让我们一起，怀着敬畏之心，屏住呼吸，走进皇宫，寻访宫中珍宝，探究宫廷生活，品味皇家的衣食住行，感受皇帝的喜怒哀乐。

2021年2月

目 录

第四章　解密《富春山居图》

第五章　解密溥仪盗窃国宝

附　宫廷国宝的命运

第一章 解密国宝大迁移

故宫三大馆

故宫博物院成立

1924 年 11 月 5 日，溥仪和他的后妃们被驱赶出宫。11 月 24 日，由社会各界知名人士和政府官员组成的办理清室善后委员会，以公正的态度，清点清宫遗物，办理各种善后问题。委员会设委员长 1 人，由李煜瀛先生担任，下设委员 14 人：民国代表 9 人——汪兆铭（易培基代）、蔡元培（蒋梦麟代）、鹿钟麟、张璧、范源濂、俞同奎、沈兼士、葛文濬、陈垣；清室方面 5 人——绍英、载润、宝熙、耆龄、罗振玉。当时的摄政内阁发布命令：（清室善后）委员会结束之后，即将宫禁一律开放，备充国立图书馆、博物馆之用。

1912 年 2 月 12 日，清帝溥仪退位之后，紫禁城被称为故宫。各国有直接以皇宫命名博物院的，如土耳其伊斯坦布尔托普卡珀宫博物馆、德国柏林皇宫博物院。在北京，因为博物院以故宫为院址，主要职责是收藏、整理、保管和利用清宫所遗留的国宝、文物、图书、档案，所以，最终确定成立故宫博物院，院中设立两大馆：图书馆、古物馆。图书馆之下，设立图书部、文献部。选出董事 21 人，理事 9 人，并产生了《故宫博物院临时组织大纲》。

故宫博物院设立临时董事会和临时理事会，设立董事 21 人：严修、卢永祥、蔡元培、熊希龄、张学良、张璧、庄蕴宽、鹿钟麟、许世英、梁士诒、薛笃弼、黄郛、范源濂、胡若愚、吴敬恒、李祖绅、李仲三、汪大燮、王正廷、于右任、李煜瀛。设理事 9 人：李煜瀛、黄郛、鹿钟麟、易培基、陈垣、张继、马衡、沈兼士、袁同礼。

故宫全景

故宫，又称故宫博物院，在古代作为元明清三朝皇帝的居住、办公场地，现如今是北京城内的综合性博物馆。故宫是世界上现存的规模最大的，也是保存最完整的木质结构的宫殿建筑群，收藏了明清时代的奇珍异宝，记录了明清宫廷历史。

故宫内廷

溥仪出宫以后，在谈到宫中的稀有珍宝和宫廷秘籍时说："宫中之物，系汉唐以来历朝之物。吾既逊位，不得而私。一切珍宝，本来出自人民，吾不得据为己有，望国民政府，公诸人民。"

古物馆

1925 年 10 月，故宫博物院成立，最初设立两大馆：古物馆和图书馆。故宫博物院理事会公推易培基为古物馆馆长，张继为副馆长。馆址最初设在隆宗门内南屋三间，后迁往慈宁宫北部的西三所。1928 年 6 月，国民政府接管北京以后，任命李煜瀛为故宫博物院委员长，易培基为故宫博物院院长兼古物馆馆长。

故宫博物院又从社会各界聘用古器物、历史、文献等方面的专家学者出任古物馆专门委员会委员，负责审查、鉴别宫廷书画、铜器、瓷器、竹器、木器等宫藏古代器物和珍宝。古物馆古物委员会，专门委员有：江庸、沈君默、吴瀛、俞家骥、容庚、陈汉第、郭葆昌、福开森、邓以蛰、钱桐等。另有三位德高望重的委员，到任后不久即故去：丁佛言、廉泉、曾熙。

图书馆

故宫博物院图书馆接收的是清宫各皇家书室收藏的古旧图书。陈垣任图书馆馆长，袁同礼、沈兼士任副馆长。馆中设图书、文献二部，以紫禁城西部的寿安宫为馆址，而图书馆文献部的办公处设在紫禁城外东路的南三所。1926 年 12 月，江翰任故宫维持会会长，图书馆接收了国务院移送过来的观海堂、方略馆、资政院原藏古书和前清军机处军机档案，图书馆组织人员进行全面整理。

1927 年 11 月，王士珍任故宫博物院管理委员会委员长。故宫博物院仍设古物馆、图书馆，图书馆下设图籍、掌故二部，任命傅增湘为图书馆馆长，袁同礼、许宝蘅为副馆长。图书馆负责提取各宫殿图书，集中于寿安宫分类收藏。1928 年 6 月，易培基任院长，聘用庄蕴宽为图书馆馆长，袁同礼为副馆长。1929 年 5 月，故宫博物院成立图书馆图书专门委员会，聘请全国古籍方面的知名学者出任专门委员：陈垣、张允亮、陶湘、朱希祖、卢弼、余嘉锡、洪有丰、赵万里、刘国钧。

文献馆

1927 年 6 月，图书馆文献部改称掌故部。1928 年 10 月，故宫博物院调整院设机构，设立秘书、总务二处和古物馆、图书馆、文献馆三馆。从此，掌故部从图书馆中分离出来，单独成立文献馆。文献馆系宫廷文献宝库，专门收藏宫廷文献档案，计有一千余万件，主要包括五大类：内阁大库档案、军机处档案、内务府档案、宗人府档案、宫中档档案。但明代的档案却极少，仅 3000 余件，而且主要是明末时期的兵部档案。

档案是活的历史，每一份档案都代表着一个重大历史事件或一段真实的历史故事。可惜的是，有许多重要的历史档案，由于人为的原因而惨遭损毁，这其中最著名的事件便是“八千麻袋事件”。

事情的来龙去脉是这样的。

清末宣统元年（1909 年），清室决定修缮年久失修的内阁大库。修缮之前，将大库内收藏的大部分《实录》《圣训》暂时移送大库南边的银库；库藏的书籍、档案一部分存放在大库内，另一部分存放在文华殿两庑。

不久，内阁大学士、管理学部事务的军机大臣张之洞，奏请以内阁大库所藏书籍设立学部图书馆，其余则系“无用旧档”，请求焚毁。张之洞的奏请，清室自然同意。第二年（1910 年）六月，内阁大库修缮完成。库藏的《实录》《圣训》仍旧送回大库，而库藏的书籍、档案，则如张之洞所请，没有送回大库。学部派参事罗振玉，前往内阁接收库藏书籍。

罗振玉看到堆积如山的书籍和档案，随手翻阅，觉得均很珍贵，绝不是“无用旧档”，而是近代史上十分罕见的稀世史料。罗振玉立即上告张之洞，请求留下这批珍贵档案，不能焚毁。这批档案就这样幸免于难，侥幸保存了下来。之后，档案全部交学部收存，一部分拨交国子监南学，一部分送贮学部大堂后楼。

1913 年，北洋政府教育部于国子监旧址设立历史博物馆，该馆接管了这里的档案。三年后，历史博物馆迁至午门，档案也随之带到午门进行整理：部曹数十人，每人拿一根木棍，将满地的档案随意乱拨，稍整齐的收藏起来，其余的则通通装入麻袋，准备处理。待处理的档案多达八千麻袋，重 15 万余斤，该馆仅以 4000 元的破烂价卖掉！这便是“八千麻袋事件”。万幸的是，这批档案因为罗振玉出面收购，最后得以保存下来。

国宝紧急装箱

专家挑选国宝

1931年，九一八事变，日军虎视眈眈，准备将战火引向中国华北地区。故宫博物院感到形势危急，奏呈国民政府应急方案：请有关专家将院中所藏百万件文物，选取精品，装箱南迁。国民政府审时度势，同意了这一方案。

故宫国宝装箱南迁，是当时国民政府决定的，并由行政院代理院长宋子文亲自密电启运。档案记载："迭经本院当局与中枢人士文电筹商始行启运决定。本院于三三年二月间，接到行政院代理院长宋子文密令：启运。本院遂即开始筹备，选择精品，分别装箱，编号造册，加封标识。住再数月，并连同前古物陈列所等家，选择一万九千余箱，分五批装火车，经平汉、陇海、津浦、京沪等路，运到上海，租妥楼房，入库保存。"

文物装箱工作，是从1932年秋天开始的。虽然有人认为这是杞人忧天之举，但事实证明这是明智的决策，为后来的突发事件赢得了宝贵的时间。1932年秋初，故宫博物院理事会立即通过装箱南迁决议，报请国民政府核准以后，故宫职能部门和三大馆立即行动起来。秘书处和总务处负责各项准备和协调工作，三大馆则着手本馆文物精品的装箱南迁。

文物装箱，可是一门专深的学问。一方面，文物、古董、珍贵书籍如何装；另一方面，哪些国宝、秘籍应该装。

故宫博物院主任欧阳道达先生参与了装箱工作，他在给故宫马衡院长的信中说："本院第三次院务会议讨论事项，总务处提案中，有关于南迁所字号箱拟请令饬拔还本院云云：南迁所字号箱，在伪政府时，分院已办移交，并呈报在案。现既议决，建议上级机关当候指示办理。惟有二事，须于移运前决定：一、在抗战时，为检查潮湿、损伤等项，启封、重装之所字号箱，原经决定须开箱按册点交，目前，是否即应完成是项手续？抑待上级机关关于拔还这一问题指示而决夺？二、京字号箱中，尚有所字号文物，在移运前应否办理移交？以上二事，敬请先生即予指示，俾有遵循。”

装箱工作开始于1932年秋天，到1933年5月方才结束。古物馆、图书馆、文献馆都是集中精通业务的专家精心挑选的，许多珍贵的国宝、秘籍被装箱南迁。

珍宝装箱——古物馆

古物馆负责的宫廷古物，种类繁多，品种多样。其中，最为珍贵的就是为历代皇帝们所津津乐道的书画、陶器、瓷器、玉器、金银器和铜器。

清代宫廷收藏着中国古代丰富的书法、书画手卷，这些珍稀之物，都是历代宫廷流传下来的，是历代皇帝御笔之作和各朝名家珍品。这些历代书画佳作，一直主要集中存放在内廷东六宫中的钟粹宫和斋戒之地的斋宫。其他皇帝和后妃们生活起居的重要宫室，也有相当一部分珍稀书画，共计9000余件。

清宫遗存的这些书画名作，包括西晋、东晋、隋、唐、宋、元、明、清的名家佳作和清朝皇帝的御笔珍品。其中，主要有：

东晋王珣行草《伯远帖》卷、隋展子虔《游春图》卷、唐虞世南行书《摹兰亭序帖》卷、唐阎立本《步辇图》卷、唐韩滉《五牛图》卷、唐颜真卿行书《湖州帖》卷、五代杨凝式草书《夏热帖》卷、北宋王诜《渔村小雪图》卷、北宋张择端《清明上河图》卷、南宋李唐《采薇图》卷、南宋高宗赵构真草《养生论》卷、元赵孟頫《水村图》卷、明唐寅《函关雪霁》轴、清王翚《秋林赋诗图》轴、清郎世宁《聚瑞图》轴等。

书画中的精品，凡留存宫中的，都精选装箱，几乎被网罗一空。

玉器是清朝历代皇帝、后妃之所爱，清代宫中玉器，数量之众多，品种之精美，都是史无前例的。玉器中的精品，集中在斋宫，这次全部装箱南迁。

瓷器历来是中国宫廷的至爱，也是中国历代宫廷之中收藏最多、品种最为齐全、做工最为精美的古物之一。

宫中瓷器的精华，集中在东六宫的景阳宫，包括宋钧窑、哥窑、汝窑、官窑、龙泉窑，元钧窑、临川窑等名窑精致瓷器，有 3700 余件；还有景祺阁，收藏有 3400 余件明瓷精品。所有这些瓷器，7000 余件，全部装箱。

古物馆所选择的南迁国宝，是宫廷珍宝中的精品，全部装箱，都是按照英文顺序进行编号，从 A 到 F，共 2585 箱。后来，又补充了 46 箱，按照天干编号。

古物馆木箱按照英文编号的 2585 箱，包括：

A. 瓷器 1058 箱，玉器 158 箱，铜器 55 箱。

B. 书画 128 箱，杂项 380 箱，新提 806 箱。

其中，A 类玉器 158 箱内，有 3 箱装的是宫中的稀有碑帖。当时，碑帖和玉器库房紧邻，挑选玉器的专家知道这些碑帖的珍贵，顺手将它们提出，放在玉器库房中，随同玉器一起装箱，专门负责编号的人就将它们编入玉器类中。

杂项 380 箱，是宫中一些珍稀玩赏类的珍宝，包括朝珠、如意、具、扇子、印章、漆器、玻璃器、鼻烟壶、雕刻品、多宝格器玩等。

后来补充的古物馆珍宝 46 箱，包括：

玉器 14 箱，铜器 2 箱，剔红 10 箱，景泰蓝 15 箱，象牙 5 箱等。

古籍装箱——图书馆

图书馆的古旧珍贵秘籍，包括两个部分：一是存放于收藏珍贵秘籍原地的特藏珍本书籍，二是集中于寿安宫的各宫殿古书。图书馆首先将存放于原地的特藏秘籍就地装箱，然后在寿安宫将重要书籍精选装箱。图书馆装箱秘籍，按照分类编号，分别以各类古书的首字，或者代表性文字，或者收藏地按序编号，共计装贮 1415 箱：

唐　阎立本　《步辇图》卷

这是一幅色泽浓厚、艳丽的工笔人物画作。描绘的是唐太宗李世民接见吐蕃使臣禄东赞的情景，反映了唐朝的重大历史事件，是当时歌颂汉藏民族友好交往的作品。松赞干布派使臣来迎娶文成公主入吐蕃，使唐朝和吐蕃在很长一段时间里和平相处。

清　乾隆时期　鼻烟壶

海蓝宝石，电气石塞。

宋哥窯葵花盌

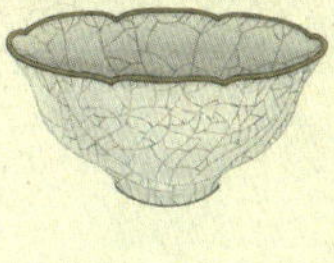

高一寸六分深一寸三分口徑三寸六分有足百圾碎鐵足質重釉純隱紋如魚子是哥窯小品之精者

宋龍泉窯素洗

高一寸九分深一寸六分口徑五寸二分有足冬青色博物要覽云龍泉窯妙者與官哥窯爭艷但少紋片紫骨耳是器粉骨鱔血邊色極青翠為處器中佳者

明宣德窯霽青盤

高一寸四分深一寸一分口徑四寸三分有足底有楷書大明宣德年製暗款按陶說明宣德間用蘇泥勃青至成化後僅用平等青故論者以宣窯為明時極盛

明宣德窯霽紅盌

高二寸五分深二寸口徑五寸四分有足底有楷書大明宣德年製暗款是器紅色鮮明線口勻淨釉水瑩厚作橘皮紋乃霽紅之佳者

明萬歷窯盤

高一寸深八分口徑
四寸七分有足底有
楷書大明萬歷年製
款器中梵書大字周
畫梵書小字質釉純
潔青色勻淨係官局
進用之物與民窯器
不同

明仿哥窯奩

通蓋高三寸四分深
二寸四分口徑三寸
九分有蓋有足器內
掙釘五鐵足紫口百
圾紋較哥窯為細釉
水瑩厚如堆脂亦有
棱眼雅可愛玩

宋定窯菊花瓶

高五寸一分深四寸
五分口徑一寸二分
有足瓶腹上作菊瓣
考留青日札定器有
南北二窯南定窯有
花者出南渡後此器
釉質稍遜當即南定
器也

明仿官窯匜

高一寸五分深一寸
二分口徑四寸五分
有流有足考明代有
歐窯仿官均窯色者
頗佳是器碎紋純細
質用宜興白土而細
潤堅潔釉亦絕厚洵
為歐器之佳者

宋定窯葵花盌

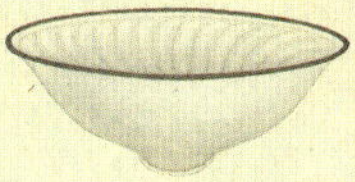

高一寸三分深一寸一分口徑四寸二分有足器內有葵花紋釉白潔瑩潤胎質亦細定器小品㝡難得洵屬文房佳玩

宋象窯瑞芝尊

高四寸一分深三寸六分口徑四寸有足腹周瑞芝上下有蟬翼考留青日札象窯色如象牙是器有蟹爪細紋色白而質潤特稍亞於定甆耳

宋汝窯蟠龍洗

高一寸五分深一寸三分口徑五寸六分色作卵白汁水瑩厚通體有蟹爪紋器中隱起蟠龍底有環紋鐵骨無泑中排小掙釘三考宋時命汝州建青器窯屑瑪瑙為油較官窯質製尤滋潤觀此器可見當時成造之工

宋均窯花式盤

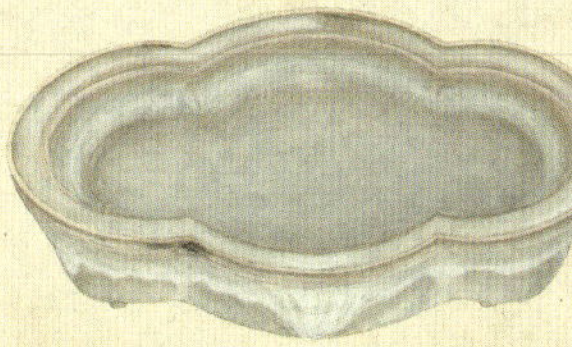

高五分深四分口縱三寸七分橫七寸式如海棠瓣蔥綠色底四足有掙釘痕通體泑質濃厚盤底有土蝕暈處博物要覧云此窯惟種菖蒲盆底佳甚他皆黃沙泥坯不足貴此盤質細式佳洵為可寶

宋哥窰葵花碟

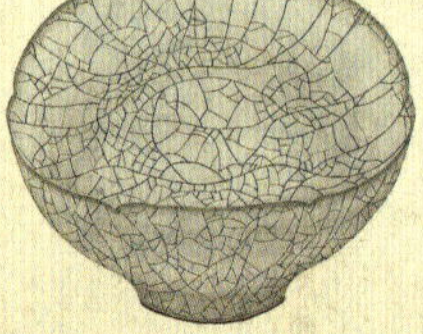

高一寸一分深七分口徑四寸七分色淡綠口作葵花式鐵足紫口紋百圾碎宋時龍泉章生一生二弟兄各主一窰生一為兄故名哥窰以土脈細薄泑水純粹為冣貴此碟體薄色淡尤哥窰中之佳者

宋定窰蓮花碟

高七分深六分口徑四寸二分器中隱起雙蓮花色白質薄土色如玉考遵生八牋定磁宋北定州造白地加泑其紋有畫花印花等種此碟體質既佳劃花生動與八牋所載脗合

宋定窰舞鳳盤

高七分深六分口徑七寸器中劃為舞鳳穿花形旁周花葉底足圓起無花白色滋潤留青日札云有竹絲刷紋者曰北定有花者出南渡後曰南定是器質色工細當是南宋時物

宋定窰蟠龍洗

高一寸一分深一寸口徑四寸三分色瑩白器中劃花為蟠龍周環回文口內外邊亦俱回文旁斗而底平底心無泑質露如玉冣為佳品

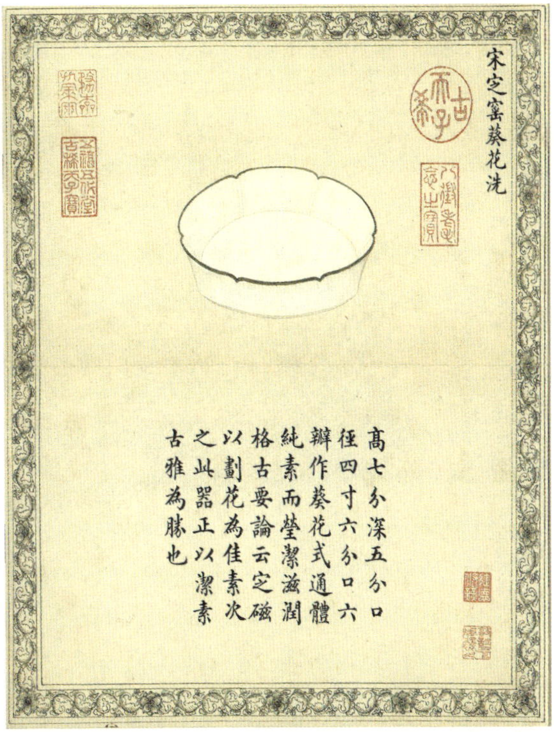

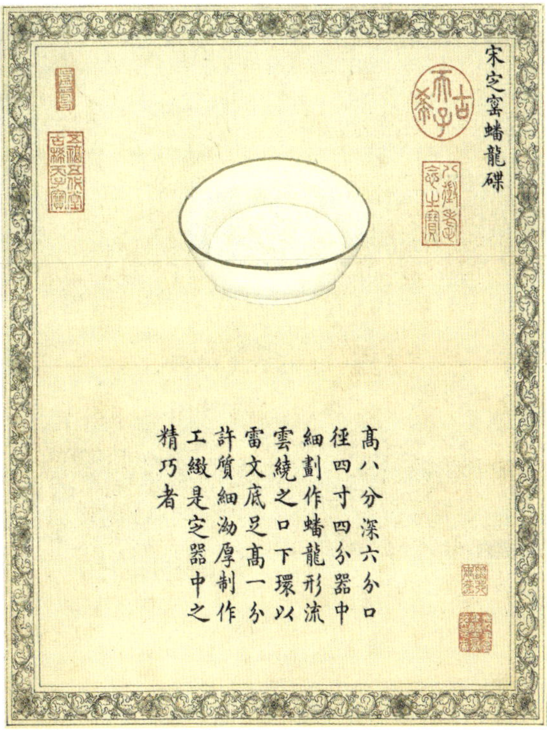

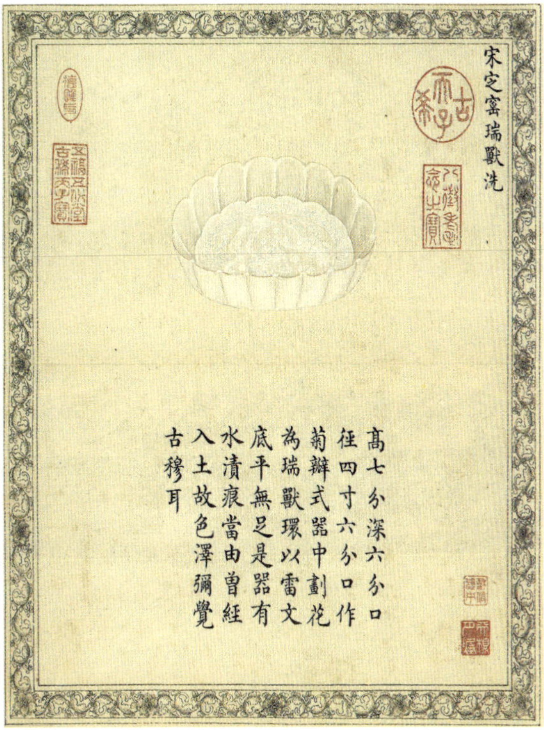

清　佚名　《珍陶萃美》和《精陶韫古》

绘于乾隆五十年（1785 年），记录了乾隆皇帝收藏的瓷器。每册有十件瓷器，皆为定、官、哥、钧、龙泉窑，以及明宣德、万历年间的官窑瓷器物件。图册采用图文结合的方式详细地介绍了乾隆皇帝珍藏的部分精美瓷品。

清中期　象牙福禄绵延如意

清　郎世宁、张若霭书画合璧竹骨折扇

现藏于台北故宫博物院。

藏字 2 箱，宫中秘本《龙藏经》；

内字 6 箱，内阁实录库藏秘籍；

佛字 13 箱，宫廷秘本佛经书；

满字 23 箱，宫中秘籍满、蒙文刻本；

图字 32 箱，文渊阁《古今图书集成》；

绝字 34 箱，明清绝刻本；

志字 46 箱，地方志珍本；

大字 54 箱，宫廷秘本《大藏经》；

甘字 54 箱，宫廷秘本《甘珠尔经》；

观字 62 箱，观海堂杨守敬藏书；

善字 72 箱，宫廷善本秘籍；

龙字 108 箱，宫廷秘本《龙藏经》；

殿字 228 箱，清宫武英殿刻本书；

《四库全书》四部书：

经字 85 箱，《四库全书》经部；

史字 129 箱，《四库全书》史部；

子字 139 箱，《四库全书》子部；

集字 183 箱，《四库全书》集部；

《四库全书荟要》四部书：

荟经字 28 箱，《四库全书荟要》经部；

荟史字 46 箱，《四库全书荟要》史部；

荟子字 26 箱，《四库全书荟要》子部；

荟集字 45 箱，《四库全书荟要》集部。

图书馆这次装箱南迁的宫廷秘籍，选取的都是宫廷中最为珍贵的书籍，主要包括：

文渊阁《四库全书》，36533 册，《排架图》4 函；文渊阁《古今图书集成》，5020 册；

摛藻堂《四库全书荟要》，11178 册，《分架图》1 函；皇极殿《古今图书集成》，5020 册；

乾清宫《古今图书集成》，5019 册；清乾隆年朱印《大藏经》，108 函；清乾隆年朱印《满文大藏经》，32 函；

藏文《龙藏经》《甘珠尔经》，各 108 函；

善本书，13564 册；宛委别藏，784 册；

观海堂藏书，15500 册；地方志，14256 册。

还有大量宋、元、明抄本，宋、元刻本，满、蒙文刻本，佛经、乾隆石经等，共 1415 箱，计 14 万余册。

秘档装箱——文献馆

文献馆档案，堆积如山。专家们考虑，选择最为重要的宫廷秘档和史实类书籍，包括文档、册宝、图像、戏本、乐器、服饰和实录、圣训、玉牒、起居注等。清代宫廷秘档，主要包括宫中档、刑部档、军机处档、内务府档、清史馆档、内阁大库档等。

宫中档是有关皇帝、太后在处理政务、皇室财政和宫中生活诸方面的重要档案，包括皇帝信任大臣的重要奏折、重要官员的引见单、上驷院的机密档、皇家银库的机密档，给皇太后、皇上的请安折等。

这次挑选入箱的宫中档案，主要有：

银库档，124 箱；

奏折，121 箱；

杂单，110 箱；

请安折，54 箱；

上驷院档，35 箱；

引见单，17 箱。

军机处档是指清王朝中枢机构的军机处所经手和处理的档案，包括皇帝对有关军事、政务的指示和批示，有关重大军事行动的剿捕密件，有关重要官员的引见档案，以及军机大臣们处理的朝廷政务档案。这批秘档，不仅包括汉文的，还有满文的，主要有汉文折、满文档、上谕档、军机档、引见档、剿捕档等。

这次装箱的军机处档，包括：

杂档，6573 册；

满文档，1845 包；

军机档，909 包；

汉文档，263 包；

杂项档，98 箱；

杂册，87 函，又 47 册。

内阁是清雍正皇帝之前的国家政务中枢，军机处成立以后，内阁虽然仍保留着，但已大权旁落。不过，有关朝廷的奏折、朝仪等政务活动，内阁都要一一存档，交内阁大库收藏。所以，内阁大库档案，内容十分丰富，极具史料价值，主要包括敕令、诏书、军令、条约、红本、满文档等。

“红本”，就是高级官员向皇帝奏报政务的文书。凡是有关政务、刑名、钱粮等军国事务的方方面面，文武大臣和封疆大吏等重要官员都可以上书皇帝，他们的奏本由内阁直接进呈皇帝御阅。大臣的奏本，称为“题本”。“题本”送到内阁之后，负责有关事务的内阁大臣对题本的内容，提出处理意见，拟出批语，称为“票拟”。皇帝接到“题本”，参阅大臣的“票拟”意见，再提出自己的看法。皇帝阅准之后，内阁和批本处先后用“票拟”文字，以满、汉文，用红笔批于“题本”之上，成为皇帝正式批示的奏本，称为“红本”。

内阁大库档，这次装箱的重要档案有：

红本，1139 箱，乾隆五年（1740 年）至光绪二十四年（1898 年）不曾间断的奏本秘档；

史料书，293 箱，顺治十年（1653 年）至光绪二十九年（1903 年）不曾间断的史料秘籍；

军令、条约，39 箱；敕书、诏令，6 箱；

满文档，2548 册；满文老档，575 册。

宫廷册宝一类的国宝秘籍，主要是一个王朝权力象征的宝玺和帝王后妃身份标志的宝册以及各种珍稀的印章。这次南迁装箱之宫廷册宝，主要包括：

皇朝宝玺，25 方，一直收藏于交泰殿；

《清高宗御制文》紫檀木书盒及书册

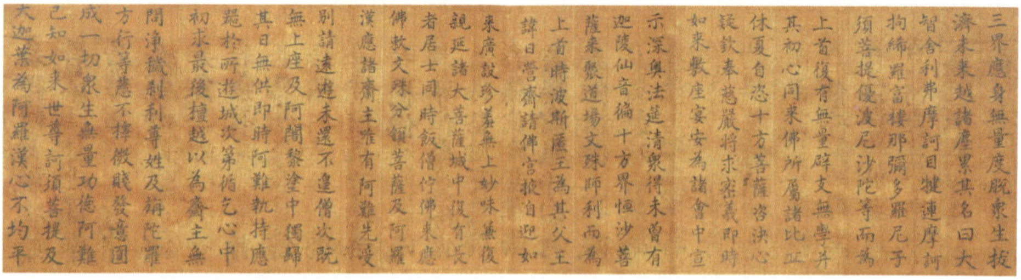
三界應身無量度脫衆生拔
濟未來越諸塵累其名曰大
智舍利弗摩訶目犍連摩訶
拘絺羅富樓那彌多羅尼子
須菩提優波尼沙陀等而為
上首復有無量辟支無學并
其初心同來佛所屬諸比丘
休夏自恣十方菩薩咨決心
疑欽奉慈嚴將求密義即時
如來敷座宴安為諸會中宣
示深奥法筵清衆得未曾有
迦陵仙音徧十方界恒沙菩
薩來聚道場文殊師利而為
上首時波斯匿王為其父王
諱日營齋請佛宮掖自迎如
來廣設珍羞無上妙味兼復
親延諸大菩薩城中復有長
者居士同時飯僧佇佛來應
佛勅文殊分領菩薩及阿羅
漢應諸齋主唯有阿難先受
別請遠遊未還不遑僧次既
無上座及阿闍黎途中獨歸
其日無供即時阿難執持應
器於所遊城次第循乞心中
初求最後檀越以為齋主無
問淨穢刹利尊姓及旃陀羅
方行等慈不擇微賤發意圓
成一切衆生無量功德阿難
已知如來世尊訶須菩提及
大迦葉為阿羅漢心不均平

乾隆十一年（1746 年）御笔写本《大佛顶如来密因修证了义诸菩萨万行首楞严经十卷》

简称《大佛顶经》《楞严经》。唐朝天竺沙门般刺密帝译，宋代乌长国沙门弥伽释迦译语。常言：“开悟的楞严，成佛的法华。”足见《楞严经》在佛教经藏中的重要性。

皇帝、后妃玉册，171 册；

各式印章，1157 枚；

珍贵印匣，20 件。

图像，历来是中国宫廷之中十分稀有之物。在照相术没有发明之前，图像一直是十分珍贵的。珍贵就在于它的稀少，因为除了国家疆域绘成图谱秘籍之外，很少有图像资料存世。能够流传于世间的图像，一是皇室图像，主要是皇帝、太后和皇帝的后妃们的肖像画、生活起居图以及巡游图、大婚图；二是大臣图像，主要是开国功臣像和有重大影响的勋臣、名臣像；三是舆图，是国家的山川地理、边界疆域。

这次装箱的宫廷图像秘籍，共有 1500 件，包括：

图像，662 件，主要是皇帝像、后妃像、名臣像，南巡图、大婚图、礼器图等；

舆图，734 幅，主要是皇舆图、边疆图；

地图铜版，104 块。

戏剧活动，在中国宫廷之中历来是十分繁盛的，特别是宋代以后，大量戏本纷纷问世。清代宫廷之中收藏着的，都是皇帝、太后、后妃们喜爱的本子和王朝大典、宫廷节令所需的内府戏本。这次装箱南迁的宫廷戏本，有 807 册，包括昆腔戏本 419 册、乱弹戏本 388 册。

乐器，是皇宫中的重要器物，从王朝所有重大典礼到宫中娱乐，都离不开各种各样的能奏出美妙声音的乐器。太后、皇帝吃饭的时候，也会有乐工演奏妙曲。乐器是朝廷典礼、祭祀之时演奏庄重雅乐的重要工具，也是后宫欢娱生活的必需品，许多太后、皇帝喜欢乐器和乐器奏出的美妙音乐。因此，乐器成为历代宫廷之中的重要收藏，有些乐器甚至成为国宝的象征。这次南迁，装箱的宫廷乐器共有 160 箱，包括镈钟、特磬、编钟、编磬、方响、排箫、管、鼓、琴、笙等。

礼仪之邦的中国，历来注重服饰。尤其是讲究尊卑等级的中国宫廷，服饰是十分严肃的，是一件不容丝毫马虎的事情。服饰包括布料和成衣两大宗，成衣包括衣服和饰品。这些皇帝、太后和后妃们所享用的衣物，都用料考究、做工精致，饰品亦极珍稀华贵。因此，服饰是中国历代宫廷之中最为丰富的，也是历代皇家库房收藏中的一大宗。这次装箱南迁，宫廷服饰有 200 余箱，主要

《大清万年一统地理全图》

此为嘉庆年间的蓝绿色拓本，蓝色为陆地部分，绿色表示水域部分。由清代黄千人（1694—1771 年）绘制而成，后人增补。全图由 8 块拼接组成，至今已有 200 多年历史。是清代全国舆地总图。

宫中金印：皇后之宝

花寿山石四灵纽“慈禧皇太后御览之宝”玺

雕螭纹瓦纽“雍正御笔之宝”

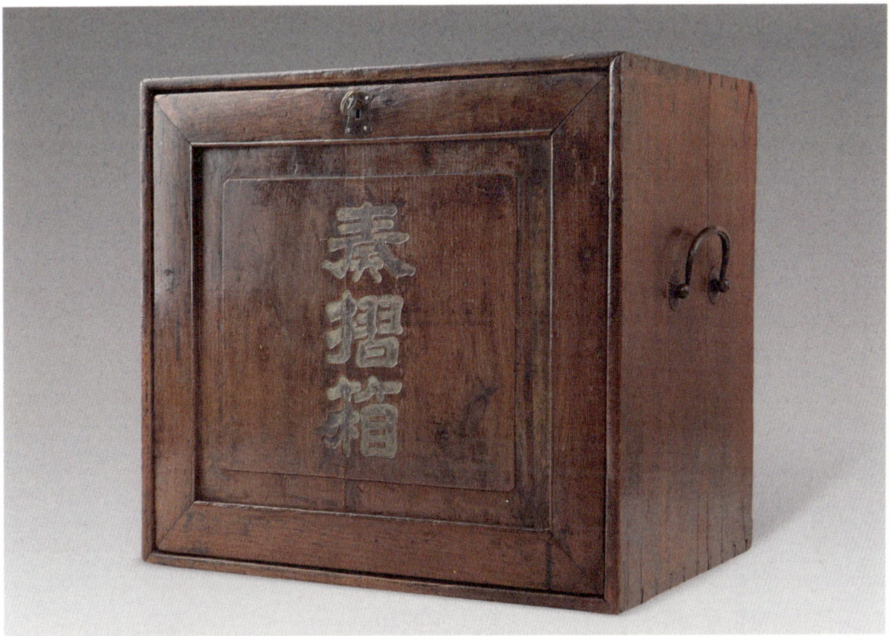

奏折箱

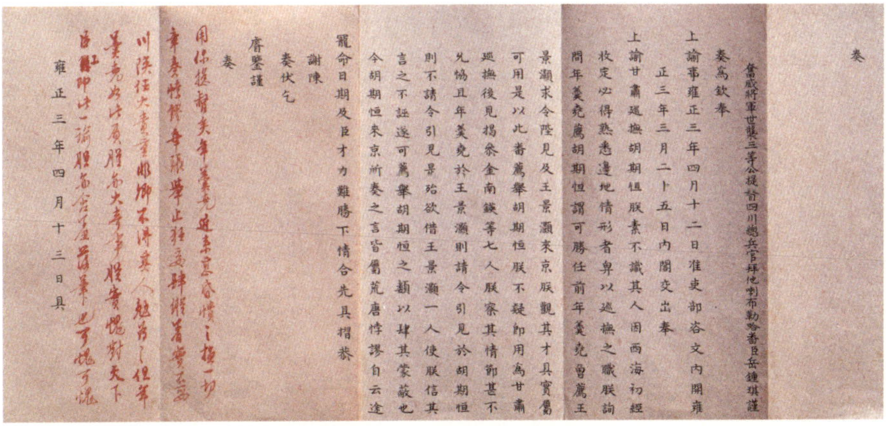

奏

奮威將軍世襲三等公提督四川總兵官拜他喇布勒哈番臣岳鍾琪謹

奏爲欽奉

上諭事雍正三年四月十二日准吏部咨文內開雍

正三年三月二十五日內閣交出奉

上諭甘肅巡撫胡期恒朕素不識其人因西海初經

收定必得熟悉邊地情形者畀以巡撫之職朕詢

問年羹堯薦胡期恒謂可勝任前年羹堯曾薦王

景灝求令陛見及王景灝來京朕觀其才具實屬

可用是以比番薦舉胡期恒朕不疑卽用爲甘肅

巡撫後見揭參金南鍈等七人朕察其情節甚不

允協且年羹堯於王景灝則請令引見於胡期恒

則不請令引見景殆欲借王景灝一人使朕信其

言之不誣遂可薦舉胡期恒之顛以肆其蒙蔽也

今胡期恒來京所奏之言皆屬荒唐悖謬自云逢

寵命日期及臣才力難勝下情合先具摺恭

謝陳

奏伏乞

睿鑒謹

奏

雍正三年四月十三日具

清　雍正皇帝朱笔御批奋威将军岳钟琪奏折

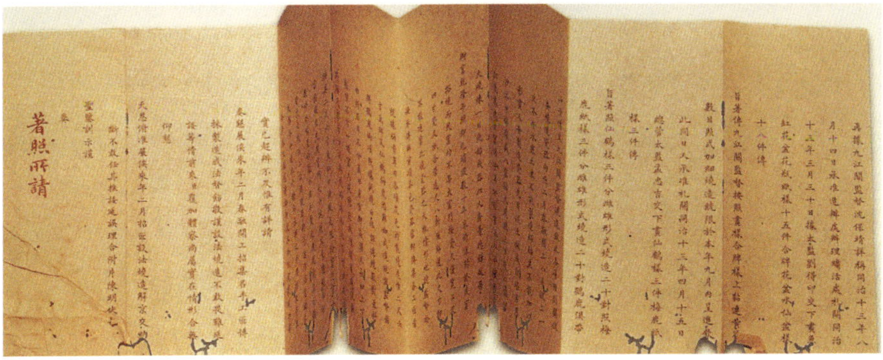

著照所請

大雅斋瓷器奏折

有冠服、盔甲、仪仗、戏衣等。

史料类的秘籍，是指皇室家谱类的《玉牒》、皇帝生活纪实的《实录》、皇帝重要训示的《圣训》、宫廷生活记录的《起居注》等，都是秘藏深宫、由皇帝指定的专门人员记录和撰写的皇家秘籍。清朝历代皇帝政务活动纪实的《清实录》，有内府精抄本、精刻本等各种珍贵秘本，包括大红绫本、小红绫本，大黄绫本、小黄绫本，满文本、汉文本、蒙文本等多种。

这次装箱南迁之史料秘籍，包括：

《清实录》《清圣训》，507箱；《清玉牒》，94箱；《清起居注》，1190册。

其中，《清实录》包括乾清宫小红绫本、皇史宬大红绫本、内阁实录库小黄绫本，以及大量的满文本、汉文本、蒙文本等。

文献馆基本上是按类装箱，箱号既不用分类项的缩写字，也不按英文字母排，而是统一按照“文”字的序号编排，从1号起，顺序排列，共计3773箱。

文献馆装箱精品秘籍，共计3773箱，主要包括：

内阁大库档，1516箱；实录、圣训，507箱；宫中档，461箱；军机档，365箱；刑部档，86箱；清史馆档，77箱；起居注档，66箱；内府档，32箱；戏衣，200箱；乐器，160箱；玉牒，94箱；图像，62箱；册宝，35箱；盔甲，32箱；地图铜版，26箱；仪仗，16箱；舆图，17箱；陈列品，9箱；剧本，5箱；武器，5箱；印玺空盒，2箱；等等。

珍玩装箱——秘书处

秘书处负责的这些宫廷文物，都是历代宫廷之中的特藏珍品，其中有许多是稀世之宝。秘书处知道所管文物的非凡价值，深知责任重大，奉院方之命后，立即组织专家、学者和所有工作人员，分别到各主要宫殿去提取特藏文物，并将这些珍宝一一装箱，分别编号。

故宫秘书处的装箱国宝，主要是按照宫殿和类别装箱的。装箱的文物则也是按照两个系列编号：

皇太极画像

皇太极，清太宗文皇帝。他是后金的第二位大汗（1626—1636年在位）、清朝的建立者和开国皇帝（1636—1643年在位）。在沈阳（盛京）称帝，改女真族为『满洲』，不断扩充八旗，国号大清。继位初期年号为天聪，建立清朝后改年号为崇德。

孝庄文皇后便服像

清太宗文皇帝皇太极的侧福晋，皇太极称帝建立大清后，封为永福宫庄妃。清顺治皇帝的生母，顺治皇帝亲政后，尊号“昭圣慈寿皇太后”。是历史上有名的贤后，清初杰出的女政治家，前后培养辅佐了顺治、康熙两代皇帝。其逝世后，康熙皇帝为其上谥号为“孝庄仁宣诚宪恭懿翊天启圣文皇后”，雍正皇帝为其上谥号为“孝庄仁宣诚宪恭懿至德翊天启圣文皇后”，乾隆皇帝为其上谥号为“孝庄仁宣诚宪恭懿至德纯徽翊天启圣文皇后”。

一是按照类别。“丝”，代表纺织品文物；“缎”，代表缎库文物。

二是按照宫殿。“长”，代表长春宫文物；“康”，代表寿康宫文物。

故宫秘书处的装箱工作，比三大馆的装箱工作要晚些。但是，秘书处是故宫的政务中枢，工作效率较高，因此装箱的珍宝更多。秘书处的装箱文物，都是各式各样的珍品和珍玩之物，涉及珠宝、玉玩、文具、皮衣、丝绸、家具等各个方面。主要包括文房四宝、皮衣皮帽、绸缎织锦、盆景钟表、玉牒秘档、家具珠宝等种类。大大小小，林林总总，应有尽有，前后总计5600余箱，比古物馆、图书馆两馆装箱珍宝秘籍之和还要多出1600余箱！

这些珍玩之中，按照类别装箱的文物，共计1292箱，包括：

牒，皇家玉牒、朝廷档案和乾清宫等处特别秘籍，384箱；

丝，宫廷衣料库房的丝织衣料、织锦等衣物，369箱；

内，内廷钟表、盆景之类的古物，293箱；

缎，宫中缎库、茶库等处物品，74箱；

武，宫中各种枪、炮等武器，64箱；

木，宫中各式家具器物，41箱；

皮，宫中各式各样皮衣，41箱；

永，宫中精致的珠宝，20箱；

墨，宫中各式墨宝，6箱。

故宫秘书处按照宫殿提取的文物，比例很大，是秘书处装箱文物精品的主体，共计4180箱。

秘书处的宫廷秘籍，主要包括：

宁，东部养老之所的宁寿宫内文物，1281箱；

皇，景运门外皇极殿、阅是楼等处文物，763箱；

和，东部宫区颐和轩、养性殿等处文物和大量钟表，540箱；

养，雍正朝以后皇帝理政、起居的养心殿内珍宝文物，283箱；

康，太后宫区寿康宫、寿安宫等处文物，208箱；

寿，永寿宫等处珍玩文物，180箱；

翊，西六宫翊坤宫、储秀宫等处珍宝文物，162箱；

如，如意馆等处珍宝文物，153箱；

珊瑚魁星点斗盆景

盆景为清代珊瑚雕刻的魁星，手舞足蹈之态，手中掌握星座，寓意高中。各类珍宝镶嵌在精致的雕刻品上，刻工细腻，工艺精巧，是清代观赏品玩的精美摆件。

园，隆宗门外慈宁花园等各处珍玩文物，93 箱；

慈，慈宁宫等处珍宝文物，87 箱；

雨，雨花阁等处珍宝文物，70 箱；

长，西六宫长春宫、太极殿内珍玩文物，59 箱；

北，北部神武门东北五所等处珍玩文物，49 箱；

重，御花园西部乾隆潜邸重华宫内文物，44 箱；

端，弘德殿、懋勤殿等处文物，44 箱；

漱，御花园西部漱芳斋等各处珍玩文物，41 箱；

遂，东部乾隆皇帝喜爱之地遂初堂、三友轩等处文物，34 箱；

性，养性殿、乐寿堂文物，30 箱；

太，午门外皇帝祖庙、太庙等处珍宝文物，28 箱；

崇，崇敬殿等处珍玩文物，23 箱；

勤，符望阁、延趣楼等处文物，8 箱。

国宝南迁

国宝出宫前后

珍贵宫廷文物南迁，最后确定的起运日期是 1933 年 2 月 6 日深夜。在此之前，起运日期多次变更，因为北京人坚决反对国宝文物南迁。最初确定的起运日期是 1933 年 1 月，押运文物的人员正式通知准备启程。故宫博物院负责押运古物国宝的是那志良、杨宗荣、易显谟和吴子石等人。那志良先生回忆说："我们接到这个任命之后，有了不少的麻烦。有时，有人打电话来，指名要找哪个人，然后问：'你是不是担任押运古物？'接着又说：'当心你的命！'又有人说，在起运时，他们要在铁轨上放炸弹！家里的人，劝我辞去这个工作，我告诉他们：'他们是吓人而已，怕什么？'"

虽然押运的人员不怕，但他们心里也没有底，不知道这件事情是好还是不好。不过，他们觉得，将国宝秘籍南迁，让它们远离战火，也许是一件好事，有利于保存这些珍贵的文物。只是让这些从未离开宫廷的国宝突然迁出深宫，任何人的心里都不是滋味，更何况是懂得国宝文物历史价值的故宫人！

最为关键的是，日本帝国主义侵略的魔爪伸向了华北的最重要门户锦州，这里是连接北平所在的满洲、热河、河北的交会点。1932 年 1 月，日本侵略者悍然入侵上海，关东军同时进攻热河。3 月，日军占领了热河省，并攻下了华北的门户山海关。从热河到北平，直线距离只有短短的 50 公里，日军可在一天之内直抵北平城下。国民政府毅然决定：国宝秘籍，立即南迁。

宫廷文物珍品先后分五批离开故宫，武装押上火车南迁。

第一批南迁文物是1933年2月6日装上火车，2月7日起运。

据当时参与南迁工作的人回忆，查阅了当时的有关详细资料，第一批南迁文物，共装了整整两列火车。从北平出发南下，沿平汉线，一路风驰电掣，没有任何阻碍，也没有炸弹爆炸，很顺利地直抵郑州。到郑州后，火车改变路线，沿陇海线向东运行，抵达徐州以后，再改津浦线到达浦口。南迁的目的地第一站是这里。

3月中旬，政府方面终于作出决定：古物、图书部分，全部运到上海；文献部分，全部存放南京。各方面立即行动起来。押运文物的故宫人，先将文献馆的文献运过长江，送到南京行政院大礼堂收贮妥当——这批文物，后随第四批文物也运到上海。文献安顿好后，接着运古物、图书，在浦口将文物卸下火车，装上招商局的江靖轮。此轮是专用运送文物的轮船，没有任何闲杂人等，由浦口直航上海。

上海存放文物的地点确定在法租界天主堂街，是一座七层楼的大仓库，钢筋、水泥建造的大楼，很结实，也很安全。这里是当年仁济医院的旧址，与别的房屋不相连，相对独立，有利于警卫和消防。谁也不知道这里存放着什么，只能看到军人在警戒，以为是处军事要地。

第一批文物顺利地入库保存以后，故宫博物院派专人在南京、上海文物库房专责保管。所有押运文物的故宫人在上海待了几天，便迅速地返回北平。

国宝分批南迁

国宝分五批南运。

政府方面，看到第一批文物顺利地南迁，决定将所有装箱的精品，陆续起运。与此同时，北平古物陈列所也接到内政部密令，选取文物精品装箱南运。随后，颐和园、国子监也都接到密令，选取文物装箱南迁。

从第二批南迁文物开始，除故宫博物院文物之外，又加入了古物陈列所、颐和园、国子监的文物精品。

南迁文物先后分五批运完，从1933年2月7日至5月15日，历时近4个月，共计南迁文物19557箱。其中，故宫博物院文物13491箱，包括古物馆2631箱、图书馆1415箱、文献馆3773箱、秘书处5672箱；附运文物6066箱，包括古物陈列所5415箱、颐和园640箱、国子监11箱。

文物太多，法租界的天主教堂七层楼哪里装得下？所以又在英租界四川路仓库租了一层，专放文献馆文献，就是从南京移运过来的那部分。

这批南迁文物，虽都是精品，但在精品之中还有最为珍贵的。这些最珍贵的宝贝便都集中存放在法租界天主教堂库房的第五层。这一层的每一个库门上都装有警铃，一旦遭遇不测，库门一碰，捕房的警铃便会立即响起来，全副武装的军人会马上赶到。

每一个库门，加固两把锁，钥匙由故宫博物院保管一份，行政院委任中央银行掌管另一份。每次开库，必须由故宫博物院会同中央银行两方面一起开库，否则，就无法入内。

上海清点

1933年5月，第五批南迁文物运抵上海。至此，五批共19557箱宫廷文物精品如数存放于上海，分贮于法租界和英租界。

这五批文物因从装箱到南运一直时间匆匆，根本没有工夫一一登记造册建账。因此，自第四批文物运抵上海以后，故宫博物院便留下一批押运员，在上海造册建账。

五批文物抵沪后，北平和上海同时对库存宫廷文物进行点收。

上海确定了几条点收原则：

一是统一编号。五批到沪的文物，来自不同的单位。即使是同一单位，如故宫博物院，也是来自自成体系的不同部门，装箱的编号五花八门，头绪太多。这次把每一馆、处的箱件集中一处，规定一个字来代表，按序编号。马衡接替易培基任故宫博物院院长，统筹上海的点收事宜，马院长确定“沪上寓公”四

圆明园烫样：天地一家春

“天地一家春”是圆明园东部的一组建筑群。烫样工艺：是中国古代建筑中制作立体模型的工艺，为了方便给皇上预览建筑的整体布局而制作的小而精致的模型，因为其需要熨烫，所以称为烫样，主要材料为木头、纸张和高粱秆等。古代著名的烫样世家为清代的“样式雷”，手艺代代相传，模型制作精致细腻。

字分别代表故宫古物馆、图书馆、文献馆、秘书处的存沪文物。

二是统一钤盖印章。易培基院长的“涉嫌盗宝案”（实为冤案，后被迫辞去院长一职。直到新中国成立后，经调查核实，才真相大白，还易培基清白）对故宫博物院的所有人员震动很大，大家有了戒心，也就格外谨慎。马院长提议，所有存沪文物中能盖章的如书画、图书、纸片等，都钤盖一印作为标记，以示点收。钤什么印？有人建议，刻一方“故宫博物院收藏印”钤盖。但马院长不同意，觉得这仍欠妥当，主张应由其他机构经手刻印章，经手盖印，负责保管，而不应由故宫博物院工作人员保管，故宫人员只负责点收即可。

马院长的话，令故宫人大为吃惊。讨论的结果是，既然教育部派员监察，就由教育部刻一方“教育部点验之章”，由教育部监委委员保管这方印章。此印长 3.8 厘米，宽 2.6 厘米。印刻好后，便按计划行事，开始点收、盖章。

点收开始不久，问题就出来了：这枚印章较大，遇上小的书画、图书、纸片怎么办？而且，存沪文物中这类小的有很多。再交理事会讨论，一致的意见是，再刻一枚小的。小的印章很快就刻好了，长 2.2 厘米，宽 1.2 厘米，印文和印的形状与大的一致。

但是，到点收扇子时，问题又出来了：扇子的扇骨很狭小，即便小的一方印章，也无法钤盖。问题出来了，大家再商议。议出解决的办法是：扇骨上不盖印章，贴一小纸签，签上钤盖监察委员舒光宝的小椭圆形私人印章。

三是审查和登记。南迁文物精品清册上的名称都是依据清室善后委员会当初点查后编印的《点查报告》，这里面有一些记录从名称、品质到朝代等方面都是不可靠的。故宫博物院与监委会商议，凡是没有经过审查委员会审查和定名并认为有疑义的，就将该物包好，监委会在包外签名盖章，留待日后交审查委员会鉴定，且在点收清册上注明“待审查”。南迁文物清册上只写了文物的品名、件数，太过简单，这次点收过程中一一作详细的登录记载，写明名称、质地、色彩、尺寸、款识、完好与破损情况等。

四是补号与印清册。南迁文物的编号，有于转运过程中遗失的，在清册中注明“号待查”。这次点收，一律将缺失的补齐，三馆一处文物，分别用四个字代替：秘书处“全”，古物馆“材”，图书馆“宏”，文献馆“伟”，四字合为“全材宏伟”。点查完毕后，将点查结果汇在一起，油印成册，取名《存沪文物点收清册》。这个清册十分重要，是以后各个时期清点南迁文物的原始清册，各箱各件都以此为依据。

朝天宫

宫廷文物精品南迁时，国民政府就决定了把这批珍贵国宝存放于南京。但文物南迁匆匆，南京没有足够的库房来收存这批国宝，所以出现了第一批文物珍品停放于浦口长达一个月之久而不知道是运往南京还是上海的情况。南京方面因实在挤不出满意的地方，便只好全部转运上海。

1933 年 5 月，第五批南迁文物国宝运抵上海。7 月，故宫博物院理事会召开第一次会议，原则上通过了成立故宫博物院南京分院，并将南迁国宝存放于南京。1934 年 12 月，故宫博物院举行第四次常务理事会议，理事王世杰正式提出议案，将南京朝天宫全部划归故宫博物院，正式成立故宫南京分院，并作为仓库地点，将存沪的全部南迁文物存放在这里。经过理事会商议通过，呈送国民政府行政院核准，获得批准。这样，南京存放国宝的库房顺利得到解决，故宫博物院南京分院也顺利宣告成立。

1935 年 4 月，故宫博物院理事会决议，推举内政部部长、教育部部长和理事罗家伦、理事李济、故宫博物院院长马衡等组成朝天宫工程委员会，诸人任工程委员会委员，负责工程具体各项进程。这一议案顺利地获得了国民政府的通过。

将府学学堂的朝天宫改建成收存文物珍宝的库房有相当的难度。学堂是学生活动的场所，讲究宽敞明亮，以人为中心；而库房则是国宝收存的场所，讲究隐蔽安全，以物为中心。国民政府将工程款项很顺利地拨下，改建迅速展开。首先是改建库房的工程夜以继日地进行；其次再着力于兴建南京分院的办公室、展览室等。

占地 138 亩的朝天宫，改建时分为不同的区域。东部明伦堂背后一带，地势广阔，易于守护，空气的干湿程度适宜，决定将这里改建成国宝库房。西边相对应的一线，地势狭长，没有办法改建库房。中间地带，是清代兴建的府学建筑，从崇圣殿、大成殿、戟门到棂门，都基本保存完好，这次只做修缮后加以保留，作为故宫南京分院的展览室。

珍藏国宝的库房要求很高。库房一律是由钢筋、水泥建成的，分上中下三层，每一层一个库，各层在前面截出一间相对独立的地方作为办公室，不与库房相通。库房的后面是一座长满绿草的小土山，土山的下面，特地开掘一个山洞，做密实的加固处理，作为一个特藏库，与前面地上一层的一库连通。地洞库房建在厚实的土山下面，即使遭遇飞机空袭，炸弹也无可奈何，大家便叫这地洞库房为保险库。保险库收藏着最为珍贵的国宝。这里的库房既有点像一级军事监狱，也有点像当年关押失宠后妃的冷宫。门窗都紧闭着，除了三层上仅有六七寸见方的小窗之外一律没有窗子，库内的空气流通全靠机器来调节，温湿度都要保持在适宜的范围之内。

朝天宫兴建工程，在 1936 年 3 月动工，8 月全部完成。

国宝西迁

珍藏南京

朝天宫库房改建完成了，故宫博物院奏请将存在上海的南迁珍宝文物迁运南京。

1936 年 11 月，国民政府行政院核准将所有存沪文物运往南京。12 月 8 日，各项准备工作就绪后，正式开始转运。

这次从上海运往南京，也是先后分五批。转运的方法是：从上海到南京下关，由火车运输；从下关到朝天宫，改为汽车运输。一路上皆由全副武装的军警护卫。

这次运往南京的南迁文物精品，除了先后五批的所有南迁文物之外，还包括一百箱文物。这一百箱文物是：故宫博物院精选宫廷精品参加伦敦中国艺术国际展览会的文物 80 铁皮箱、参加艺展会初选入选而复选被淘汰的文物 7 箱、古物陈列所参加伦敦艺展的文物锦囊空盒 2 箱、前故宫博物院院长易培基涉嫌盗宝案法院认为有疑问的文物 11 箱。

1935 年 5 月，文献馆南迁文物中的满文老档 8 箱被运回北平。1936 年 2 月，满文老档 1 箱从北平再次运到上海。这样，文献馆南迁文物少了 7 箱，总数由 3773 箱变为 3766 箱。从上海运往南京的文物，因为又增加了 100 箱，减去文献馆少了的 7 箱，总数上较之存上海时多出 93 箱，共计 19650 箱。

秘密西迁

日军对于华北、华东的侵略一直在作精心的准备，人们能清楚地听见其霍霍的磨刀声。1936 年 12 月，故宫博物院南迁文物精品，全部由上海转运到南京朝天宫装有空调的仓库之中。所有南迁文物全部转送到这里，共有 19650 箱。

时局更加险恶。

战云正向华北、华东地区逼近。

1937 年 7 月 7 日，日军发动卢沟桥事变，悍然点燃了华北地区的战火。日军随之在华北展开了疯狂的侵略，攻城略地，杀人放火，华北大地在悲痛中呻吟。

8 月 4 日，八朝古都北平陷落。

8 月 13 日，日军登陆上海。

面对险患的时局，故宫博物院毅然决定：宫廷珍宝文物，向后方疏散。

国民政府与之不谋而合，所有文物珍品向后方疏散。

南迁宫廷珍宝从此踏上了一条颠沛流离之路。事实上，从离开紫禁城的那一刻起，南迁文物精品便踏上了一条充满荆棘的艰难之路。

第一批西迁国宝

从北平南迁时，战火还没有在华北、华东、华中地区点燃，火车在中原腹地行驶还是较为安全的。但这一次却不同了，日军将战火在中原大地上全面点燃，他们仗着空中优势随时深入中原腹地轰炸，南京、武汉等长江重镇均处于危险之中。在这种情形下，文物向后方转移，必须悄悄地做些伪装，并分散转移。

第一批是参加伦敦中国艺术国际展览会的 80 箱文物精品，包括参展的文物和未参展的以及在南京保留未送去的文物。80 个大铁皮箱，装得满满的。故宫博物院奏请先转移这批精品，行政院也认为很必要，立即同意。

1937 年 8 月 14 日，即日军在上海登陆的第二天，第一批文物悄悄地由南京装上专用船舱，溯长江而上，在武汉汉口换装舢板，渡到长江对岸的武昌，然后换上火车，由武昌运到湖南长沙岳麓山，存入湖南大学图书馆。

按最初的计划，在湖南大学的后山中，挖一条很深的山洞，收藏这批珍贵文物。然而，局势日甚一日地恶化，战火由上海烧到南京，再到武汉、长沙，越燃越近，连长沙火车站都被轰炸了。因此，看来长沙也非久留之地，只好决定再次转移这第一批文物。

押运第一批文物的故宫人真是功臣，他们是庄尚严、曾湛瑶、那志良。另有曾济时先生一路打前站，先行一步安排和布置。庄尚严先生是伦敦中国艺展的中文秘书，一直负责这批参展的文物。对于押运这批文物向后方转移，庄尚严先生深感责任重大。同时，顾念妻儿的庄先生带着家眷同行，原打算就停驻于长沙。长沙火车站一被炸，庄先生就知道，这里不能久留，政府方面也认为文物必须立即转移。

从湖南长沙到贵州贵阳，是从平原间杂丘陵的地方进入云贵高原，一路上山势日渐陡峭，地形越发复杂。最关键的是，这一带各色人等杂居，常有土匪出没山中，危机四伏。行政院也认识到湘西一带地方不靖，恐怕途中发生什么意外，再三指示：必须绕道广西桂林，再由桂林到贵阳。

1938 年冬天，经过多方寻找，终于在贵州安顺距贵阳 200 余里的一座山中发现了一个天然山洞，人称华严洞。山洞很秀雅，洞深壁厚，位于安顺县南门外的读书山山麓，最为可喜的是山洞奇大。湖南大学喜出望外，立即组织工匠在山洞里建房，辟为文物珍宝库房。这里不但安全，任何炸弹都无可奈何，而且还避免了文物最怕的潮湿，是这批颠沛流离的国宝的理想寄身之所。

1938 年 11 月，这第一批文物 80 箱国宝全部迁进华严洞，并正式成立故宫博物院安顺办事处。故宫博物院随后又派朱家济、李光第、郑世文等人到这里工作，看护这批国宝。

从南京到贵州安顺，国宝文物艰辛地辗转了足有 6000 余里！

第二批西迁国宝

第二批文物精品，共计2084箱，从南京装上船，逆长江而上，运到武汉汉口，先暂时存放在租界的仓库里。马衡院长也另坐火车亲临汉口，具体视察和料理存放第二批文物的事宜。

故宫博物院南京分院的地下仓库中，还存放有 17000 余箱南迁文物。

水路方面是用轮船运载文物，以汉口为目的地。陆路方面是以车辆为运送工具，以陕西为目的地。

水路方面很快抢运了共 7000 余箱文物，分装两只大船，分别由牛德明、李光第各押一船逆长江南行，驶往上海。

1937 年 11 月 20 日启航逆行，历时近 20 天。于 12 月 8 日，到达汉口。到达汉口以后，清点文物，共有 9369 箱，而绝大多数是非故宫的文物，就是说故宫博物院的宫廷文物只占了一小半：故宫文物 4055 箱，其他机构的文物是 5314 箱。故宫文物包括：古物馆 687 箱、图书馆 1158 箱、文献馆 1082 箱、秘书处 1128 箱。其他机构文物包括：古物陈列所 4732 箱、颐和园 52 箱。

这批水路文物 9369 箱到达汉口后，全部存放于洋行仓库之中。

1939 年 9 月 19 日，这批文物，共 9369 箱，一件不少全部安全地运抵乐山安谷乡，存放于七间祠中。从南京到安谷乡，历时近两年，行程约 5000 里。文物运到了，大家终于松了一口气。

第三批西迁国宝

第三批向后方疏散的文物是由陆路经陕西转运四川的一批，一路上充满了艰辛和磨难，是最为艰苦的一条转运线。

南京抢运时，陆路方面是通过火车装运。当时，从朝天宫库房运出时，通过船走水路的都是些较轻的木箱，尽可能将轻的、小的、少的走水路，而将重的、大的、多的往火车站送，这其中就包括从国子监南迁来的石鼓，一个就有一吨以上。

当初在南京抢运时，工作十分艰辛，人手奇缺。故宫博物院留在南京的职员很少，中英文教基金董事会派来协助工作的也只有三四人。所幸的是，故宫博物院印刷厂的工人有 8 位主动要求留下来照看文物，协助搬运工作。这样，他们就承担了从朝天宫库房到火车站、码头的文物搬运过程中的押运工作，真的帮助不小。

这次的陆路运输工具主要是货运列车。确定的线路是从南京北上到徐州，再在徐州转而向西过开封、西安到宝鸡。

国宝专列一进入徐州站，众人开始有些紧张。果然，火车刚刚补充完水，加足煤炭，10 架日军飞机就明目张胆地朝徐州飞来，直扑徐州火车站，那架势，真是横行霸道，无所顾忌。经过伪装的国宝专列急忙从火车站开出。没过多久，敌机轰炸了火车站，巨大的爆炸声震耳欲聋，车站化作一片火海。押车的故宫员工听着巨大的爆炸声和噼噼啪啪的燃烧声，吓出一身冷汗，心想，真是分秒之差啊！

国宝专列沿陇海线西行，一路上没再遇到敌机追杀。但一进入郑州火车站，又一次遭遇空袭。当司机慌慌张张地赶回国宝专列时，被眼前的景象惊呆了：火车站停靠的几乎所有列车都被炸弹击中，正燃起熊熊大火，唯独国宝专列，没有一丝火星，没冒一缕黑烟，静静地停在那里，安然无恙。军警和职员们立即动手，刻不容缓地移动专列，让它离开火海。

历经将近一年的时间，存放在汉中的文物于 1939 年 3 月全部运抵成都。

这时，行政院特急命令到了，于 1939 年 5 月底以前，将全部存放在成都的文物运离成都，转送到更为内地的峨眉。

国宝有灵

1939 年上半年，运输文物艰辛备至，马不停蹄。川陕这一带的文物转运，分成三批，分段运送，显然战线拉得太长了。从陕西褒城算起，南到四川峨眉，绵延 1400 余里，长途跋涉，箱箱文物都是国宝，实在令人担忧。

那志良当时是驻蓉办事处主任，这个办事处管辖着褒城、汉中、广元、成都、彭山、峨眉等处的有关事务。牵挂国宝安危的那志良实行责任分工制，每处派一位职员负责，全权管理一切事务：褒城是梁廷炜，广元是曾湛瑶，成都是吴玉璋，汉中是薛希伦，彭山是郑世文，峨眉是牛德明。另派 5 人，吴凤培、刘承琮、马惠深、牛德善、华有鹤负责押运。

1939 年 6 月，成都存放的由陕西送来的陆路文物运到彭山。7 月 11 日，全部运抵峨眉，分别存放在县城东门外的大佛寺和西门外的武庙，并在这里成立了故宫博物院峨眉办事处。

文物运输期间，一位押运员刘承琮在路边休息的时候，被别的车子撞下山坡，摔伤右手，之后送到医院诊治，右手食指被割去了，成为终身残疾。这次陆路国宝的运输疏散，真是历尽艰险，顺利地渡过了一次又一次难关，飞机轰炸、窑洞崩塌、桥梁冲毁、洪水袭击、雪崩和翻车。无论哪一件，对于文物珍宝和工作人员而言，都是致命的，然而却一次次化险为夷。所以，故宫参与转运的职工多次感叹：天神帮助，真是古物有灵啊！

1939 年 7 月，陆路国宝 7286 箱一箱不少、一件未损地全部运到峨眉大佛寺和武庙。这时的文物离开南京，已将近两年了。仅从宝鸡开始，用卡车运输，历汉中、成都、峨眉，一路上山路崎岖，翻山越岭，走川过河，颠簸运行就经过了大约 18 个月。

从南京到峨眉，全线行程约 5000 里。

这批陆路国宝 7286 箱，包括故宫博物院文物 6664 箱——古物馆 1730 箱，图书馆 252 箱，文献馆 956 箱，秘书处 3721 箱，其他 5 箱。其他各机构文物 622 箱——古物陈列所 571 箱，颐和园 40 箱，国子监 11 箱。

四川三办事处

全国抗战时期对于故宫博物院来说真是非常时期，一切都是那么严酷和不可思议。

转眼之间，曾令多少人心醉神迷的紫禁城随着北平的陷落也落入了日伪之手。故宫博物院被接管，机构、官员和职员基本保留，仅更换了少数员工，由总务处张廷济主持事务。

北平所在的故宫博物院进入了守成时期，这一守就是 8 年。

流落宫外的南迁宫廷珍宝，经辗转搬迁，于 1939 年 9 月全部疏散到最后方，分别存放于贵州安顺和四川乐山、峨眉三处。

故宫博物院固有的组织法失去了效用，旧有的机构、体制不复存在，一切改为战时临时体制。院长马衡驻守重庆，在临时首都办公。故宫博物院总办事处也随院长设在重庆，由战前的庶务科励乃骥升任总务之任。另在存放南迁文物的安顺、乐山、峨眉三处分别设立办事处，合称三办事处。

三办事处由向后方疏散时指定的各路负责人任各处主任。三办事处成立之初，职员如下：贵州安顺办事处，主任庄尚严，员工朱家济、李光第、郑世文；四川乐山办事处，主任欧阳道达，员工刘官谔、梁廷炜、欧阳南华、曾湛瑶、牛德明、张德恒、李鸿文；四川峨眉办事处，主任那志良，员工吴玉璋、薛希伦。

南迁文物，运到南京时，总计 19650 箱。

三批向后方疏散，共运出 16000 余箱，尚有近 3000 箱文物陷落在南京。

三办事处所存国宝，主要包括：

安顺：参加伦敦国际艺展的文物 80 箱；

乐山：故宫博物院 4055 箱，古物陈列所 4730 箱，颐和园 582 箱，合计 9367 箱；

峨眉：故宫博物院 6659 箱，古物陈列所 571 箱，颐和园 40 箱，国子监 11 箱，合计 7281 箱。

贵阳向南 260 里就是独山，而向西 200 里便是存放 80 箱国宝的安顺。贵阳、独山、安顺呈三角互倚之势；从安顺到重庆，必须经过贵阳；独山陷落，贵阳危在旦夕；贵阳一旦陷入敌手，安顺至重庆的联系被切断，后果不堪设想。

故宫博物院鉴于形势危急，其总办事处奉命立即与军事委员会接洽，由军方派汽车从重庆出发，抢运安顺文物入川。军方立即派车。故宫博物院马上电告安顺办事处，做好文物转移的准备。军车开到后，仅用了三个小时便将存放于安顺的所有文物全部装上车，还包括办事处的公私物品，一行车队迅速离开了安顺。车过贵阳，也不停留，直接渡过乌江入川。车队驶抵遵义之后，众人才松了一口气；车队一入川，大家才彻底放了心。重庆的故宫博物院总办事处已经在重庆郊外的四川巴县石油沟找到一处收存文物的好地方：飞仙岩。正如其名，这里风景优美，正是仙人会聚之所。

安顺办事处撤销，成立巴县办事处。

乐山办事处最初是 7 个库房：宋氏祠堂、三氏祠堂、赵氏祠堂、易氏祠堂、陈氏祠堂、梁氏祠堂、古佛寺。1942 年春，将古佛寺库房撤销，文物并入其他库房。

峨眉办事处原有两处库房：一是峨眉县城东门外大佛寺，二是西门外武庙，都与县城很近。1942 年春，行政院命令再度疏散，在县城南门外约 8 里的山脚下选用了一处土主祠——峨眉山金顶的脚庙。据说，峨眉山上的大和尚，夏天时在山上避暑，招待四方香客，冬天就到山脚下的脚庙来念经打坐、修持功课，实际上是避寒（如同一个是夏宫，一个是冬宫）。和尚答应为国分忧，让出一个脚庙，用于存放国宝。另又找了一个许氏祠堂，两处东门、西门外的重要文物，就迁到了脚庙和许氏祠堂存放。而一些稍次要些的文物，依旧放在西门外武庙，东门外的大佛寺就还给了和尚。

国宝运往台湾

重庆向家坡

日军投降后，国民政府再次接管故宫博物院。

接管以后，北平故宫博物院的范围比以前扩大了。以前所辖的地域是北至景山，南到紫禁城北半部的最南端乾清门；而乾清门广场以南的紫禁城外朝部分，包括“三大殿”及其东西配殿，廊庑和外围的武英殿、文华殿、文渊阁，归内政部所属的古物陈列所；午门归历史博物馆。现在，接管以后，紫禁城全部，以及所属的天安门以内的端门、午门，以及大高玄殿、景山、太庙、皇史宬、清堂子等，全归故宫博物院；而古物陈列所存放在北平的文物，也全部由故宫博物院接管。

北平故宫博物院的职员，90% 都是抗战前的旧人，接收工作只是办个手续就成了。相对来说，古物陈列所存放在北平的文物接收起来则要相对繁杂一些，因为，这批文物数量不少。

1947 年秋天开始，北平故宫博物院组织人员，分 6 个组，点收古物陈列所存放在北平的文物。到这年 11 月，又增加了一个组。至 12 月 22 日，全部点收完毕。

南京光复后，朝天宫文物库房也由故宫博物院接收。朝天宫的库房，抗战时曾被日军用作伤兵医院，库房四周开了许多窗子，地下的保险库也被破坏，整天漏雨滴水，无法使用，而陷落的文物则全部迁往北极阁中央研究院。

故宫博物院接收南京朝天宫后，将库房一一恢复原状，然后把存放在北极

故宫三大殿

武英殿

阁的文物全部运回，仔细点查、接收，所幸没有什么损失。

1945 年全国抗战胜利后，政府各机关争先恐后地从重庆迁回南京。

1945 年冬，重庆有许多空房。以安全为第一的故宫博物院从容不迫地着手于文物集中工作，打算将三处存放的文物集中于重庆。放在重庆什么地方最合适？经反复考察，与经济部一再协商，将重庆南岸海棠向家坡原贸易委员会的办公室及宿舍移交给故宫博物院作为库房。

1946 年 1 月，巴县办事处主任庄尚严及众职员就在此负责接收房屋、修理库房和点收文物。

故宫博物院派那志良为总队长，负责将乐山、峨眉两处的文物，集中于重庆向家坡。

1947 年 3 月 6 日，乐山 9000 余箱文物全部运抵重庆向家坡。

四川人民都知道国宝存放在四川好几年了，一直无缘见面，现在听说国宝要离川，便纷纷要求办一次展览，让大家开开眼，看看宫里收藏的宝贝。故宫博物院满足四川人民的要求，在 1946 年 11 月举行了一次宫廷书画展，选取了一百件精品参展。

再回朝天宫

国宝文物于1937年8月离开南京，10年后的1947年5月，又陆续回到南京，真是历尽了千辛万苦。

从重庆回到南京，走水路是最佳的选择。雨季水涨之时，船只顺流而下，日行数百里，又方便，又快捷，还很安全。

从向家坡库房到海棠溪这一段陆路，由川湘公路局用汽车装运；从重庆至南京的水路，由民生轮船公司用轮船载运。国子监的 11 箱石鼓，其中 10 箱是石鼓，1 箱是石鼓文音训碑，每箱约有 1 吨重。太沉的重量，怕装船走水路发生危险，于是改用汽车走陆路，从重庆直达南京。陆路载运国子监石鼓，是十分艰辛的工作，更是一次艰苦的长途跋涉。计划的路线是循川湘公路，经过长沙、南昌直达南京。川湘公路局派 10 辆卡车负责这次长途载运。那志良没有走过这条公路线，自告奋勇，既是押运，也想趁此机会作一次长途旅行，见识一下沿途的人物和风光；而吴玉璋、张德恒两位先生也有此意。英雄所见略同，三人便一同担任押运石鼓的工作，实际上是拣最艰苦的工作去做，故意释然地称之为“长途旅行”。

南京清点

北平故宫博物院，在抗战胜利以后，完成了交接工作，基本上都是原班人马，自己移交给自己，办个手续而已，以表明国民政府的正式接管。

国宝从重庆迁回南京以后，南京故宫博物院分院的各项工作渐渐恢复和展开。

人事方面，三大馆馆长、总务处处长都恢复了战前的状况，只有文献馆馆长沈兼士已于 1947 年病故，改聘姚从吾先生继任文献馆馆长。而科级职员则有所变动，进行了重新任命：赵儒珍、朱家濂任秘书，庄尚严、那志良、曾广龄任古物馆科长，李益华任图书馆科长，欧阳道达、张德泽、单士魁任文献馆科长，黄念劬、励乃骥、常惠、黄鹏霄、王孝缙任总务处科长，唐祯任会计室主任。

从重庆回到南京的文物，一直没有脱手过，基本上完好无损，可以放心。而最紧迫的则是当时日寇入侵时陷落在南京的文物，要立即进行清点。

陷落在南京的这批南迁文物，都曾造过清册，呈报政府备案。这批国宝，被日本人接管后，全数搬到北极阁，并让人做了初步整理。全国抗战胜利后，故宫博物院立即派人接收了这批国宝，及时地将它们运回朝天宫。这时，根据政府备存的陷京文物清册，一一清点。结果是，除仅有少数的错误之外，全部完好无损无缺。

收购文物方面，主要是书籍、字画、瓷器、铜器等，代表性的人物便是郭葆昌、杨宁史。

郭葆昌曾是故宫博物院的瓷器、书画审查委员，是当时很有名的收藏家和瓷器鉴定专家，家里收藏有不少书画、瓷器方面的极品。清乾隆皇帝当年醉心的三希堂帖，除王羲之的《快雪时晴帖》存于故宫博物院，另两帖，即王珣的《伯远帖》、王献之的《中秋帖》，都是价值连城的极品墨迹，均存于郭葆昌先生的私人库中。郭先生知道，他所收藏的这些国宝都是国家的财产，应送交国家，早就有意将自己的收藏捐给故宫博物院。为此，郭先生写下了遗嘱，并让其儿子一定照遗嘱办。

1937 年，郭葆昌先生将自己的这个决定，郑重地告知故宫博物院马衡院长和古物馆馆长徐鸿宝以及古物馆科长庄尚严三人。不久，郭先生去世。他的儿子看了遗嘱，严格遵守父亲的吩咐，将所藏瓷器的绝大部分捐献给故宫博物院。故宫博物院郑重地接受了这批私人捐赠，政府方面还酬谢了郭家一笔钱。

杨宁史是德国人，一生喜好收藏铜器，有许多系极品，包括商、周时期的旧物，极其珍贵。他在抗战胜利后，便慷慨地将自己的所藏铜器，捐给了故宫博物院。故宫博物院还特辟一处展室展览这批古物。

当年随溥仪流散到东北的，有许多宫廷书画、古籍、古物，每一件都是精品中的精品，故宫博物院一直在努力收购这批宫中旧物。经过多年努力，虽然收效不明显，但所幸还是收回了一些珍品，其中最珍贵的有龙鳞装王仁珣书《切韵》卷；邓文原章草真迹卷；南京初年刻本《资治通鉴》一部 100 册目录 16 册，分装 20 锦函。

国宝运往台湾

1948 年冬天，淮海战役进入最后阶段。国民党军队眼看支撑不住了，南京再一次陷入战火之中。在这非常时期，故宫博物院奏请国民政府核准，决定将故宫和中央两博物院存放在南京的文物提取精品，运往台湾。当时，确定运往台湾的故宫文物精品共计 600 箱，以参加伦敦艺展的文物为主。随后，国民政府中央博物院、中央研究院历史语言研究所和国立中央图书馆、外交部也决定提取文物精品运往台湾。这样，五大文物单位成立了一个联合机构，办理文物迁台事宜。

存放于南京的南迁文物，共分三批运往台湾。

第一批，五大机构各派专人押运，由中央研究院李济先生带领，押运员 8 人：故宫博物院是庄尚严、刘奉璋、申若侠 3 人，中央博物院是谭旦冏、麦志诚 2 人，中央图书馆是王省吾 1 人，中央研究院是李光宇 1 人，外交部是余毅远 1 人。国宝文物共计 772 箱，包括：故宫博物院 320 箱，中央博物院 212 箱（一说 220 箱），中央研究院 120 箱，中央图书馆 60 箱，外交部 60 箱。

第一批文物由海军部负责运输，是海军部派出的中鼎轮将文物从南京直接运往台湾。这一批文物中，故宫博物院共计 320 箱，包括古物馆 295 箱，图书馆 18 箱，文献馆 7 箱。1947 年 12 月 22 日，中鼎轮启航，于 5 天后到达台湾基隆港。

第二批国宝文物数量大，共计 3502 箱，包括：故宫博物院 1680 箱，中央研究院 856 箱，中央博物院 486 箱，中央图书馆 462 箱，北平图书馆 18 箱。这一批文物，由故宫博物院理事徐鸿宝率领。由于徐先生临时有事不能成行，只好由各机关押运员共同负责。这次押运员共 13 人，包括：故宫博物院那志良、吴玉璋、梁廷炜、黄居祥 4 人，中央研究院董同龢、周法高、王叔岷 3 人，中央博物院李霖燦、周凤森、高仁俊 3 人，中央图书馆苏莹辉、昌彼得、任简 3 人。

第二批文物由招商局货轮海沪轮负责运输，不用任何军舰。这一批文物中，故宫博物院共计 1680 箱，包括古物馆 496 箱，图书馆 1184 箱，于 1948 年 1 月 9 日运抵基隆港。

第三批国宝文物迁运，只有故宫博物院、中央博物院和中央图书馆三家参加，共运文物 2000 箱，包括：故宫博物院 1700 箱，中央博物院 150 箱，中央图书馆 150 箱。

第三批文物由海军部派昆仑舰护航。这一批文物中，故宫博物院共计 972 箱，包括古物馆 643 箱，图书馆 132 箱，文献馆 197 箱。这批文物历时 1 个月，于 1949 年 2 月 22 日到达台湾。故宫博物院三批文物，共计 2972 箱。

因为迁运匆忙，这三批文物都只得寄存于台中糖厂仓库。

1949 年 1 月 7 日，负责押运事宜的故宫方面负责人庄尚严在完成迁台文物运输之后，就运台文物有关的六大机构、文物数量、押运事宜、船运细节、沿途情形、入库情况、库房条件等方面，特地给院长写了一份报告，详细叙述迁台国宝文物经过，较真实地反映了这批南迁的故宫国宝文物，跋涉数千里、横渡台湾海峡的奔波和艰辛。不过，从这份报告中，可以很清楚地了解当时文物运输途中的真实情形，特别是所经历的无数惊心动魄的风雨历程，以及鲜为人知的国宝秘籍的受潮受损情况和库房收藏状况。

值得庆幸的是，这些流传宫外的国宝秘籍，无论经历了多少风雨历程，它们仍旧完好无损，真是上苍有眼，国宝有灵啊！

台北故宫博物院

迁台文物存放在台中糖厂，只能是权宜之计。负责故宫文物事宜的常务委员熊国藻，带领各处主管到各地查看合适地点。查看后，有三个地方供选择：台中县番子寮山麓、台中县雾峰乡旁山麓、台中县雾峰乡吉峰村北沟山麓。杭立武主任会同“两院理事会”委员蒋梦麟、傅斯年、罗家伦等人亲自前往三处地方实地考察，认为北沟山麓最为理想，其背倚高山，空地开阔，地处幽静无人之境。

买下这块地之后，即着手建造库房。库房三层，呈品字形，每层能容纳1600箱。中间库房，由“中央博物院”和“中央图书馆”合用，中间以墙壁隔开；两边的库房，则由故宫博物院专用。

1950年4月14日，工程竣工。文物开始运往北沟，4月22日，全部运完。

国宝文物运到台湾，原先参加文物运输的六大机构“国立故宫博物院、中央博物院、中央图书馆、中央研究院、北平图书馆和外交部”，合组为六机构联合办事处。

虽然国宝文物运输措施严密，但朱家骅仍担心文物的安全，多次提出清查运台所有文物。

1950年7月17日，“两院理事会”开会，朱家骅再次提议清点。最后决议，

红山文化晚期　鸟形玉佩

红山文化主要分布在辽河流域、燕山南北的广大地区，是一个庞大的部落集团体系。新石器时代，它是我国北方原始文化的象征。1935 年首次在内蒙古自治区赤峰市郊区红山附近发现这种原始文化遗址，因而得名，有“中华文明的曙光”之称。

用抽查的办法点查文物：由理事多人，延聘专家，组成清点委员会，抽查“两院”运台文物和“中图”所有文物，抽查方法是依据原有清册，逐项核对，确实无误后，注明：核对无误。

这次抽查，由理事李济、罗家伦、丘念台和有关专家黄君璧、董作宾、孔德成、高去寻、劳干等人负责。

1951 年 6 月 16 日至 9 月 8 日，历时近 3 个月，抽查了 1011 箱文物。其中，故宫国宝文物是 560 箱，点查结果：良好。

李济在报告中称：“此次所查，1011 箱，虽有笔误或者漏列之处，但均能查出原因，而文物并无损失。且此项笔误或漏列，尚系在平、沪时经手之人，校对未周，与现在保管人员无关。”

连续三年抽查，共 2412 箱，1952 年，520 箱；1953 年，777 箱；1954 年，

1115 箱，结果都是良好。

1962 年 6 月 18 日，在台北士林外双溪，建造台北故宫博物院。

台北故宫博物院落成之后，正式恢复“国立故宫博物院”称号，直属于台湾地区最高行政机关管理。台湾“中央图书馆”馆长蒋复璁先生，就任院长。

台北故宫博物院国宝

台北故宫博物院所藏，大多数为清宫旧藏之物。而宫中所藏，可以追溯到宋初，距今已经 1000 余年了。

宋承五代之旧藏，收藏日渐丰富。宋太祖锐意改革，大兴文教。建隆元年（960 年），设立翰林图画院。宋太宗醉心于绘画，太平兴国元年（976 年），诏令天下，求前哲书画墨迹。大臣高文进、黄居采奉旨搜罗民间珍贵书画。太平兴国四年（979 年），建造太清楼，收藏珍贵书画。庆历年间，辽朝送《千角鹿图》，皇帝吩咐将此图收藏于太清楼中。

《景德四事图》中最后一幅，就是《太清观书》。端拱二年（989 年），宋太宗复于崇文院建造秘阁，以三馆书籍珍本以及内府古书画墨迹收藏阁中。秘阁，实际上就是北宋宫中的皇家博物院。宋徽宗时，内府收藏更加丰富多彩。皇帝雅好丹青，吩咐大臣集中妙迹，敕撰《宣和书谱》二十卷、《宣和画谱》二十卷，并完成了《宣和博古图》。

宋末“靖康之难”，宋徽宗、宋钦宗二帝被俘，宫殿焚毁，宫中珍宝或者被金人抢掠，或者流失民间。宋高宗南渡，建立南宋，大力收购宫中旧藏。北宋内府珍宝，渐渐收回，许多珍品得以收藏于南宋宫中，并钤南宋内府之印：奉华堂。宋高宗宠妃刘氏雅好瓷器，其所珍藏之中瓷器底部均镌刻：奉华。宋理宗醉心于古物，宫中珍藏都钤：缉熙殿宝。

南宋灭亡，首都临安被和平接管，元宰相伯颜派遣郎中董祺，就宋宫旧藏，悉数收取，由海道运送大都，即北京。元亡之后，明大将徐达进入北京，收取宫中旧物，全部南运至南京。明成祖迁都北京，这些宫中旧物再度北上，运到北京紫禁城。清承明宫旧藏，历二百余年，珍宝更加丰富。

中华民国建立之初，逊帝溥仪仍然居住在宫中。民国政府将故宫“三大殿”划归内务部，成立古物陈列所，除宫殿旧物之外，还拨沈阳故宫及热河避暑山庄文物充实其中。溥仪盗窃宫中国宝，导致珍品大量流失。宫中文物南迁，最后运到台湾，成立台北故宫博物院。台北故宫博物院最初统计所藏珍品，是24万件。后来，经过仔细整理核对，实际上是60余万件，包括：

一、器物类

铜器，4389件；

瓷器，23863件；

玉器，4636件；

漆器，459件；

珐琅，1871件；

文具，2062件；

杂项，21135件；

雕刻，98件；

新增，9146件。

合计67659件。

二、书画类

法书，1041件；

名画、图像，4099件；

碑帖，313件；

扇子，296件；

织绣，254件；

新增，2664件。

合计8667件。

良渚文化中晚期　三叉形器

三、图书文献类

善本，147924 册；
满蒙图书，2764 册；
档案文献，393167 件；
新增，4457 件。
合计 548312 件（册）。

以上三项，共计 624638 件（册）。台北故宫博物院所藏，确是宫中精品，有些更是全部提走。包括：宋汝窑瓷器 23 件，珐琅彩瓷 450 余件，以及文渊阁《四库全书》等，都在台北故宫博物院中。除图书、文献、书画、瓷器、玉器之外，

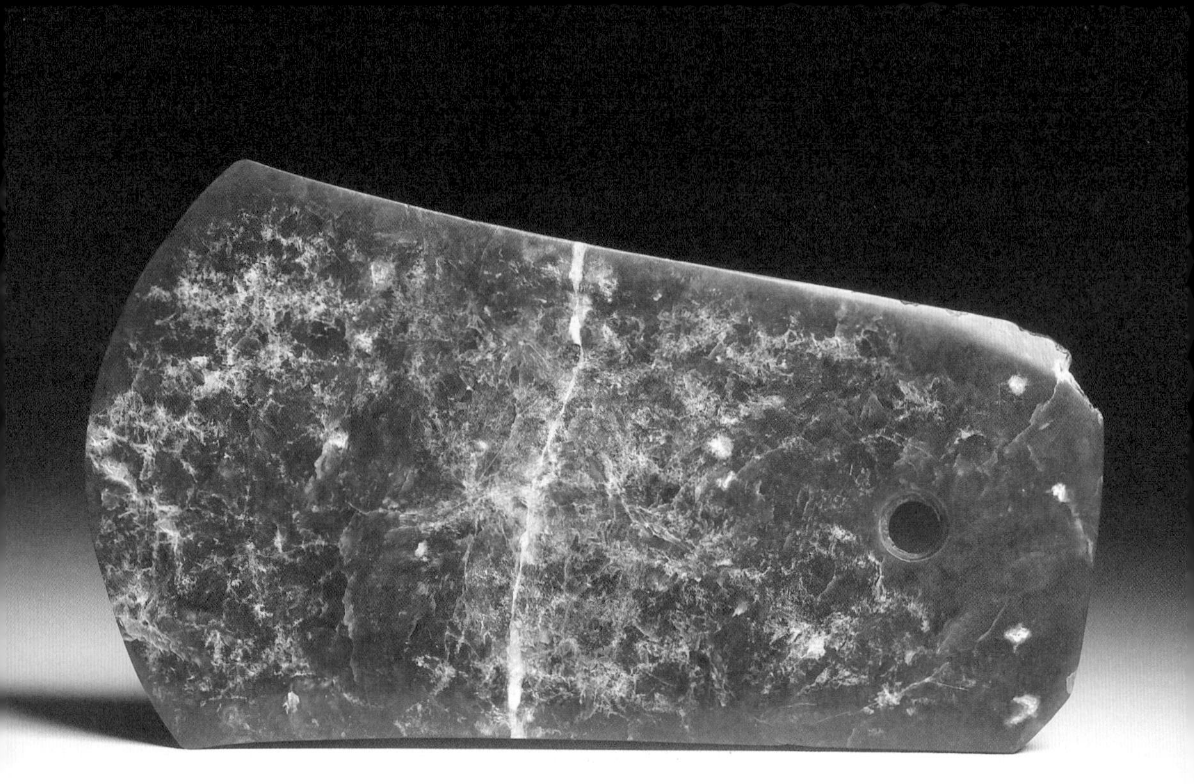

良渚文化晚期　玉钺

“良渚文化”因良渚遗址而得名，历史悠久，苏、浙、沪三地均有分布。良渚玉器则为南方玉的杰出之作。

台北故宫博物院仍有丰富的收藏，包括青铜器、漆器、珐琅、服饰、文具、图像、织绣等。

玉器

清乾隆皇帝喜爱宫中玉器，不仅命儒臣编纂了各种目录、图谱，而且喜爱鉴赏，还在特别喜爱的珍贵器物上刻字留念。

清乾隆十一年（1746 年），乾隆皇帝写了两首诗，吟咏一块赭红色玉版。据说，这块玉版是新石器时代晚期的杰作。玉版呈梯形，上下边缘都涂深褐色。这件作品，可能是新石器时代大型玉刀的半成品，乾隆皇帝命令宫中玉工精心

宋至金　玉鹅

这两只玉鹅为宋金时期的玉器，玉质细腻，颜色灰白，略带褐斑。整体以卧鹅为造型，长颈尖嘴，羽翼丰满。

修饰、整理，配上木座，制成屏风。

乾隆皇帝担心在这件珍贵的玉版上题诗，会破坏了这件珍品，于是，他写了诗之后，命大臣张若靄代为书写，将诗刻在紫檀木架上。八年后，乾隆皇帝实在忍耐不住，吩咐宫中玉工将先前自己所写之诗，刻写在这件珍贵的玉版上。

乾隆皇帝十分重视懂得鉴赏的宫中玉工，姚宗仁就是其中杰出的代表。宫中收藏的玉螭纹杯，乾隆皇帝十分喜欢，一直以为是汉代旧物。后来。经过仔细观赏和鉴别，乾隆皇帝开始怀疑它可能是伪品。他召来玉工姚宗仁，两人一起鉴赏。姚宗仁是玉工世家出身，他的父亲就是宫中的玉器大师。姚宗仁一看，就说这件作品是他的祖父精心制作的仿制品。

乾隆皇帝问："为什么不像市场上造假的汉玉那样油腻不堪？"

姚宗仁回答："是祖传秘法。"

乾隆皇帝十分高兴，鉴别了一件奇珍，特地写了一篇《玉杯记》，刻在这件玉杯的木盒之上。

姚宗仁知道乾隆皇帝喜爱玉器，特地为皇上精心制作了一件鹅形玉器。据说，"书圣"王羲之极喜爱白鹅，乾隆皇帝极喜爱"书圣"王羲之，也极喜爱白鹅。乾隆皇帝对姚宗仁制作的鹅形玉器十分珍爱，视为珍品，特地命侍臣缩临王羲之的《快雪时晴帖》，刻在姚宗仁进献的鹅形玉器上。闲暇之余，乾隆皇帝时常展玩这件独特的玉器，欣赏玉器精美的同时，也欣赏"书圣"王羲之的书法杰作。那种欢愉，恐怕只有喜爱艺术珍品的乾隆皇帝能够独自享受。

青铜器

青铜器在中国有着悠久的历史，大约在夏朝就已经铸造了十分精美的青铜器物。夏朝的青铜器，只见于《墨子》一书的记载，人们一直不敢相信其是否真实。随着近年的考古发掘，一些精美的夏朝器物现世，夏朝灿烂的文化和成熟的文明成果令人惊叹。

中国可信的文明历史，起码可以确定成熟于商朝，正史和大量文献记载了

蟠虺纹方瓿

青铜礼器。器盖上有四神兽卧居，器身上有四兽首。纹饰以几何纹和蟠虺纹为主。

青铜鬲鼎

商代青铜礼器。

商朝的灿烂文明，大量的考古发现也证实了商朝的丰硕文明成果。商朝早期的青铜器制作反映了商民的独特文化品位，从商末到西周初年，青铜器的制作工艺和技术水平达到了前所未有的高峰。

中国的早期文献记载了这样的历史史实：商人尚鬼。青铜器的大量铭文，也证实了这一点。商民相信，人是有灵魂的，人死以后，也和生前一样，需要一切用品；鬼神的世界和红尘世界一样，是同样真实存在的。既然鬼神世界存在，死后与生前的需要是一致的，商代就风行厚葬，于是大量祭祀用的礼器被带入了坟墓。这些出自墓葬的大量青铜器，就是当年墓主人爱不释手的祭器，它们是商周时代文明的见证。

青铜器时代，似乎是古代文明中心的标志之一。中国在公元前 16 世纪前后就有了青铜器文明，欧洲、土耳其、里海等地在古代也都有青铜器问世。中国的青铜器是用块范法铸造的，欧洲的青铜器则用废蜡法铸造，但世界上无论哪一种青铜器，都没有中国青铜器精美。不论是其铸造技术、制作工艺，还是器物造型、纹饰图案，中国青铜器都是无与伦比的。

中国古代的精美青铜器问世以后，大多数进入了宫廷，成为皇帝十分看重的国家宝藏。这些国宝级的青铜器，一直收藏于皇宫之中，其中一部分精品随着宫廷文物南迁，现收藏于台北故宫博物院，包括：商兽面纹方尊、商父丙角、康侯方鼎、祖乙尊、献侯鼎、毛公鼎、宗周钟等。

商兽面纹方尊，是皇朝举行典礼时使用器物的总称，并不是专用名称。宋代开始，将高、粗、口外撇之容酒器，称为尊。这件方尊，方体，方圈足，圆口，折角。腹部是兽面纹，正方是立雕兽头，四角是鸟的剖面图，两两相对。

商父丙角，腹部、腿部和盖子都装饰着花纹，腹部饰云雷纹图案。

漆器

中国漆器的制作，起码有 3000 年以上的历史。漆是漆树内的一种汁，既有保护功效，又有装饰效果。漆器工艺复杂，包括彩绘、描金、填漆、戗金、

晚明 剔彩花鸟纹漆盘

清　乾隆时期　剔彩春寿宝盒

清　乾隆时期　剔红山水人物纹漆箱

清　乾隆时期　剔红山水人物纹漆箱

晚明　剔红雕漆笔　雕漆，又称剔红，是中华民族传统工艺的瑰宝和精华。

雕漆、螺钿等多种技法。雕漆工艺在中国宋、元之时就已经成熟，工艺水平很高。明清时期，由于皇帝的喜爱，在宫中十分流行，也是宫中漆器类的大宗。

雕漆，就是在器坯上，涂漆数十层，然后在漆上雕刻精美的图案，又分为剔红、剔黑、剔犀、剔彩等。明代早期和中期的漆器，漆层很厚，雕刻技法圆润，以花卉为主；明中后期，喜欢浓烈的色彩，好龙纹装饰。清代漆器，色彩艳丽，雕刻精致。

台北故宫博物院所藏宫中漆器较多，珍品有元剔黑双凤牡丹八瓣盘、明剔红花卉锥把瓶、明螺钿牡丹圆盒、明戗金填漆龙纹菊瓣盘、清剔彩春熟宝盒等。

珐琅

珐琅器，就是在金属胎外施以玻璃釉，经过高温窑烧之后而形成的器物。从技法上看，分为三类：画珐琅、掐丝珐琅、内填珐琅。

画珐琅，在金属胎外直接以珐琅绘画，然后高温窑烧而成。这种技法，是16世纪传自欧洲，故又称洋瓷。

掐丝珐琅，以金属丝盘成花纹轮廓，焊在金属器外，用各色珐琅填入轮廓内，在窑中高温加热，然后打磨、镀金而成的器物。明景泰年间，宫中的掐丝珐琅最为有名，又称景泰蓝。

内填珐琅，相近于掐丝珐琅，不同的是，

清　雍正时期　珐琅彩红碗

珐琅瓜形胭脂盒

慈禧太后御用物品。

画珐琅花卉粉盒

慈禧太后御用物品。画珐琅，是珐琅器的一种，多为铜胎画珐琅。先在铜胎上施以白色釉，入窑烧制，随后再以各色釉在其表面彩绘图案，再入窑中烧制。

明　铜景泰蓝珐琅香炉

花纹轮廓是以刻、铸而成。

中国宫廷之中，皇帝、后妃们十分喜爱珐琅器，特别是明清两代，宫中设立作坊，专门制作皇帝御用的珐琅器。

台北故宫博物院收藏有宫中珐琅器物1800余件，著名的包括：明景泰蓝掐丝珐琅薰炉、清康熙画珐琅彩绘牡丹方壶、清乾隆内填珐琅蕃莲盖碗等。

清　铜镀金掐丝珐琅九桃蝠薰炉

掐丝珐琅，是珐琅器的一种，中国传统工艺。一般先在金、铜胎上用金或铜丝掐出造型，再用各色釉填充，然后经入窑烧制、打磨等工序制作而成。其在明代景泰年间得到了空前的发展，又因为器具多用蓝色釉料，因此又称掐丝珐琅为景泰蓝。

服饰

中国两千多年的封建时代，造就了等级森严的封建社会，其中，最为显著的标志之一，就是严格规范着不同身份、不同等级的服饰制度。这个制度规定着什么人穿什么颜色、什么样式、什么质地的衣服，什么人不能穿什么颜色、什么样式、什么质地的衣服。与衣服相匹配的，就是各式各样的饰品，包括不同颜色、不同形状、不同图案、不同配饰的冠帽、朝珠、衣带、首饰、手串、带扣、香包、如意、鼻烟壶以及五彩缤纷的女性用品等。

台北故宫博物院所藏宫中服饰，数量庞大，种类多样，品种十分丰富。主要有：

清高宗大阅胄，革质，外饰以漆，龙纹，镶貂皮和各种珠宝。

皇贵妃冬朝冠，薰貂朝冠，上缀朱纬，装饰金凤、珍珠、宝石等。

清　螭纹玉镯

白玉夹杂大面积黑斑，器身阴刻螭纹。

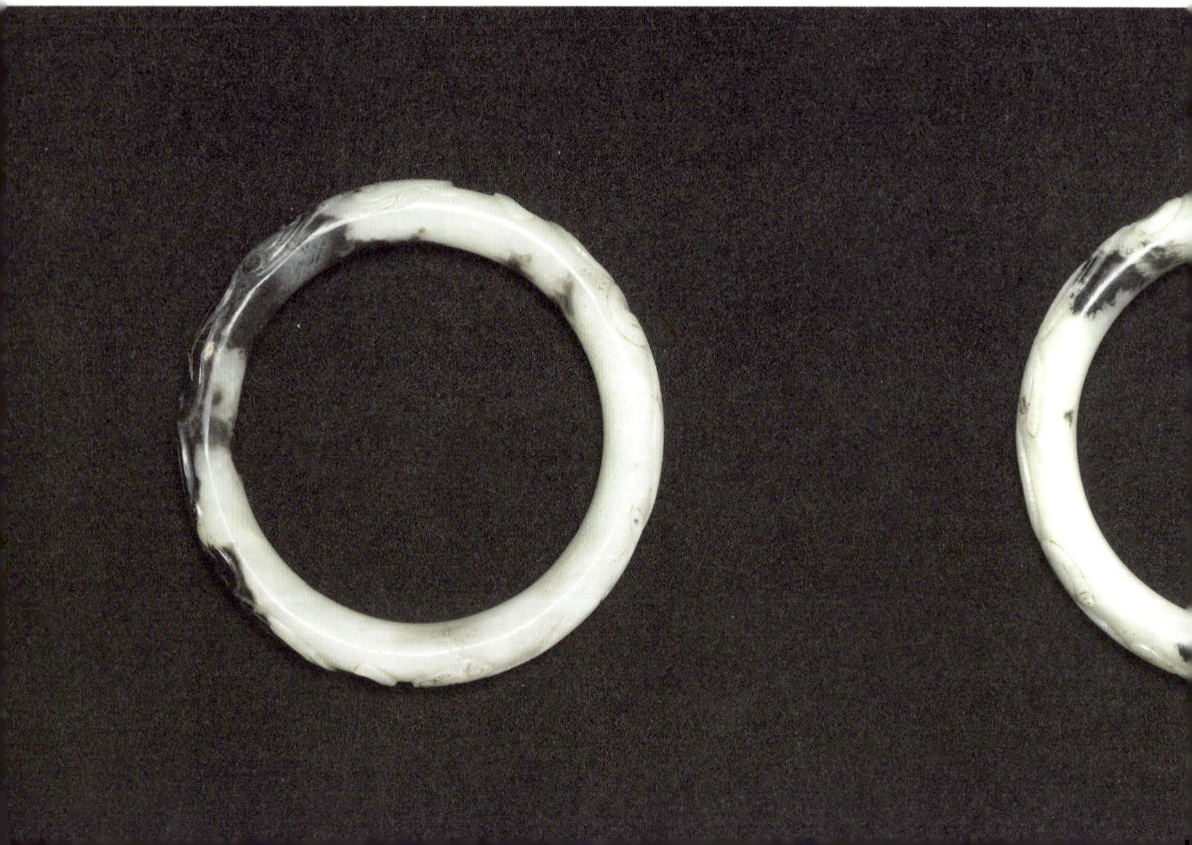

清　珊瑚子孙万代镯

镯面做工精巧，刻工细腻，雕饰回纹打底，阳刻葫芦锦藤，寓意子孙绵延，福禄万代。

清　嘉庆时期　金镶黄碧玺吉服带

清代皇帝穿吉服的佩带，上挂有刀鞘、荷包、觿、燧等饰物。

清　金累丝嵌珍珠宝石五凤钿

皇后、妃、嫔们平时戴的便帽。金累丝和点翠工艺。钿子主要由5只镶嵌珍珠、宝石的金累丝凤，以及金凤下缀的9只口衔珍珠、珊瑚、绿松石等宝石的金翟组成。现藏于北京故宫博物院。

清　绿松石朝珠

由佛头、背云、记念和珠身四部分组成，珠身和记念佩于胸前，佛头和背云则置在身后。古时皇帝在月坛祭月时佩挂绿松石朝珠。

清　水晶手串

该手串由水晶、宝石佛头、佛头塔及粉碧玉珠等组成，样式精美。自 18 世纪中期后，多为祈福装饰之用。

戏服衣领

由丝绸、玉、琥珀、珍珠母、孔雀石、玻璃和各种宝石组成。

貝勒冬朝服一圖

皇子福晉夏朝袍圖

皇帝冬朝服一圖

皇帝夏朝服圖

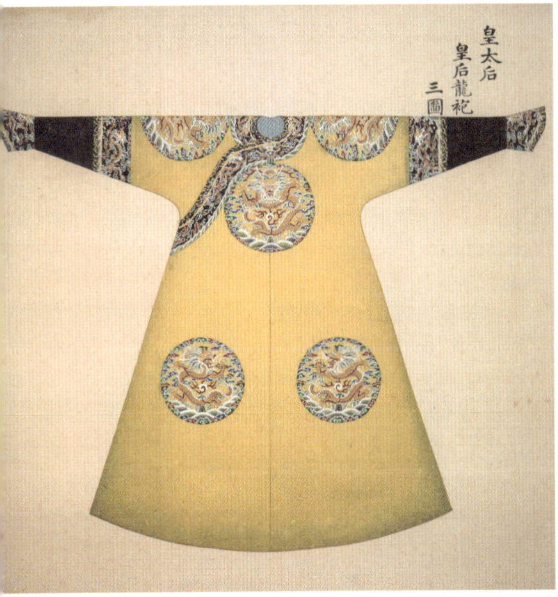

清　皇帝服饰

清代皇帝服饰可分为三大类：礼服、吉服和便服。礼服有朝服、朝冠、端罩、衮服、补服；吉服有吉服冠、龙袍、龙褂；便服也叫常服，是在典制规定以外的平常服饰。其中，龙袍又称龙衮，绣有九条进龙，胸前、背后各一，左右两肩各一，前后膝盖处各二，还有一条绣在衣襟里面。取《易·乾》中“九五，飞龙在天，利见大人”之意，这也是“九五至尊”的来源。龙袍的下摆，有“水脚”斜向排列着许多弯曲的线条。“水脚”之上，有水浪，水浪之上，又立有山石宝物，称为“海水江涯”，寓意为“一统山河”和“万世升平”。除了龙纹，龙袍上亦有“十二章纹”，即日、月、星辰、山、龙、华虫、黼、黻、宗彝、藻、火、粉米，代表着十二种不同的品德。清代龙袍以明黄色为主，也可用金黄、杏黄等色，并且规定，只有皇帝、皇后、太后才有资格穿这种规制的龙袍。以上为清内府绘本《皇朝礼器图式》选取的皇帝、皇后、太后、皇子福晋、贝勒的服饰加以展示。

点翠簪

点翠，中国传统贵金属加工技艺。即用翠鸟羽毛镶嵌于金属座上，制成首饰和工艺品。翠指的是翠鸟的羽毛，因其色彩明艳夺目，又兼光泽流丽，常被用来制成女子的首饰。战国时期就有点翠工艺出现。宋元时期开始盛行，清代达到高峰，逐渐发展成为一门独特的金属加工工艺。这一工艺因需要从活鸟身上拔取『绒翠』，十分残忍，现已经被淘汰。

清　银镀金点翠嵌珠宝荷叶耳坠

点翠工艺耳坠，镶以珍珠、宝石。

双喜冠，是黑布制作的女冠，是婚礼上使用的。其外部装饰翠鸟羽毛，组成云纹、双喜纹，其间缀饰珊瑚双喜，以及珍珠、碧玺，垂翠玉坠角。

手串，有紫碧玺手串、黄碧玺手串、镶米珠沉香木手串、雕木罗汉手串等。

松石朝珠，以松石珠 108 颗，用黄丝线串成，间缀红碧玺佛头以及珊瑚、坠角等。

红木镶宝如意，红木胎，镙丝镶点翠，上饰大块翠玉、碧玺和各种珍宝雕刻的牡丹、三多吉祥图案。

宫中首饰，丰富多彩，有镶珠金镯、珊瑚金镯、镶翠金戒指、镶珠花戒指、珠翠葡萄耳坠等。

女性首饰，五彩缤纷，有蝙蝠簪、菊花簪、珠花簪等。

法器

法器是佛事活动中所用的祭器、乐器、服饰的总称。台北故宫博物院所藏，主要是紫禁城中慈宁花园法器旧物，以及养心殿和热河行宫中的部分法器。

中国历代宫廷之中，佛教活动频繁。明代时，皇帝赏赐诸法王红色袈裟，人称西藏佛教为“红教”。宗喀巴改革之后，改穿黄衣，戴黄帽，人称“黄教”。宗喀巴有两大弟子，一是达赖，一是班禅，二人不仅是宗教领袖，也是政治领袖。

清朝统一全国，特别注重对西藏、新疆地区的统治，强调宗教领袖的重要性，一方面颁赏金印，另一方面大规模地建造寺院。宫中也建造佛殿，包括英华殿、雨华阁、慈宁花园等地。

宫中的法器十分精美，一部分是内府所造，一部分则是达赖、班禅进贡之物，还有一些是征服边疆地区时缴获的精美器物中之进献品。

西藏、内蒙古地区的佛事活动，崇尚以人头骨制作法器，特别是以大喇嘛、贵族去世后的头骨制作而成的法器最为珍贵，称为“嘎布拉”。

台北故宫博物院所藏宫中法器很多，珍贵的有：

镀金宗喀巴佛，清乾隆四十六年（1781 年）镀金坐像，眉心嵌一颗大珠，结跏趺坐莲花座。身后是娑罗树光背，座周镶透花狮子，宝座、光背镶嵌五色

喇嘛教住持和佛堂建筑

节选自《燕京胜迹 /Peking the beautifu》1927 年版。中国国家图书馆藏。

珠宝。光背上刻写汉、满、蒙、藏四体文字，称：乾隆四十六年孟夏月，卫藏贡有大利益金宗喀巴佛像。奉旨照式范金造此宗喀巴佛，宣扬黄教，普利众生。

雕象牙缨珞冠裳，冠以象牙雕骷髅头五组串联而成，顶承法轮，法轮中心刻写梵文经咒，下以象牙珠串连成缨珞，间以坠角、小铃装饰；裳是以牙雕金刚杵、法轮、兽面串联而成，红色锦为裳带，带下是牙珠串联，间饰轮、角、方胜等。

手鼓，以男童、女童头骨各一，相背粘连而成，两边蒙以羊皮，或者猴皮，上涂绿漆，绘金龙纹，周围饰二色石镀金花，腰部饰以嵌松石花累丝镀金圈，坠蜜蜡珠、花三角等。

右旋白螺，螺口镶镀金边，正中心刻写藏文，周围是串枝花叶图案，上嵌三色石珠。下部刻写：乾隆年制。背镶银片，上镌刻汉、满、蒙、藏四种文字，书：大清乾隆年制。法螺是佛教八宝法器之一。白螺通常是左旋，右旋的白螺十分稀少。这颗右旋白螺，在乾隆五十二年（1787 年）平定台湾林爽文起义时，曾经携其渡海，一直风平浪静，御赐名为定风珠。

嘎布拉饮皿，以人头骨制作而成，镶镀金口，外沿饰蟠枝花，沿边镶三色石，内壁彩绘佛像，外壁保持原貌，没有任何纹饰。

文具

中国文明历史悠久，文化源远流长。中华文化在世界文明史上是独一无二

清　珊瑚松石米珠垂挂

乾隆五十八年（1793年）西藏作品。米珠串及珊瑚、青金石。节庆时，藏人衣前佩戴的珠饰。属服饰、法器。

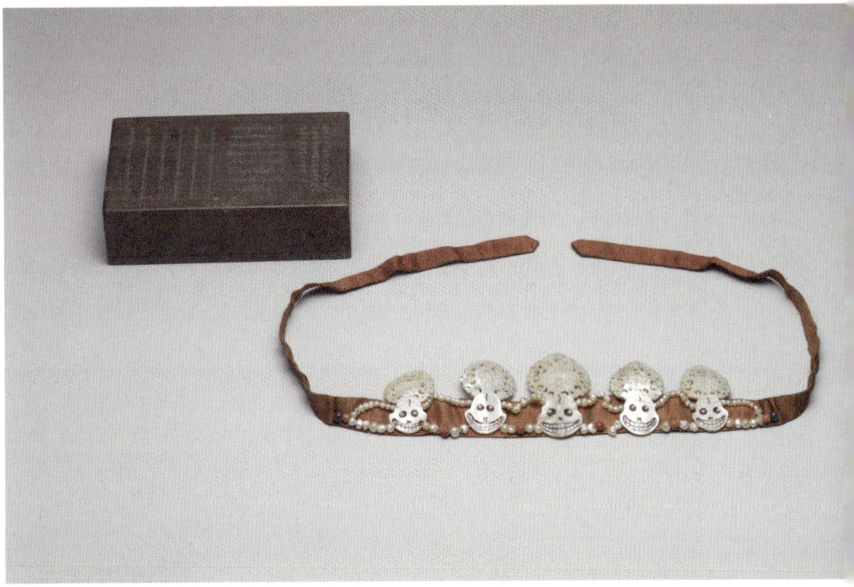

蚌壳五佛冠

是佛教住持、方丈等修法时，佩戴的宝冠。

清　象牙缨珞衣

跳神时喇嘛所穿戴的服饰物，包含骷髅五佛冠、璎珞衣、臂钏三部分。

清　乾隆时期　御笔题画诗墨

此套墨一共六块，形状各异，端置于墨盒之中。墨盒以黑漆地，正中书“御笔题画诗墨”六字。这套墨的制作，是从乾隆皇帝题过诗的画中选出的九幅，再根据画卷的尺寸比例，缩制成九块墨。一面摹刻御诗、御章，一面摹刻画作。墨身雕刻细腻，制作精良，为墨中佳品。清宫旧藏，现藏于北京故宫博物院。

清　雍正时期　松花江石砚

松花江石制长方形砚台，砚身为深浅绿色条纹相间，墨池内一侧饰以灵芝如意纹。砚台盖为黑漆地描金盒，上绘山水亭台之景，整体造型别致幽雅，为宫廷造办处制作。清宫旧藏，现藏于北京故宫博物院。

龙门氏天府御香墨

舌形墨，边角圆润，通体黑色。两条金龙绕于墨身，朱色纹饰装饰其身。饰以金色祥云纹饰，蓝、金色阴刻隶书『天府』二字，一侧刻『龙门氏』字样，彰显出此墨的富丽雍容。『天府御香墨』是明代的一款墨式，且收录于明代《方氏墨谱》中。据悉，此墨是清代早期制作，为清宫旧藏，现藏于北京故宫博物院。

清　雍正时期　叶公侣乐志图墨

长方形墨体，墨身填金书『乐志图』三字，下刻『歙叶公侣监制』六字，墨侧身书『雍正乙巳年夏月』七个字。由此可知此墨制作于雍正三年（1725年）。『乐志』二字出自庄子《南华经·让王》『若伯夷叔齐者，其于富贵也，苟可得已，则必不赖。高节戾行，独乐其志，不事于世，此二士之节也』的典故。制墨者以『乐志』为铭，反映了作者期望如伯夷、叔齐一样独守己志，不逐世俗。

清　湘妃竹雕留青花蝶管紫毫笔

用紫色兔毛制成的毛笔，笔管由湘妃竹制作而成，其上浅刻纹饰，梅菊花枝纹样缠绕笔身，蝴蝶戏于菊梅之间，笔帽两侧和笔身顶部浅刻一圈回纹做装饰。笔头装紫毫，为兰花头式。清宫旧藏，现藏于北京故宫博物院。

清　彩漆云龙管黄流玉瓒紫毫笔

用紫色兔毛制成的毛笔且根部饰以黄色毫。毛笔通体为竹胎髹漆，黑漆为地，嵌以金色纹饰，朱色描绘云龙纹，笔帽两侧和笔身顶部绘一圈回纹做装饰。笔管上浅阴刻隶书『黄流玉瓒』四字，此四字出自《诗经·大雅·文王之什·旱麓》:『瑟彼玉瓒，黄流在中。』歌颂的是周文王实施德政，礼乐制度周全，从而获得福气。『黄流』是古人用黑黍和郁金草制成的一种酒，用以祭祀活动。『玉瓒』是祭祀用的酒器。『黄流玉瓒』表明了祭祀活动中对礼乐制度的恭敬。笔管上刻这四个字体现了清朝宫廷制品对古代传统礼乐文化内涵的承袭。清宫旧藏，现藏于北京故宫博物院。

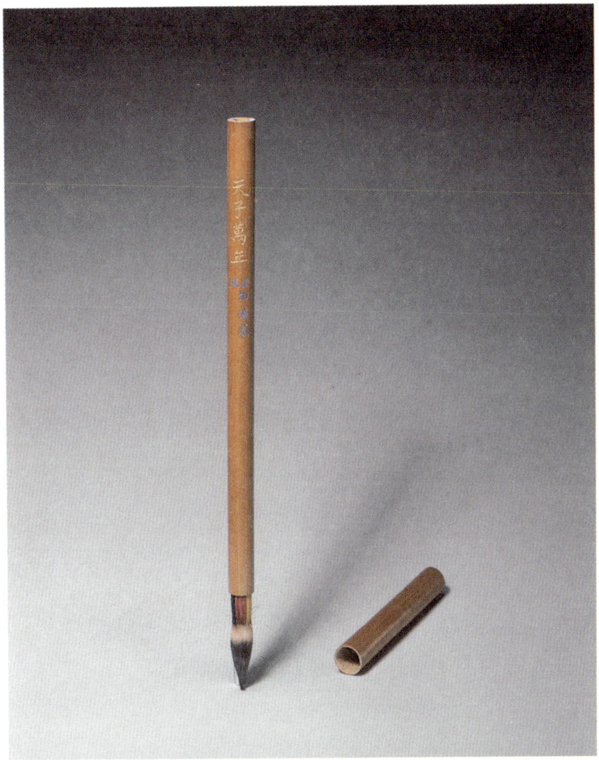

白潢恭进天子万年笔

用紫色兔毛制成的毛笔且根部饰以红黄蓝色毫。笔管为竹胎，笔身阴刻楷书『天子万年』四字，并以金填之，其下方小刻填蓝楷书『臣白潢恭进』五字。题识表明了此笔是臣子献给皇帝万寿节的礼品。清宫旧藏，现藏于北京故宫博物院。

清　雍正时期　珐琅管斗羊毫抓笔

毛笔为羊毫笔，笔管是铜胎掐丝珐琅工艺制作，笔身通体花叶纹样装饰，整体以蓝、黄、粉、绿四色作为主要釉色并配以白色点缀。笔管整体造型优美，体态线条舒缓，是清代晚期提笔造型的特点。清宫旧藏，现藏于北京故宫博物院。

的，其独特性的标志就是象形汉字和书写汉字的材料：笔、墨、纸、砚。笔是毛笔，笔毫柔软，用于书写。墨是墨水，是水溶性的。纸是写字的承载体，吸水性好。砚是研磨成汁的砚台，与水溶性的墨配套。这四样东西，是中国知识分子日常使用的文具，合称“文房四宝”。

中国的文具，比较而言，注重实用性功能，因而不易保存，所以，流传下来的不多。而一些精品进入宫廷以后，由于皇帝和皇室成员的喜爱，经过内府的装饰得以保存、流传了下来。

中国宫廷的“文房四宝”十分讲究。笔由两个部分组成，一是毫，二是管。笔毫有多种，羊毫、狼毫是主体。笔管是装饰的重点，质地也各不相同，有玉质、瓷质、牙质、角质等。笔管上一般会有题字、雕刻、绘画等。

墨分多种，主要是松烟墨、油烟墨和漆烟墨。不同类别的墨，都讲究墨模雕刻的图案、形状，墨的气味和墨的色泽。宫中的墨，主要是皇帝御用墨和贡墨，质地好，用料上乘，造型美观，制作精美。明清两代的御用墨都是精致之作，贡墨也别具一格。明中期以后，宫廷御用品的制墨大师罗龙文、叶玄卿、程君房等人的佳作，更是独树一帜。

中国宫中用纸品种多，种类齐全。有高丽纸、粉笺、梅花笺、宣纸、罗纹纸、桃花纸、竹帘纸等。砚的收藏，是中国文人的雅好，往往与金石收藏相媲美。清朝乾隆皇帝就喜爱古砚，不仅爱赏玩内府收藏的各种古砚，还不遗余力地搜集各种名砚，一有发现，必搜罗入宫。他还特地将宫中所藏古砚，编辑成册，纂成《西清砚谱》，中国古砚之精华，全在其中。而书中古砚精品的半数以上，入藏台北故宫博物院。

彩漆云龙纹管笔，明嘉靖时期的宫中珍品。笔管、笔帽，均黑地描彩漆绘云龙纹，笔管上方，金漆书：大明嘉靖年制。

百子图墨，明天启元年叶玄卿制。圆形，黑色，边框起棱。墨之两面，绘百子嬉戏图。墨两侧题字，阳文楷书，一边是：天启元年墨，苍苍室藏款；另一边是：新都叶玄卿，按易水法制。

乾隆御咏明华诗十色墨，清朝乾隆皇帝御用墨，长方形，边框起棱。十锭，分朱红、浅红、黄、浅黄、蓝、绿、黑、白、褐、浅褐十色。墨之一面绘所咏花卉，另一面是填金隶书乾隆御制咏花诗。左侧凸起，楷书：大清乾隆年制。

松花石葫芦砚，清朝雍正皇帝御用砚。松花石砚材，砚上是绿色斜纹，砚为扁平葫芦式。墨池上刻蝙蝠。砚背面中心微凹，下方镌雍正皇帝御题隶书：以静为用，是以永年。下钤篆文方玺：雍正年制。

图像

中国的图像画起源很早，大约在殷商时代就有得良辅之绘画。周代时，有明堂四墉，描绘尧、舜圣主和夏桀、商纣暴君。自三代以后，中国的图像画就分为两大类，一是写真画，真实描绘人物的逼肖形貌；二是想象画，表现传说或者远古时期人物的形象。

中国历代宫廷之中，收藏有大量图像画，主要是历代圣贤像和历代帝王后妃像。

台北故宫博物院所藏，主要有：

伏羲坐像，宋代马麟画，绢本设色。

宋仁宗皇后坐像，应是宋仁宗第二任皇后曹氏像，绢本设色。

元世祖出猎图，元代刘贯道画，绢本设色。

元世祖后彻伯尔像，元顺圣皇后，绢本设色。

明宣宗坐像，绢本设色。

玛常斫阵图，清郎世宁画，纸本设色。

织绣

织绣种类繁多，宫中精致的织绣品，主要包括两大类，一是刺绣，一是缂丝。

刺绣是中国妇女的发明，也是中国妇女的一种绝艺。这种工艺历史悠久，技艺精湛。但中国古代的刺绣，通常是实用性的。宋元以后，开始出现书画刺绣作品，并进入宫廷。现存较早的刺绣佳作，是五代时期所绣的《三星图》。

一般织绣品，花纹较为规则，纬线必须经过经线。缂，意思是织纬。缂丝

宋仁宗皇后坐像

宋代佚名画家作。绢本设色。根据史料记载，此幅应为曹皇后画像（宋仁宗的另一皇后被废）。此画构图协调完整，仁宗皇后居于画面中心，两名宫女则立于两旁。皇后佩戴的头饰精致，衣着华丽，彰显尊贵。现藏于台北故宫博物院。

明宣宗坐像

明代佚名画家作。绢本设色。朱瞻基为明仁宗朱高炽之子，明朝第五位皇帝（1425—1435 年在位）。明宣宗励精图治，知人善用，在位时明朝的经济、政治等都得到了空前的发展，史称“仁宣之治”。画中明宣宗面容端详，衣着与配饰雍容华贵，彰显其天子的威严与贵重。现藏于台北故宫博物院。

工艺则与普通织绣品不同，纬线仅通过图形部分的经线，再回转；图形以外未通过纬线的经线，由其他图形的纬线穿越。以各色纬线在预定的图案内往返穿梭，形成所需要的图案。在纬线回转的地方，因为彼此不相关联，所以在图案的周围形成了锯齿状的空隙，看上去如同雕刻镂空之状，称为缂丝。缂丝的织面是平纹，正面反面的花纹相同，左右方向则相反。

缂丝工艺十分精美，宋代时发展迅速，南宋是其黄金时代。这种工艺费时费力，织之艰难，主要用于旗帜和珍贵图画，也用于织祝颂之词和书法名作。明清时，缂丝工艺成为皇家的至宠，用于织朝衣、蟒袍，极其珍贵。

台北故宫博物院珍藏着十分珍贵的织绣精品，有254件，主要包括：

宋缂丝《海屋添筹》，白地设色刻织蓬岛瑶台，祥云仙鹤。

宋沈子蕃缂丝《山水》，白地设色刻织重山秀水，石矶茅亭。

宋朱克柔缂丝《桃花画眉》，蓝地刻织一只画眉亭亭玉立于一枝桃花之上。

宋内府缂丝《龙》，刻织五爪金龙，云游于菊花、牡丹、山茶、栀子花丛之间。

明吴斫缂丝沈周《蟠桃仙》，白地设色，刻织沈周所画蟠桃树下仙人持桃画。画边织诗：囊中九转丹成，掌内千年桃熟。蓬莱昨夜醉如泥，白云扶向山中宿。

明绫本《西池王母》，八仙庆寿挂屏十二幅之一，绣西王母乘坐彩凤，手持寿桃，从天而降。

清乾隆御制赞缂丝《极乐世界庄严图》，刻织西方极乐世界，大幅画面，诗以汉、满、蒙、藏四体文字刻织乾隆皇帝御制赞。

清乾隆缂丝《岁朝图》，白地刻织工笔设色花卉，葫芦形状，瓶中杂置梅花、天竺、水仙，都是岁朝清供。瓶下花种落地，小鼠探壶。瓶上方蓝地刻织隶书乾隆皇帝御制《岁朝诗》。摹织题款：臣姜晟敬书。二朱印：臣、晟。

清绫本“顾绣”（又称“露香园顾绣”，中国传统刺绣工艺之一。起源于明代上海老城厢的顾氏家族）《桂子天香图》，绣桂树、秋花、坡石。左方绣题：蓝袍脱却喜冲冲，足下生云入化工。堪羡垣娥真有意，天香赠自广寒宫。癸卯新正偶题，锡山嵇璜。

清绢本乾隆御制《乐寿堂诗意图》，大幅绣庭院楼阁，左上方绣摹乾隆皇帝御制《乐寿堂七言律诗》。右下方绣：臣孔宪培之妻于氏恭绣。

清　乾隆时期　缂丝加绣御题三星图轴

这件缂丝《三星图》是颙琰（嘉庆皇帝）为贺乾隆皇帝万寿所制作的。“三星”指的是福禄寿三星，画中仙山祥云、松树花卉、寿桃、仙鹤、梅花鹿、孩童以及三星——禄星抱子，福星端立，寿星捧桃，构造出一幅祥瑞平和之景。卷首为乾隆皇帝御笔“锡羡增龄”，其下为乾隆皇帝御笔《三星图颂》。

台北故宫博物院古物珍藏

1949年，运往台湾的南迁宫廷国宝文物，故宫博物院的共计238951件，分装2972箱，包括古物馆1434箱，图书馆1334箱，文献馆204箱。

古物馆国宝，包括玉器、瓷器、铜器、书画、漆器、珐琅、文具等。其中，特别珍贵的历代古书画作品94箱，5760件，包括：《快雪时晴帖》《蜀素帖》等。

宋代米芾的《蜀素帖》，原本是大学士傅恒家中的传世珍藏。清乾隆四十七年（1782年），傅恒将珍爱的《蜀素帖》送出装裱。意想不到的是，此帖离开傅家不久，傅府突然遭遇大火，许多珍物付之一炬，而此帖却逃过大劫。傅恒的儿子福隆安是乾隆皇帝的宠臣，他知道皇帝喜爱名家墨宝，这帧宋代墨迹，与其放在家中心里不安，不如进献给喜爱珍稀墨迹的皇帝。于是，福隆安毅然决定，将家传名帖《蜀素帖》进献给乾隆皇帝。

乾隆皇帝自然喜出望外，欣然地接受了这份厚礼，重赏了福隆安。几年后，傅家再遭大火，一直怕傅家人心中耿耿、有夺人所爱之嫌的乾隆皇帝感觉这是天意，是冥冥中的一种力量促使这帧名帖归于内府，以免遭天禄之祸。乾隆皇帝兴起，挥笔为《蜀素帖》题诗一首，并命书法极工的侍臣在《蜀素帖》的卷首题写："翰墨因缘，流传有数。艺林名迹，当有神物护持，不可思议耳！"

米芾的《蜀素帖》是稀世之宝，清大臣张照的《临米芾蜀素帖》也是不可多得的珍品。张照是康熙时期入值南书房的著名大臣，因才华出众，颇受康熙皇帝的青睐。雍正时期，雍正皇帝赏识张照的文才和书法，选为皇帝身边负责文案事务的起居注官，并一再重用，担任多种重要职务。乾隆皇帝喜爱风格清新的书法，特别喜欢张照书法的独特神韵。乾隆皇帝认为，张照的书法别有神采，兼具米芾、董其昌之风，既尽得二人书法之精华，又摒弃了二人书法的不足，简直就是书圣王羲之以后的第一人了！这样神韵独特的墨迹，非凡间之物也，谁又能学得了？

乾隆十七年（1752 年）秋天，四十二岁的盛年皇帝弘历带着他的文武侍从前往热河，举行木兰秋狝。皇帝骑着骏马，行走在塞山的崇山峻岭之中，一大群文学侍臣跟随其后。山路崎岖不平，一些不会骑马的大臣满头大汗，狼狈不堪，只能悄悄地在荒草中叹息，也惭愧自己不能像皇上一样骑马纵横山林！

心胸开阔的乾隆皇帝将一切看在眼里，淡淡一笑。他放眼山林，看着漫山遍野的荒草树木、金色的果品和红色的树叶感觉心旷神怡，非常高兴。乾隆皇帝为眼前的景色所感染，一时诗兴大发，挥笔写下了《雾》诗，诗中说：擅长处理政务的大臣们，在这崎岖的山路上，不会骑马，不要叹息，也不必惊慌，你们就为我写几首诗吧！

写诗是大臣们的专长，皇帝太体谅臣子的惭愧之心了！几位大臣闻言大喜，纷纷写诗，称赞当今皇上的不世圣德。乾隆皇帝吩咐自己十分欣赏的书法奇才汪由敦，誉写皇帝御笔的《雾》诗和众大臣们的唱和之作，宫廷画师蒋溥奉命绘《御制塞山咏雾诗意图》。

这样，以雾为题材的诗、书、画三绝问世了，乾隆皇帝欣喜不已。如今，这首《雾》之诗、书留在北京故宫博物院，而《雾》之画品却到了台湾，收藏于台北故宫博物院。

李思训是李唐皇室后裔，大胆突破唐代的人物画题材，以独特的山水画风格闻名于世，是中国绘画史上山水画的开山始祖之一。他笔下的山石树木，用笔细腻，线条流畅，设色喜欢用石青、石绿、土黄、赭石等颜料，更喜欢掺入金粉入画，使得整个画面金光灿灿，色彩艳丽，人称“金碧山水”。他的代表作是《江帆楼阁图》，山水楼阁，金碧辉煌，松林草木，枝叶古朴，与隋代大画师展子虔的名作《游春图》后半部分的风格很接近，也极有大唐画风。

韩幹是唐代的著名大画师，少年时，大画家、大诗人王维就发现了这位少年的绘画天赋，大力支持他从事绘艺活动。他的代表作就是《牧马图》：马夫满脸胡须，身材魁梧，身形矫健地骑在一匹马上，手牵着一匹健壮的大黑马。这种肥硕雄壮的健康美，正是大唐所崇尚的风格。马匹线条苍劲，鞍具描绘极细。宋徽宗十分喜爱这幅画作，将其收藏于宫廷秘阁之中，并亲笔在画幅上题写八字：韩幹真迹，丁亥御笔。

周昉是唐德宗时期的大画师，《内人双陆图》是他的代表作，画面上是六个宫女，衣饰十分华丽。两个神态端庄的女子，正在聚精会神地下双陆棋，看上去犹豫不决。其余的女子则在一边观战，神情非常紧张。这是中国绘画史上最为经典的画面，画面上宫女的表情，真正是神来之笔，细腻逼真，栩栩如生，仿佛呼之欲出。

周昉的另一件代表作是《簪花仕女图》，因为每一位侍女头发上都插花朵，故称。虽然在确定时代上尚有争论，但这一件画作，无疑是一件稀世珍宝。这件作品，随溥仪出宫，在小白桉失踪，流落在外，现藏于中国辽宁省博物馆。

范宽是北宋真宗时期的著名画家，陕西华原高广宽厚的黄土高原，造就了他质朴厚实的性格。他的这种性格运用到了他的画里，形成了他独特的画风——宽厚广大、朴实无华。他的为人恰恰豁达大度，宽怀亲切，时人亲切地称他为“宽”。他的山水画风，师法李成、荆浩。后来，他说了一句传颂千世的话，“与其师人，不若师诸造化”！他的《溪山行旅图》《秋林飞瀑图》设色沉厚，浓墨劲笔，线条细腻，巍峨山势的远山近景构成一幅雄浑厚重的画面，正是其典型风格，也成为中国古代名画中的杰作。

顾闳中是五代时期的人，南唐李后主时的宫廷画师。李后主最早在宫廷之中设立画院，召集天下最优秀的画师入充院中。顾氏是江南人，被召为南唐画院待诏，成为宫廷画师。他以擅画人物著称，他的经典作品就是《韩熙载夜宴图》。

韩熙载是位才华出众的大臣，因为才华过人，受到同僚的排斥和主上的猜忌，只能以纵情声色来掩护自己，借以宣泄内心的忧郁。李后主不放心，还是派近臣顾氏、周氏二人深夜前往韩府探视求证。顾氏、周氏都是御用宫廷画师，他们将在韩府所见所闻，一一默记在心，归来后，画成《韩熙载夜宴图》，送呈后主御览。

《韩熙载夜宴图》是一件不可多得的杰出画品，整幅画作如同一幅连环画，前后相连，每一个场景以屏风隔开，自成体系。风流大臣韩熙载是夜宴的主人，自然也是画卷的中心。他在不同场合一再出现，不仅参与了教坊副使李嘉明极富艺术气质的妹妹的弹琴活动，还热心地参加了舞师王屋山的激情舞蹈，特别是在王氏跳六幺舞时，他手持鼓槌的样子活灵活现。他悠然自在地往来于宾客、乐伎之间，尤其是他那示意勿打扰别人的神态，简直是出神入化，十分迷人。

台北故宫博物院收藏了画卷五部分中的送别一部分，其余部分仍然收藏于北京故宫博物院。引首有明人题篆书大字：“夜宴图。太常卿兼经筵侍书程南云题。”前隔水，有宋人题款，四行核桃大的行书。明代大学者顾复称：此书是宋高宗赵构御笔。卷上钤有收藏印，从南宋史弥远绍勋印到近代画家张大千印，共46方。特别珍贵的是，前隔水处，有乾隆皇帝亲笔题写的韩熙载小传。乾隆皇帝鉴赏此画，《石渠宝笈初编》著录了此卷。

最值得一提的是，宫中珍藏的两套《十骏图》，系供职清廷的西洋画师意大利人郎世宁和波希米亚人艾启蒙所画：

一套记载于《石渠宝笈初编》，收藏于御书房，系郎世宁一人独立完成的真迹。十骏分别命名为：奔霄骢、赤花鹰、雪点雕、霹雳骧、筇云驶、万吉骦、阚虎骝、狮子玉、自在骕、英骥子；另一套载于《石渠宝笈续编》，由郎世宁和艾启蒙共同完成，收贮于宁寿宫。

第二套十骏之中，有三骏出自郎世宁之手——红玉座、如意骢、大宛骝，另七骏出自另一位西洋宫廷画师艾启蒙之手——驯吉骝、锦云骓、佶闲骝、胜吉骢、踣铁骝、宝吉骝、良吉黄。

国宝文物南迁装箱之时，故宫博物院古物馆中，只找到了这两套《十骏图》20幅中的11幅，包括郎世宁所画的8幅和艾启蒙所画的3幅，也就是郎世宁的第一套5骏：奔霄骢、赤花鹰、雪点雕、霹雳骧、筇云驶，第二套3骏：红玉座、如意骢、大宛骝。这11骏，现收藏于台北故宫博物院。

另外，尚有9幅没有下落：郎世宁画的5幅——收存于御书房的万吉骦、阚虎骝、狮子玉、自在骕、英骥子，和艾启蒙画的4幅——收贮于宁寿宫中的驯吉骝、锦云骓、佶闲骝、胜吉骢。文物南迁以后，故宫博物院组织人员继续清点，找到了这余下的9幅，正是《石渠宝笈》所记载的十骏真品。

台北故宫博物院古籍珍藏

故宫博物院图书馆方面，南迁宫廷善本共计1415箱，而运往台湾的是

宋人摹五代顾闳中《韩熙载夜宴图》

北京故宫博物院藏。图卷描绘了南唐官员韩熙载家设夜宴载歌行乐的场面，共有五个场景，分别为：宴罢聆听、击鼓伴舞、画屏小憩、玉人清吹、夜阑余兴。《宣和画谱》记载：南唐后主李煜欲重用韩熙载，便派顾闳中『夜至其第，窃窥之，目识心记，图绘以上之』。《五代史补》则说是韩熙载晚年生活荒纵，李煜让顾闳中『画为图以赐之，使其自愧，而熙载自知安然』。历代学者对《韩熙载夜宴图》中所表现的音乐、器具、服饰等内容多有研究。其中就服饰来看，五代时期的服饰文化上承唐代服饰的辉煌华丽，下启宋代服饰的『窄、瘦、长、奇』之常态，是唐宋时期服饰艺术转变的转折点。《韩熙载夜宴图》中服饰造型女子为窄袖、短襦、长裙，男子是头戴幞头，身穿盘领长袍衫。画中除了一僧人外，其余男子都头戴幞头。其中，韩熙载戴的是黑色高纱帽，此帽是韩熙载自制，人称『韩君轻格』。图中的女子穿短襦衫，长襦裙，腰间用丝带系束，衣服色彩以浅红、淡绿为主，头上有发饰，肩部披着披帛。

1334箱，还有81箱图书在哪里？

其实，这留下的81箱图书，有15箱是空箱，箱内的图书全部被提出，参加伦敦国际艺展，随第一批文物运往台湾。也就是说，运往台湾的图书，实际上是1349箱。另外留下来的66箱图书，全部是《藏经》，共计170余册。这66箱图书，事实上也计划随第三批文物运往台湾，运到下关的时候，因为太过沉重了，军舰容不下，只好将其退回。

故宫博物院南迁的珍贵图书，绝大部分都运往了台湾，包括：

参加伦敦艺展的珍本，15箱；

殿本书，206箱，36986册；

观海堂藏书，58箱，15500册；

善本书，83箱，14348册；

地方志，46箱，14256册；

实录库书，6箱，10216册；

满蒙藏文书，23箱，2610册；

佛经，13箱，713册；

《藏经》，132箱，154册。

几部特藏本大型书籍：

《四库全书》，536箱，36609册；

《四库全书荟要》，145箱，11169册；

《古今图书集成》，3部，86箱，15054册。

故宫博物院南迁图书，1334箱，共计157602册；参加伦敦艺展的珍本，15箱。两项合计，约16万册。

台北故宫博物院藏书，大多数是宫中最精美的本子，书品好，版本精良，装帧华贵，是富于鲜明皇宫特色的典型皇家秘籍。

《起居注册》是中国皇宫特有的一种日记体式的编年史书，是具有较高史料价值的有关皇帝政务、生活、宫廷等诸方面的纪实性实录，是由皇帝选定的学识渊博、品德优异的文臣作为皇帝身边的起居注官，逐日真实记录皇帝日常言行、起居的内廷秘籍。

记录皇帝生活最为完善的是清代，清代宫中拥有极为丰富的《起居注册》。

太和门广场西庑，清廷设专门的起居注官公署。皇帝从翰林之中选择最为优异的卓越之士，担任起居注官，并兼职为皇帝讲解经史，称为日讲官。清代皇帝十分注重学习儒家经典，特别是康熙、乾隆皇帝，终生好学，决不荒疏一日，因此，特设日讲官。皇帝每天听政下朝以后，日讲官就为皇帝讲解儒家经书，或者讲论古史，君臣一起探讨学问，十分有益。日讲官又担任起居注官，合称日讲起居注官，通常是由几名学识渊博之学士轮流担当。

日讲起居注官，每天侍值，他们在见证了皇帝一天的言行之后，回到太和门广场西边、门南侧的办公房内，记录皇帝一天的政务、生活。每天一次，每个月汇为一编，订成一册，分别收贮在宫中特制的书匣内。每年十二月底，再将一年 12 个月的《起居注册》合在一起，交给内阁大臣收存在内阁大库中。

清代起居注册，通常是分两类：一是满文《起居注册》，二是汉文《起居注册》。

清代较为完整的《起居注册》，始于康熙皇帝，差不多坚持每月 1 册，1 年 12 册，闰月 13 册。

雍正皇帝是位十分勤奋的皇帝，政务繁忙，事务众多，真正是日理万机。这一点从雍正《起居注册》可以看出来：每个月增为 2 册，1 年是 24 册，闰月是 26 册！

清代从康熙九年（1670 年）开始，正式设立记录皇帝生活、言行的起居注官，记录皇帝在宫中的全部生活。直到清代灭亡，除了康熙五十七年（1718 年）至六十一年（1722 年）特殊时期一度撤销此官职之外，《起居注册》基本没有中断，保存完好，这为后世保存了十分完整而极有价值的史料。

清代皇帝《起居注册》，从康熙十年（1671 年）到宣统三年十二月（1911 年），历时 240 年，共有珍贵的内府秘籍 12000 余册，包括稿本、正本，分满文、汉文两种。其中，以乾隆皇帝的《起居注册》最多。

台北故宫博物院收藏清代皇帝《起居注册》7600 余册，以乾隆皇帝的《起居注册》最为完整，约占三分之一。其余，仍然存放在北京故宫博物院文献馆内，后来，文献馆改称中国第一历史档案馆。

《诗经》是中国最早的一部诗歌总集，分风、雅、颂三部分，用诗意的笔法，真实而生动地记录了从公元前 11 世纪到公元前 6 世纪（西周—春秋）前

福

《御制盛京赋》雕漆书盒

后 600 余年的社会生活，既是一部优美的文学作品，也是一部有着极高史料价值的史学著述。

《诗经》作为书，最早称为《诗》，或者称为《诗三百》。汉武帝独尊儒术，设立五经博士，《诗》正式确立为经，始称《诗经》。清乾隆皇帝登基之时，年仅二十五岁。这位风华正茂、才华横溢的年轻君主，一生喜爱书籍、字画。继位不久，乾隆就特地来到皇家宝库，检阅宫中珍藏的国宝秘籍。翻到南宋画家马和之精心所绘的《诗经图》时，乾隆皇帝眼前一亮，由衷地喜欢。乾隆皇帝感叹马和之的画：笔法飘逸，务去华藻。他对这幅精致的画品佳作，爱不释手，反复观摩，于是决定自己亲自动手，抄写一部《诗经》，再选择宫廷画院画师模仿马和之的精致笔法为每一首诗配图。

从乾隆四年（1739 年）开始，一有空闲，乾隆皇帝就坚持抄写《诗经》，墨笔行书，笔力苍劲，不断句，运笔如行云流水。先后用了 6 年的时间，到乾隆十年（1745 年），乾隆皇帝才完成了《御笔诗经》这样一部惊世大作，配上精致的画面，由内府装订成册，共 30 册，名《御笔诗经图》。乾隆皇帝亲自写跋，记述这一盛事的经过。近侍文臣为之写跋，赞颂皇帝的不世之才。

《石渠宝笈初编》记载了《御笔诗经图》，详细地记录了每一册的成书时间、成书经过。

乾隆皇帝的《御笔诗经图》一直被视为皇帝御笔真迹之精品，也是宫廷之中最为珍贵的内府秘籍，现由台北故宫博物院收藏。

乾隆皇帝一生喜爱佛经，特别钟爱《无量寿佛赞》。

刘墉是乾隆皇帝最为信任的大臣之一，不仅理政的才华令皇帝欣赏，他的书法造诣也令非常自负的皇帝深为叹服。刘墉知道皇帝喜爱《无量寿佛赞》，特地选取名贵的羊脑笺，用特制的泥金在笺上精写经文。在皇太后生日前夕，他将精心抄写的泥金《无量寿佛赞》精写本，恭敬而郑重地进呈给乾隆皇帝，恭祝太后万寿无疆，福如东海。乾隆皇帝看到刘墉的亲笔泥金写本，非常高兴，特地在太后生日那天，以生日大礼郑重地进献给自己敬爱的母亲。

台北故宫博物院收藏的宫廷秘籍之中，就有刘墉手书的泥金书《无量寿佛赞》。

北京故宫博物院收藏有刘墉的几幅真迹：《送蔡明远叙轴》《小楷七言诗

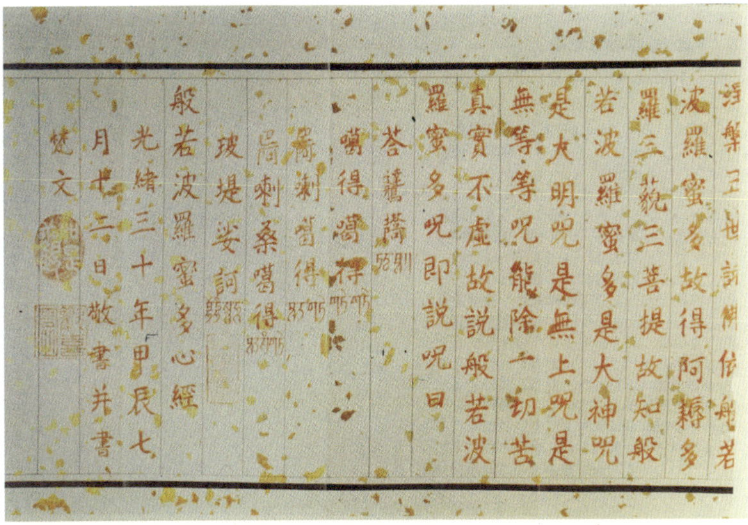

慈禧朱笔《般若波罗蜜多心经》
现藏于北京故宫博物院。

《金刚般若波罗蜜经》 清雍正皇帝御笔写本

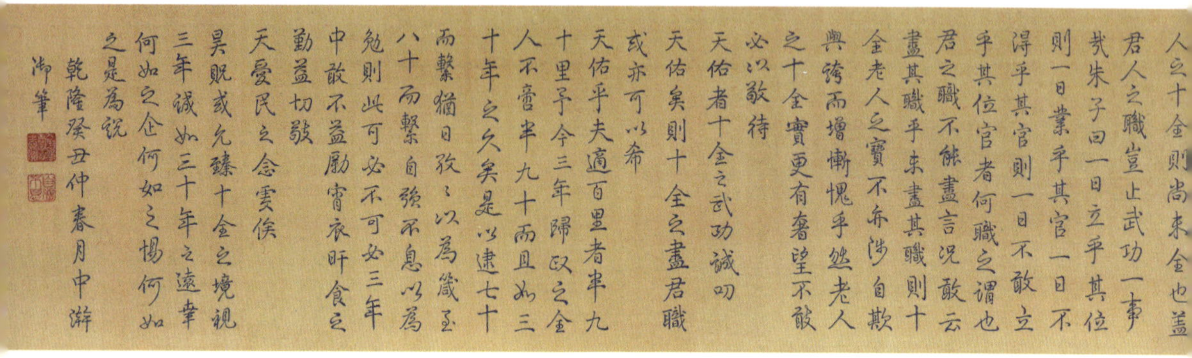

册》《诗文卷》等。

北京故宫博物院图书馆收藏有几部重要的乾隆年间的写本《无量寿经》，主要有：

《无量寿佛赞》，清乾隆玉版写刻本，原藏养心殿；

《无量寿佛经》，清乾隆二十四年（1759 年）弘历御笔写本，原藏永寿宫；

《无量寿佛经》，清乾隆二十六年（1761 年）弘历泥金写本，原藏寿康宫；

《观无量寿佛经》，清乾隆四十五年（1780 年）御笔精写本，原藏缎库；

《佛说无量寿佛经》，清乾隆年和珅泥金精写本，原藏宝蕴楼；

《佛说无量寿佛经》，清乾隆年朱珪泥金精写本，原藏宝蕴楼；

《佛说无量寿经》，清乾隆年张若霭墨笔精写本，原藏毓庆宫；

《佛说无量寿经》，清乾隆年刘纶泥金精写本，原藏永和宫等。

乾隆皇帝对自己十次成功的军事行动，十分得意。他觉得，作为皇帝，能够创下如此辉煌的武功，是史无前例、绝无仅有的。他称自己十次的武力征服为“十全武功”，自号为“十全老人”。

乾隆五十七年（1792 年），清廷征服了廓尔喀，第十次军事行动圆满完成。廓尔喀带着大量的财物，恭敬地前来，纳表进贡称臣。乾隆皇帝春风得意，兴奋之余，亲笔写下了《十全记》，命侍臣翻译成满、蒙、藏文，颁赐天下，并吩咐内府织成绣绘品。

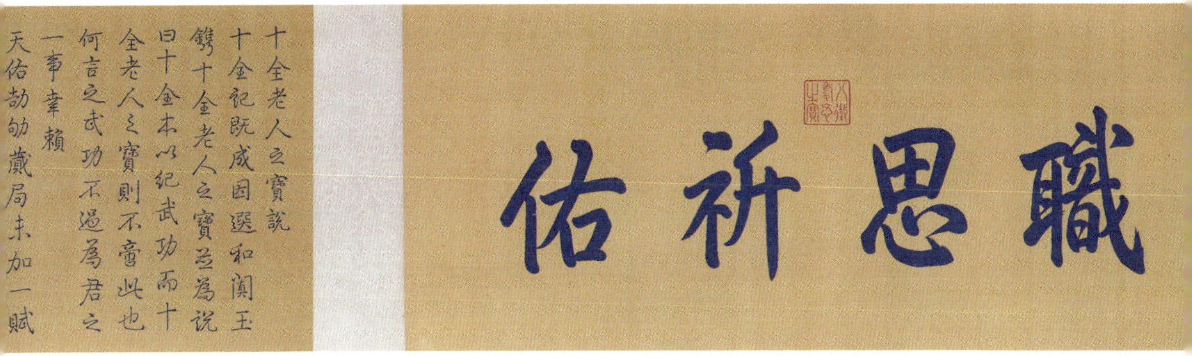

《十全老人之宝说卷》

清乾隆缂丝御笔。“十全老人”是乾隆皇帝的自称。乾隆皇帝的“十全武功”指的是其在位年间的两次平定准噶尔之役，平定大小和卓之乱，两次金川之役，镇压台湾林爽文起义，缅甸之役，安南之役及两次抗击廓尔喀之役。

清内府缂丝精绣的乾隆御笔《十全记》，可谓是无价之宝：正文 4 字——止戈成绩。下面是小字注解，很长的御笔后跋。乾隆皇帝特别喜爱为自己题写的一句话、一幅画、一篇诗作之类，写上长篇的跋文。上钤朱印：五福五代堂古稀天子宝、八徵耄念之宝、太上皇帝之宝等。

清内府缂丝乾隆御笔《十全记》《清高宗实录御制十全记（满文本、汉文本）》等，都在故宫国宝秘籍南迁中运往台湾，现由台北故宫博物院收藏。

清内府缂丝乾隆御笔《十全老人之宝说卷》，也是一部十分珍贵的内府本，现由北京故宫博物院收藏。

台北故宫博物院珍藏秘籍之中，最为珍贵的是宋本书。

台北故宫博物院收藏的宋本，十分珍贵，也很稀少，特别是一直流传于宫中的本子，更是珍品中的珍品。这些宋本，主要包括：

经部——《尚书注疏》《毛诗注疏》《周礼注疏》《仪礼要义》《春秋经传集解》《春秋左传注疏》《春秋谷梁注疏》《春秋集注》《论语注疏解经》《论语笔解》《孟子注疏解经》《尔雅》《说文解字五音韵谱》《龙龛手鉴》等。

史部——《前汉书》《后汉书》《三国志》《晋书》《周书》《资治通鉴》《资治通鉴纲目》《通鉴纪事本末》《古史》《蔓文忠公奏议》《国朝诸臣奏议》《四朝明臣言行录》《东莱先生标注三国志详节》《诸儒校正唐书详节》《十七史详节》《新编方舆揽胜》《宣和奉使高丽图经》《昭德先生郡斋读书

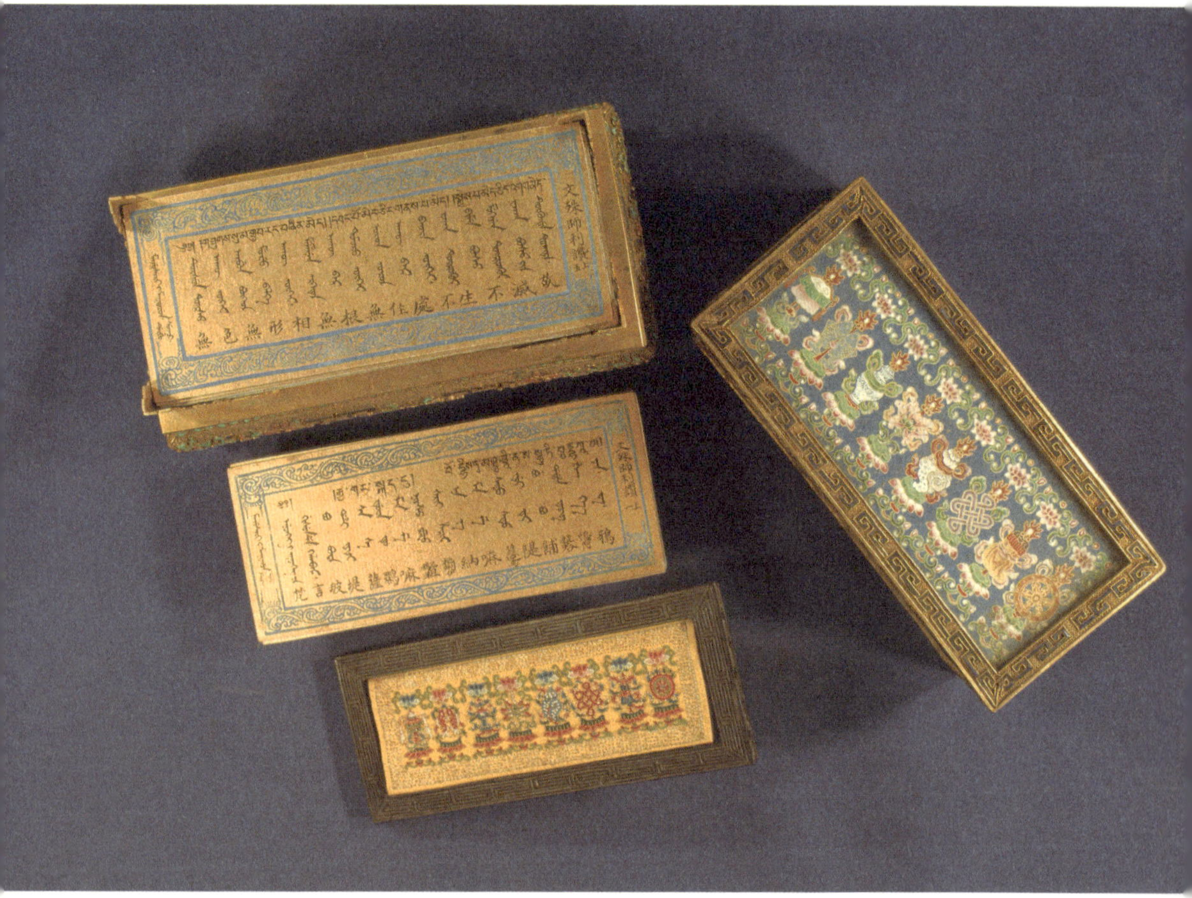

《文殊师利赞》

宫廷珍本。现藏于北京故宫博物院。

志》《致堂读史管见》。

子部——《纂图互注旬子》《心经》《历代名医蒙求》《严氏济生方》《类编秘府图书画一元龟》《孙氏六帖》《新编翰苑新书》《大方广佛华严经》《大集譬喻王经》《金刚般若波罗蜜经》《妙法莲华经》《楞严经》《首楞严义疏注经》《菩萨璎珞本业经》《老子道德经》《云笈七签》。

集部——《常建诗集》《昌黎先生集》《增广注释音辨唐柳先生集》《刘宾客文集》《淮海集》《南轩先生文集》《梅亭先生四六标准》《文选》《六家文选》《文苑英华辨证》等。

台湾所藏宋本珍品之中，对照《钦定天禄琳琅书目》《钦定天禄琳琅书目续编》等书著录可知，属于“天禄琳琅”藏书的珍本，主要包括：《春秋经传集解》《春秋集注》《论语笔解》《孟子注疏解经》《许氏说文解字五音韵谱》《龙龛手鉴》《前汉书》《后汉书》《通鉴纪事本末》《古史》《国朝诸臣奏议》《诸儒校正唐书详节》《十七史详节》《宣和奉使高丽图经》《心经》《孔氏六帖》《常建诗集》《唐柳先生集》《文选》《六家文选》《文苑英华辨证》。

这批宋本之中，除了“天禄琳琅”藏书之外，还有一些是宫中的珍本，但不是“天禄琳琅”秘本，包括秘殿珠林本、宛委别藏本、观海堂本和宫殿内府秘藏本。

台北故宫博物院所藏南迁珍贵秘籍，除了“天禄琳琅”珍本之外，还有许多珍稀内府秘本，包括宛委别藏本、观海堂本、内府秘藏本等。

北京故宫博物院古物珍藏

北京故宫博物院，从1925年成立至今，经历了90余年的风风雨雨。北京故宫博物院收藏的是清宫遗留下来的2000余万件珍贵文物，除溥仪盗窃出宫的2000多件珍品和运往台湾的23万余件文物之外，其余尚有180余万件文物留存下来。这百余万件文物，除极少数之外，绝大多数都是货真价实的真品，具有很高的文物价值、历史价值和艺术价值。

故宫博物院经过数年的文物清理、著录，统计结果是：

故宫博物院藏品总数：186.3404 万件。其中，珍贵文物，168.4490 万件；一级品，8873 件；一般文物 11.5491 万件；标本 7577 件。

北京故宫博物院保存的近二百万件文物，有许多都是世间孤本和罕有的珍品。

书画方面，几乎历代重要的名人书画墨迹，在故宫博物院都有收藏。这些代表人物，主要包括：五代时期的大画师杨凝式，宋代太宗至徽宗的皇帝御笔，苏、黄、米、蔡“四大家”和北宋初年的李建中、林逋，南宋末年的张即之等；元代不过九十年，可是书画大家辈出，人才济济，前有赵孟頫、鲜于枢、邓文原，后有康里巎巎、周伯琦、张雨、杨维祯、王蒙；明清时代，书画繁荣，名家大师犹过江之鲫，明有张弼、陈献章、李东阳、祝允明、文徵明、王宠、董其昌、倪元璐、傅山、王铎，清有金农、郑燮、邓石如、何绍基、赵之谦、康有为等。

这些历代书画大师，都有自己的独特风格和成名佳作，令人敬仰。宋太宗雄才大略，治理国家有条不紊，对于书法艺术亦情有独钟。宋徽宗是一代艺术天才，天赋异禀，标新立异，创立了一种笔法瘦硬的书体，人称“瘦金体、瘦金书”。

故宫博物院所藏历代书画名迹，也是历代书画中的精品，许多都是稀世孤品。

北京故宫博物院古籍珍藏

故宫博物院图书馆部分善本装箱南迁以后，图书馆继续清点和整理清宫遗存下来的古书，并重建了善本书库。

图书馆着意选择明代刻本和书品较佳的抄本入充库房，包括经、史、子、集、丛书五大部分，合计 11600 余册，重建图书馆最为重要的善本库。

殿本书库，清宫武英殿刻本原库存书籍如数装箱南迁，库中只留下了一些抄本。于是，图书馆从复本书库和经、史、子、集各库中挑选殿本的复本书籍，

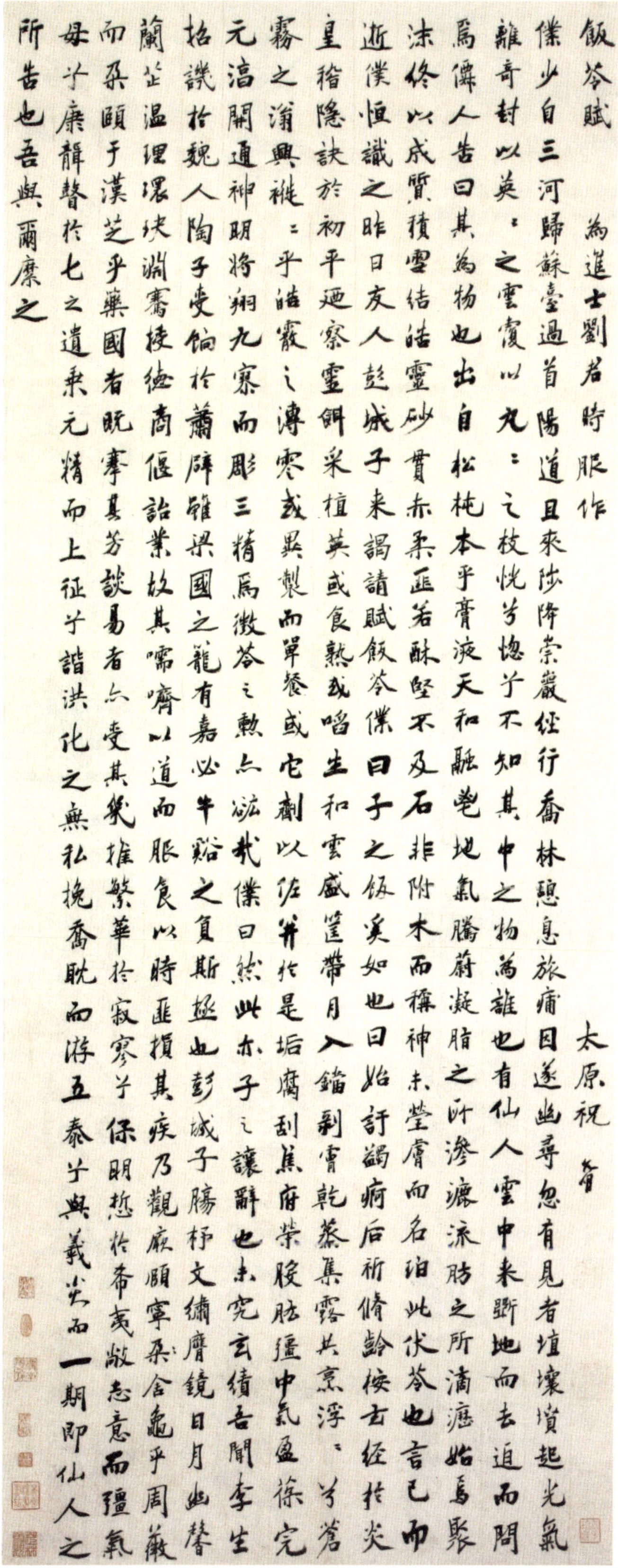

明　祝允明行书《饭苓赋》轴

祝允明中年时期的楷书作品，章法严谨，稳健有力。他的小楷有『明朝第一』之美誉。现藏于北京故宫博物院。

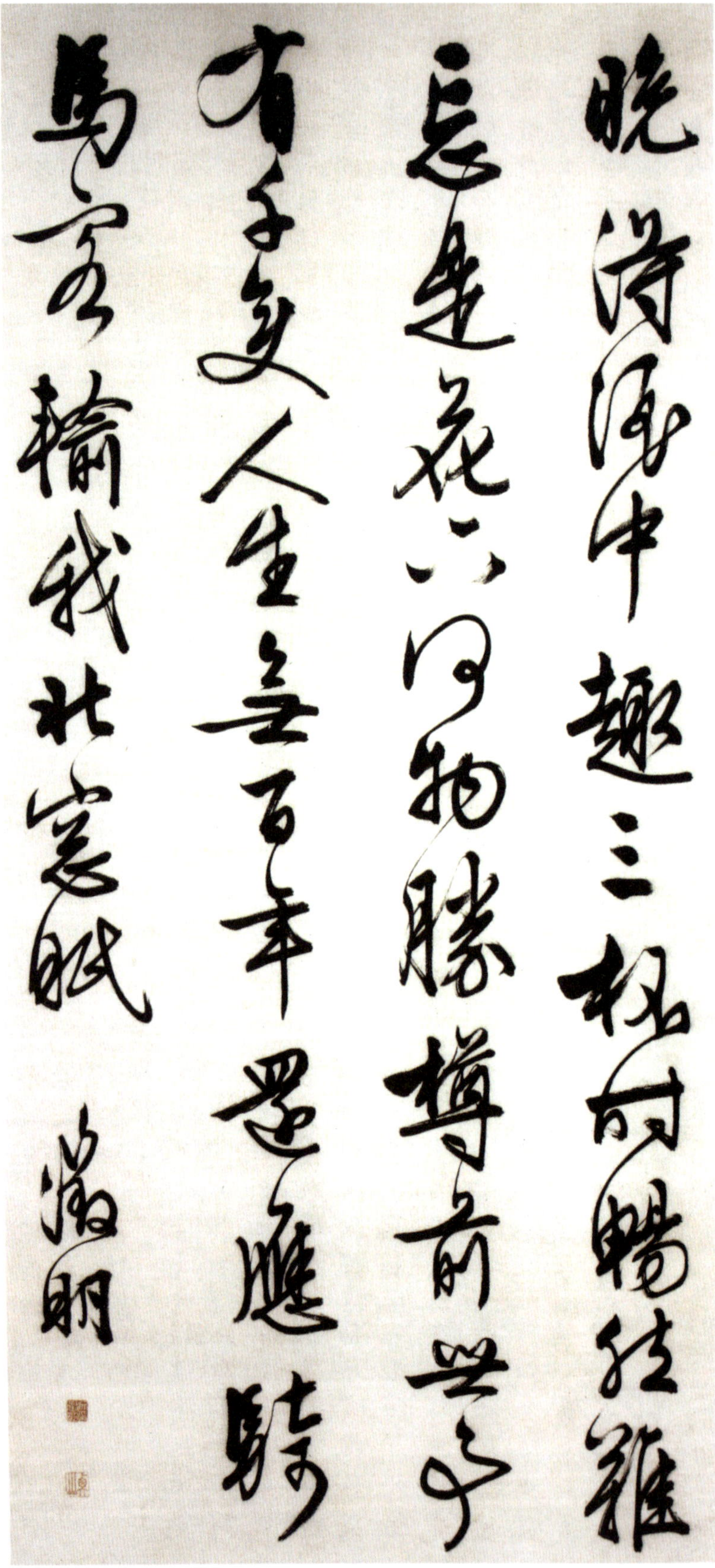

明　文徵明《行书五律诗》轴

卷中是文徵明自书的五律诗，名为《对酒》。文徵明的书法转折明晰，平正温润。现藏于北京故宫博物院。

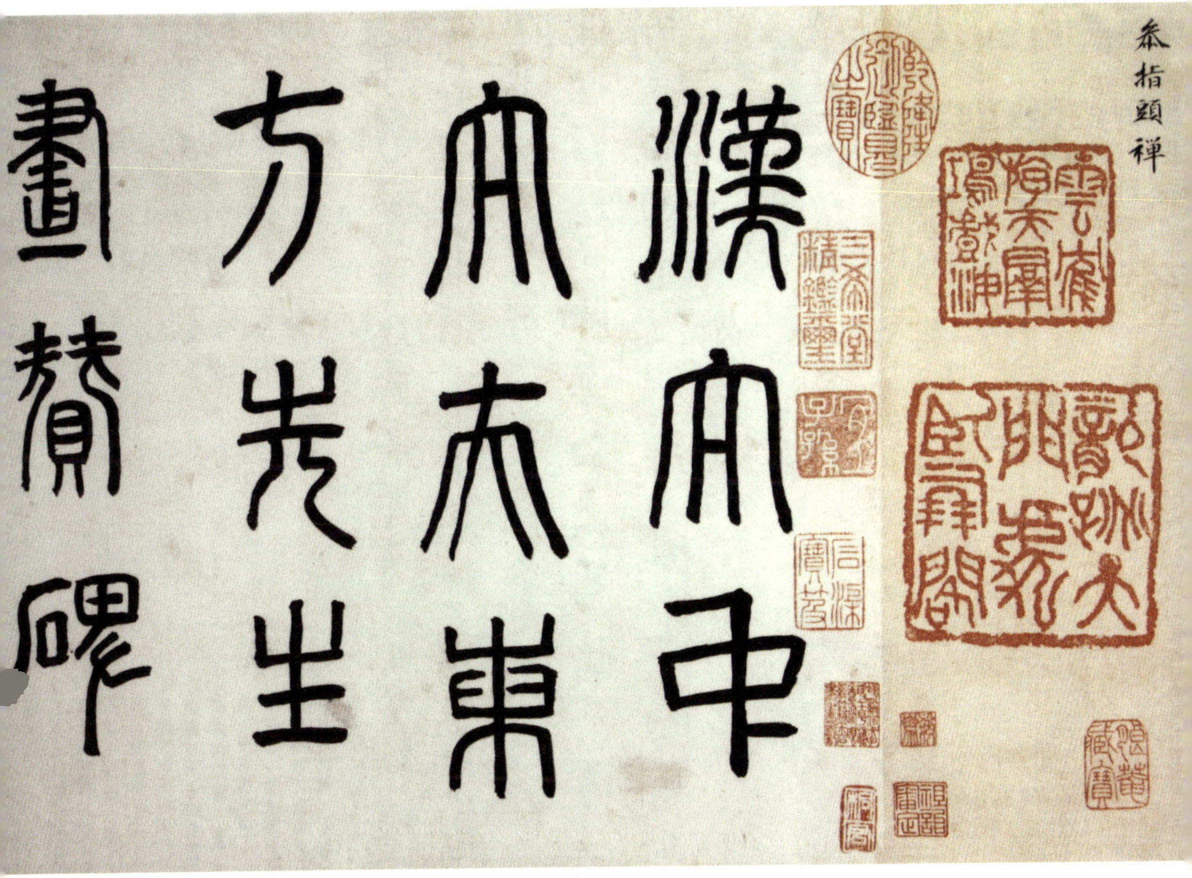

董其昌《楷书临东方朔画像赞》卷（局部）

此卷为董其昌临摹唐朝书法大家颜真卿的《东方朔画像碑赞》。此卷师法颜真卿，笔法劲健精绝。图为篆书卷首“汉大中大夫东方先生画赞碑”，此卷是董其昌中年时期的代表作之一。现藏于北京故宫博物院。

重建殿本书库，共有 16600 余册。

图书馆在重建善本书库和殿本书库的同时，也着手重建其余各大书库。各大书库虽有一部分挑选装箱南迁，但仍有丰富的库藏：经部书库 9400 余册，史部书库 30100 余册，子部书库 11300 余册，集部书库 13800 余册。合计善本、殿本、抄本、经、史、子、集、丛书、佛经、道经等各书库藏书，约有 30 万册。

故宫博物院的现藏古籍珍本，十分丰富，仅仅孤本珍品就有：

董其昌《夏木垂荫图》

构图简明有序，上方题字，下部作画。画山中一隅，柳松柏三棵，墨色浓淡相宜使黑白灰关系明确，整幅画卷清爽生动。现藏于北京故宫博物院。

《般若波罗蜜多心经》，清康熙年御笔白绫写本，原藏太和斋；

《般若波罗蜜多心经》，清乾隆三十三年（1768 年）御笔菩提叶写本，原藏毓庆宫；

《金刚经》，清乾隆十一年（1746 年）御笔楷书卷轴；

《妙法莲华经》，清乾隆十四年（1749 年）御笔泥金写本，原藏乾清宫；

《药师琉璃光如来本愿功德经》，清康熙四十九年（1710 年）御笔写本，原藏养心殿；

《无量寿经》，清乾隆二十六年（1761 年）御笔泥金写本，原藏寿康宫；

《大方广圆觉多罗了义经》，清乾隆四十二年（1777 年）御笔写本，原藏缎库；

《度一切诸佛境界智严经》，清乾隆年御笔写本，原藏乾清宫；

《宫藏金经》，清乾隆四十六年（1181 年）泥金写本，原藏养心殿；

《高上玉皇本行集经》，清康熙年御笔写本，原藏养心殿；

《金刚寿命陀罗尼经》，清泥金藏、满、蒙、汉四体文合璧本，原藏皇极殿；

《妙法莲华经》，清乾隆四十四年（1779 年）永瑢泥金写本；

《药师琉璃光如来本愿功德经》，清乾隆二十八年（1763 年）梁诗正泥金写本，原藏宝蕴楼；

《佛说大阿弥陀经》，清乾隆年于敏中精写本，原藏乾清宫；

《佛说观无量寿佛经》，清乾隆年万寿祺泥金写本，原藏乐善堂；

《佛说无量寿经》，清乾隆年刘纶泥金写本，原藏永和宫；

《满文大藏经》，清乾隆年朱文精印本；

《密宗修习法图解》，清乾隆年内府藏汉文彩绘本，原藏养心殿；

《万寿生生图》，清乾隆年罗学旦篆书泥金写本；

《万寿衢歌乐章》，清乾隆年彭元瑞精写本；

《御制盛京赋》，清乾隆皇帝撰，清乾隆年曹文埴精抄袖珍本；

《万寿无疆赋》，清光绪三十年（1904 年）陆润庠精写进呈本；等等。

2010 年，故宫博物院文物大清理，图书馆统计结果是：

图书馆：19 个库房，收藏善本古籍、书版共计 603065 册。其中：

1. 善本：225268 册

8 个库房，善本书 222014 册。其中，74 号殿本库 39913 册；75 号明清刻本 23466 册、图样 2580 张；76 号库抄本 24884 册、戏本 11506 册、陈设档 724 册、御笔写经 2308 册、臣工写经 1294 册；77 号库舆图 326 幅；78 号库复本 34393 册、残本书 16864 册；79 号库民族文字 22563 册；80 号宗教库 28283 册；81 号地方志库 15816 册、过火经 245 夹（捆）、过火经版 348 块。全部共 222014 册、过火经版 348 块、舆图 326 幅、图样 2580 张。

2. 入选国家珍贵古籍名录：第一批，入选 29 种；第二批，申报 84 种，入选 67 种；第三批，申报 87 种，入选 47 种；第四批，申报 15 种，入选 4 种。

3. 宫廷书版：244107 块

（1）东北角楼、西北角楼总共容纳 35186 块经版，东南角楼 16395 块经版，3 个角楼库房共贮藏经版 51851 块。其中，满文大藏经版 41932 块，蒙文经版 9649 块。

（2）戏衣库各类书版 192526 块。其中，普通书版 140 种，154676 块；大藏经残版 890 箱，5694 块；资料版 18 箱，488 块；资料残版 2256 箱，22988 块；糟朽版 74 箱，2496 块；过火护经残版 31 箱，185 块；铜版 5995 块；石版 4 块。共有书版 244107 块。

4. 普通古籍

图书馆普通古籍书库，登记在册图书，主要包括：线字号古籍，180819 册；志字号古籍新印本，3327 册。

两岸故宫博物院书画收藏比较

清宫旧藏书画方面的古物，包括书画、碑帖作品，有 15 万余件，北京故宫博物院收藏有 14 万余件，台北故宫博物院收藏有 1 万余件。这些书画作品以纸本、绢本画为主，包括手卷、卷轴、贴落、屏条、屏风、扇面、扇页等多种形式。在乾隆时期，清宫在书画方面的收藏已经超过了 10 万件。其中，唐、宋、元珍贵书法、绘画 1000 余件，明代书法、名画 2000 余件。

两岸故宫博物院收藏，基本上反映了乾隆时期的鉴藏水平。十分遗憾的是，许多乾隆皇帝鉴藏的珍品，因为各种历史原因，由两岸故宫博物院分别收藏。最有名的就是乾隆皇帝醉心观摩的“三希”，一直珍藏在乾隆皇帝生活了64年的养心殿三希堂。

如今，台北故宫博物院收藏“三希”之一的晋王羲之《快雪时晴帖》，北京故宫收藏另“两稀”，晋王献之的《中秋帖》、王珣的《伯远帖》。王献之的《中秋帖》，目前争论较为激烈：书画家谢稚柳认为是宋人所书，鉴定大家启功先生、徐邦达先生则认为是画家米芾临摹之作。

20世纪30年代，故宫博物院第一任院长易培基盗宝冤案，一度闹得沸沸扬扬。著名画家黄宾虹以书画鉴定家的身份应邀鉴定书画，他将宋徽宗的《听琴图》、马远的《踏歌图》鉴定为明代书画，一大批作品因此单独封箱，留存了下来。这批已经出宫的南迁文物珍品，得以回到北京故宫。台北故宫博物院所藏名画，也有几件争论较为激烈：唐怀素的《自叙帖》，此帖在台北故宫，而它的原包装盒却留在北京故宫。这件怀素的作品十分珍贵，因此有人质疑它是否是真迹。

台北故宫博物院收藏的书画精品：

东晋王羲之《快雪时晴帖》。

唐李思训《江帆楼阁图》，唐韩幹《牧马图》，唐周昉《内人双陆图》，唐人《宫乐图》，唐李昭道《明皇幸蜀图》。

五代人《丹枫呦鹿图》，五代赵喦《八达春游图》，五代后蜀滕昌祐《牡丹图》，五代南唐顾闳中《韩熙载夜宴图》，五代南唐唐希雅《古木锦鸠图》。

北宋米芾《蜀素帖》，北宋徐熙《玉堂富贵图》，北宋李成《寒江钓艇图》，北宋燕文贵《奇峰万木图》，北宋赵昌《写生杏花图》《岁朝图》，北宋范宽《溪山行旅图》《秋林飞瀑图》，北宋文同《墨竹图》，北宋李公麟《丽人行》，南宋李唐《万壑松风图》，南宋李迪《狸奴小影画》，北宋郭熙《早春图》，北宋苏汉臣《秋庭婴戏图》，宋人绘《婴戏图》《扑枣图》《秋荷野凫图》《种瓜图》《花蓝图》。

元赵孟頫《鹊华秋色图》，元李容瑾《汉苑图》，元陈琳《溪凫图》，元高克恭《云横秀岭图》，元赵雍《骏马图》，元黄公望《九峰珠翠图》，元朱

五代人《丹枫呦鹿图》

该画绘的是群鹿嬉戏于山中枫林的情景。构图严谨，色彩丰富，笔法细腻，群鹿的神情也都十分鲜活。此画录入《石渠宝笈初编》。现藏于台北故宫博物院。

叔重《春塘柳色》，元王蒙《溪山高逸图》。

明唐寅《涵关雪霁图》，明吕纪《杏花孔雀图》，明仇英《秋江待渡图》《水仙蜡梅》，明边文进《春花三喜》，明陈宪章《万玉图》，明孙克弘《朱竹》，明吴彬《文杏双禽图》。

清王翚《秋林图》，清恽寿平《花卉山水》，清高宗弘历《御笔诗经图》《冰嬉赋》，清郎世宁《聚瑞图》，清宫廷画师沈源《画御制冰嬉赋图》，清高其佩指头画《庐山瀑布图》，清乾隆皇帝痴迷的黄公望《富春山居图》，清刘墉《书无量寿佛赞》，清张照临米芾《蜀素帖》，清蒋溥《画御制塞山咏雾诗意并恭和御制雾图》，陈牧等奉旨精绘院本《清明上河图》等。

北京故宫书画精品：

五代杨凝式，《神仙起居法帖》墨迹卷。

宋李建中，行书《同年帖》；宋林逋，行书《自书诗卷》；宋苏轼，行书《新岁展庆帖》《题王诜诗词帖页》《人来得书帖》和《墨竹》真迹卷；宋黄庭坚，草书《诸上座帖》、行楷《诗送四十九侄》；宋米芾，行书《苕溪诗卷》《粮院帖》；宋赵子固，《墨兰》真迹卷；宋徽宗，楷书《闰中秋月诗帖》；宋陆游，行书《尊眷帖》；宋张即之，行书《台慈帖》。

元赵孟頫，行书《杂书三帖》、小楷《老子道德经》和《绝交书》真迹卷；元鲜于枢，行书《秋兴诗册》、草书《杜甫魏将军歌》；元虞集，行书《白云法师帖》；元康里夔夔，草书《奉记帖》；元杨维祯，行书《城南唱和诗》；元周伯琦，楷书《通犀饮卮诗帖》；元王蒙，行书《厚爱帖》。

明解缙，草书《自书诗卷》；明张弼，草书《赠词友》轴；明陈献章，草书《大头虾说》轴；明李东阳，草书《甘露寺诗》轴；明祝允明，行楷《饭苓赋》轴；明文徵明，行书《五律诗》轴；明倪元璐，行书《七绝诗》轴。

清王铎，草书《录语》轴；清朱耷，草书《七绝诗》轴；清王翚，《雪江图》真迹卷；清康熙皇帝，行书《柳条边望月》；清雍正皇帝，行书《夏日泛舟》轴；清张照，行书《七绝诗》轴；清郑燮，行书《七律诗》轴；清乾隆皇帝，行书《麦色诗》轴；清刘墉，行书《七二首诗》轴；清林则徐，行书《论书》轴；清翁同龢，行书《赠叔芾》轴；清康有为，行书《七绝诗》轴等。

第二章 解密三希堂

三希堂

养心殿

养心殿正堂正中，高悬雍正皇帝御笔匾额“中正仁和”。御笔匾额下方，设皇帝宝座：红木龙椅。龙椅前，设楠木黄缎案桌。宝座后面是屏风，屏风上，有乾隆皇帝御笔联语：“保泰常钦若，调元益懋哉。”这座正殿，称为中正仁和殿，或称养心殿明殿。宝座、屏风后面有两道门，通向穿堂，分别写有“恬澈”“安敦”字样。

养心殿东暖阁，悬挂着康熙皇帝和雍正皇帝圣训。

康熙皇帝的圣训是：

> 天下之治乱休咎，皆系于人主之一身一心。政令之设，必当远虑深谋，以防后悔。周详筹度，计及久长。不可为近名邀利之举，不可用一己偏执之见。采群言以广益，合众志以成城，始为无偏无党之道。
>
> 孝者，百行之原，不孝之人断不可用；义者，万事之本，不义之事必不可为。孝以立身，义以制事，无是二者，虽君臣父子不能保也。

雍正皇帝的圣训是：

> 敬天法祖，勤政亲贤。爱民择吏，除暴安良。勿过宽柔，勿过严猛。同气至亲，实为一体。诚心友爱，休戚相关。时闻正言，日行正事。

养心殿

位于内廷乾清宫西侧，始建于明代嘉靖年间，是古代皇帝理政和居住用的宫殿。主要由正殿、东暖阁、西暖阁、前殿、东配殿、后殿、体顺堂、燕喜堂、三希堂等建筑组成。

养心殿正殿

勿为小人所诱，勿为邪说所惑。祖宗所遗之宗室宜亲，国家所用之贤良宜保。自然和气致祥，绵宗社万年之庆。

东暖阁，在雍正、乾隆时期，悬挂有御笔二字匾“惟仁”。匾额两边，是著名的御笔对联，“诸恶不忍做，众善必乐为”。

据档案记载，这些御笔圣训、匾联，一直保留着，直到同治初年。

现在，东暖阁基本上是慈禧太后主政以后的布局。东暖阁东墙下，设两宫皇太后御座，御座前面，悬挂黄色帏帘，这就是晚清时期垂帘听政之处。

养心殿西暖阁，是皇帝处理日常政务、单独接见大臣、披阅殿试考卷的地方。西暖阁北墙上，悬挂着雍正皇帝题写的御笔匾额“勤政亲贤”。因此，这一间不大的隔间，称为勤政亲贤殿。

乾隆皇帝的书房

养心殿前殿，进深四楹，南窗、北窗，各有一排房屋。南面房屋，就是明殿、东暖阁、西暖阁，用于听政；南窗最东、最西的两间小屋，就是皇帝的书房。北窗一排，隔成小间，都是皇帝的书斋。

三希堂，位于养心殿西暖阁，南窗最西边的小屋，原名温室。乾隆十一年（1746年，丙寅），三十六岁的乾隆皇帝在这里收藏了三件稀世之宝，因此，改名为三希堂。

三希堂，面积约8平方米，用楠木雕花隔扇隔成南北两间：外间，北间；里间，南间。

外间，有贴落通景画《平安春信图》，由五块精美绝伦的宫廷绢拼成：左右窗户格、天顶、地面和正中人物画。通景画，是贴落的一种。贴落，是先在纸、绢上作画，然后贴在墙上，可贴上，可落下，故称。

里间，就是乾隆皇帝赏画、看书、写诗、书画的书房。

清　乾隆皇帝朝服像

清高宗爱新觉罗·弘历（1711—1799 年），清朝第六位皇帝，定都北京之后的第四位皇帝，年号乾隆。在位六十年，是中国历史上执政时间最长也是最为长寿的皇帝。乾隆皇帝在位期间是历史上“康乾盛世”中的鼎盛时期。注重社会的稳定繁荣发展，减免税收，关心民生，使清朝国库日渐充实；平定叛乱，稳定边疆地区，进一步完成了中国多民族国家的统一，至此使得国家领域版图达到最大。庙号高宗，谥号法天隆运至诚先觉体元立极敷文奋武钦明孝慈神圣纯皇帝，葬于清东陵裕陵。

乾隆三十九岁像

乾隆十四年（1749 年）王际华精写袖珍本《古香斋昭明文选》

乾隆四十四岁像

乾隆十九年（1754 年）梁国治精写本《昭明文选》

里间，利用窗台，摆放着乾隆皇帝御用的文房用具。窗台下，设置一铺高低炕，可以坐，可以卧。临窗小炕，长 114 厘米。小炕上，有小炕几，长 70 厘米，宽 31 厘米，高 38 厘米。

乾隆皇帝的御座，设在高炕上，坐东面西：明黄靠垫，明黄坐褥，一对引首。左边是玉如意，右边是痰盂。

东边，低炕墙壁上，是十四件轿瓶，五颜六色。轿瓶下，地面上，是《三希堂法帖》，紫檀书匣，八盒。对面墙上，是落地大玻璃镜，使得整个室内显得明亮，豁然开朗。

小室隔扇横眉上，装裱着乾隆皇帝御笔《三希堂记》。墙壁上，张贴着宫廷画家金廷标的《王羲之学书图》、沈德潜之《三希堂歌》，以及董邦达的山水画等。西边墙壁上，是贴落，郎世宁、金廷标绘《人物观花图》。

轿瓶，原称壁瓶，是瓶子一半，靠墙一面是平的，瓶颈下方，有一小孔可以悬挂。明清宫中，称为轿瓶。轿瓶器型，出现于明代万历年间。乾隆皇帝偏好轿瓶，在三希堂之东板墙上，挂有轿瓶 14 只。可见，轿瓶，是乾隆皇帝雅好的陈设器之一。

乾隆皇帝老年像

御书匾联三绝

皇帝御座上方，东墙上，悬挂着乾隆皇帝御书三字匾名“三希堂”。匾之两边，是著名对联：“怀抱观古今，深心托豪素。”

这副对联，不是乾隆皇帝的原创，而是集联。

“怀抱观古今”，出自谢灵运《斋中读书诗》：

昔余游京华，未尝废丘壑。
矧乃归山川，心迹双寂寞。
虚馆绝诤讼，空庭来鸟雀。
卧疾丰暇豫，翰墨时间作。
怀抱观古今，寝食展戏谑。
既笑沮溺苦，又哂子云阁。

执戟亦以疲，耕稼岂云乐。
万事难并欢，达生幸可托。

“深心托豪素”，出自颜延之《五君咏·向常侍》：

向秀甘淡薄，深心托豪素。
探道好渊玄，观书鄙章句。
交吕既鸿轩，攀嵇亦凤举。
流连河里游，恻怆山阳赋。

乾隆皇帝在三希堂将两句诗借用为联，意指书法。

乾隆皇帝，巧借同代齐名之“颜谢”名句，集成一联，御笔亲书：乾隆皇帝御笔集联，谢灵运诗，颜延之诗，人称三绝。

三希堂对联之谜

乾隆皇帝御笔三字匾：三希堂。御制匾两边，对联“怀抱观古今，深心托豪素”。

这副对联悬挂在东墙壁上，位于三希堂匾两边：左边，北侧，是“深心托豪素”；右边，南侧，是“怀抱观古今”。

中国古代汉字的书写习惯，是从右至左；古代人的读书习惯，也是从右至左。因此，这副对联，上联是：怀抱观古今；下联是：深心托豪素。

可是，从对联平仄对仗看，应该是“深心托豪素，怀抱观古今”。如此，恰好符合对联平仄对仗规则“仄起平收”。

联首，钤印引首印“奉三无私”；联尾，是压角章“所宝惟贤”“乾隆御笔”。这是乾隆皇帝匾联用印之习惯。由此来看，这副对联的上下联，并没有错。

这副对联，看来非同寻常。

乾隆皇帝自幼接受系统教育，国学功底深厚，精通音韵声律，非常注重对联的平仄对仗。可是，这副对联完全违背了平仄对仗规则：对联时，上联，必以仄声韵字结尾；下联，必以平声韵相对。

乾隆皇帝集录的这副对联则正好相反：上联，以平声结束；下联，以仄声相对。

难道，是乾隆皇帝大意了？显然不是，根据宫中档案记载，这副对联，是乾隆皇帝推敲确定的。

难道，是后人挂反了？肯定不是。三希堂之陈设，有档案，有史料，有诗文，清楚明晰，有案可查。乾隆皇帝去世后，三希堂，一直保持着他生前布置的原样，直到清末，基本没做什么变动。末代皇帝溥仪出宫，三希堂之“三希”

命运坎坷，但是，三希堂，则基本保持原状。

那么，问题出在哪里？

其实，没有问题。古人写诗词，写对联，有两条原则：一是平仄对仗，二是内容意对。乾隆皇帝的这副集联，就是注重内容的意对。意对，顾名思义，就是以内容取胜，可以忽略平仄对仗。

乾隆御制集句联，上联“怀抱观古今”，意思是，用宽广的胸怀去品鉴古今贤人的一切智慧、真迹和佳品，广采博收，鉴古知今，从而达到“希圣”“希天”之境。下联“深心托豪素”：豪，即“毫”，笔也；素，即白色生绢，书写材料也；深心，是指博览群书、广收博采，经过深思、揣摩之后，心有所得，洞达天地。意思是说，将自己的修养之心，流连寄托于纸墨之间，通古达今，达到“希贤、希圣、希天”的“三希真修”之境。

乾隆皇帝印迹 25 方

三希堂

墙上的半花瓶式装饰物为轿瓶。

“三希”国宝

“三希”之意

三希堂，就是养心殿前殿南窗最西一间。名义上，虽然称为“堂”，但是，实际上，房间很小，只有八平方米，分为里外间。

“三希”，历来有二解：

第一解：“人希士、士希贤、贤希圣、圣希天”。

士者，事也。任事之称也。引申之，凡能事其事者，称为士。

贤，从贝，从臤（qiān），亦声。臤，本义为“驾驭臣属”，引申为“牢牢掌握”。

“贤”的本义，就是管理钱财之人。贤，对人而言，指有德行、多才能之人。

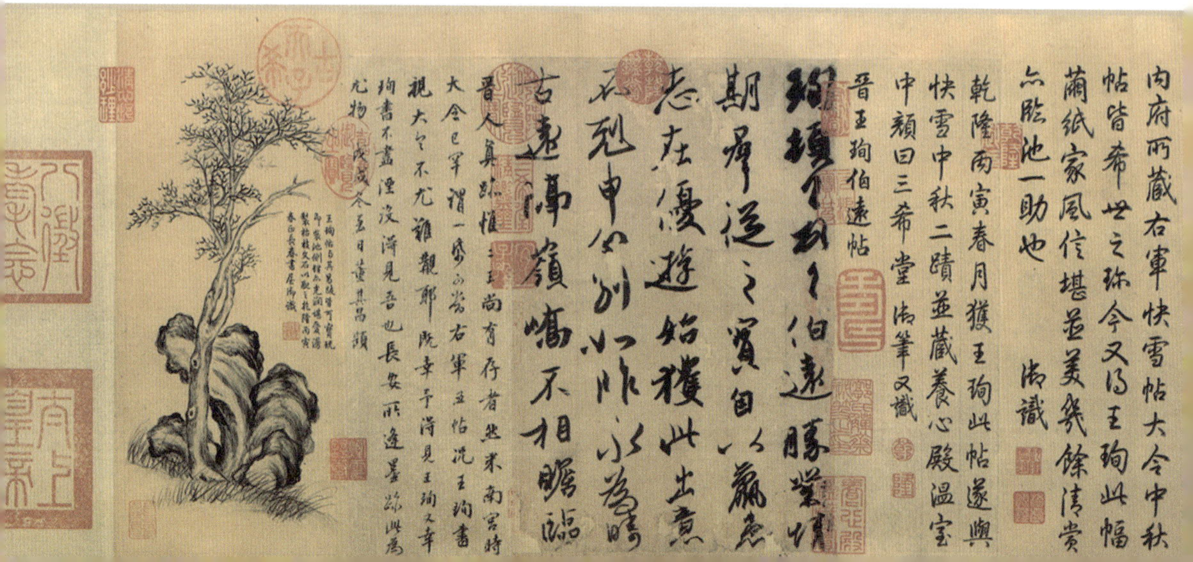

天，中华文化信仰体系的一个核心。狭义上，天，仅指与地相对的天；广义上，天，就是道、太一、大自然、天然宇宙。

人希士，就是人人都希望成为有知识的读书之人。

士希贤，就是读书人希望成为有道德的贤德之人。

贤希圣，就是贤德人希望成为有功德的圣贤之人。

圣希天，就是圣贤人希望成为有智慧的知天之人。

对于百姓来说，都希望成为士人。但是，芸芸众生，只有很少一部分人才可能成为士人。这句话，是中国古代对于士人的期待，也是历代士人的理想与追求。

第二解：希同稀，三希，就是三件稀世国宝。

乾隆皇帝文韬武略，博学多识，精于鉴赏，多次降旨，搜寻历代书法名帖。乾隆十一年（1746 年），乾隆皇帝收藏东晋大书法家王羲之《快雪时晴帖》、王献之《中秋帖》和王珣《伯远帖》。乾隆皇帝视这三件古代墨宝为稀世奇珍，特建三希堂，故称三希。

其实，应该还有第三解。

乾隆皇帝撰写《三希堂记》，文中，乾隆皇帝说，自己做皇子之时，有位恩师，名叫蔡世远，福建漳浦人。蔡老师专门研习程朱理学，人品、道德、学问俱佳，对皇子弘历影响极大，印象极深。蔡老师崇尚二人，一是北宋范仲淹（字希文）的事业，二是南宋真德秀（字希元）的学问。因此，蔡老师给自己

东晋　王珣《伯远帖》　现藏于北京故宫博物院。

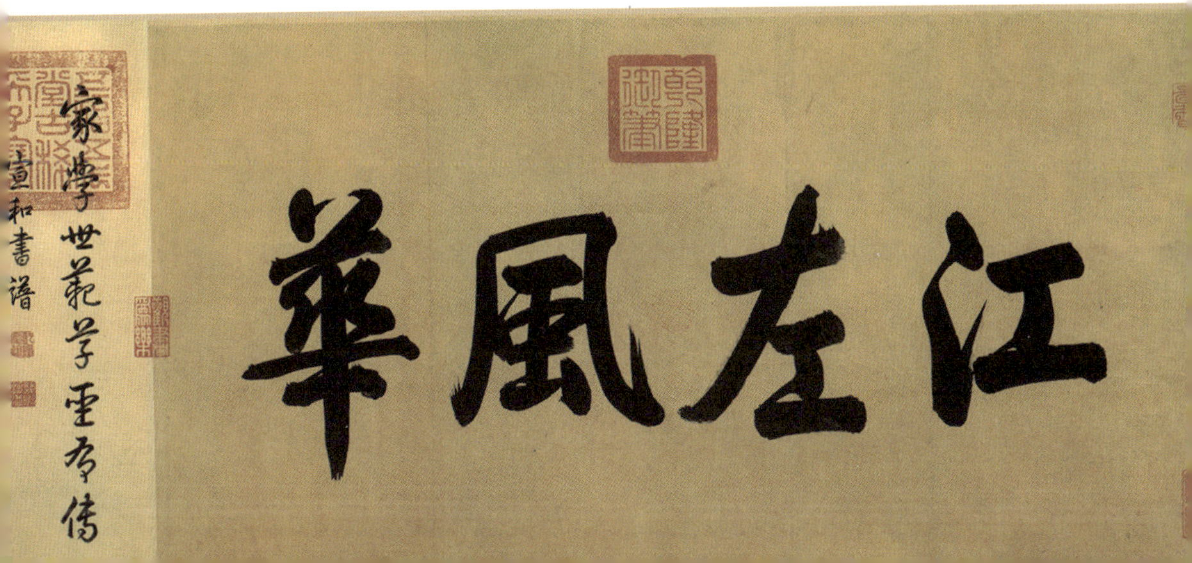

的书斋起名为“二希堂”。

乾隆皇帝一生有三位恩师，对他们都心怀感激，对他们的学问更是一直心仪而敬重。乾隆皇帝在谈到这三位老师对自己的影响时，曾这样评述：“于(朱)轼得学之体，于（蔡）世远得学之用，于福敏得学之基。”

乾隆皇帝崇尚蔡老师，在“二希”的基础上，加上自己对蔡老师的敬重和爱戴，因此，特建书房，赐名“三希堂”。

法书三绝

《快雪时晴帖》《中秋帖》《伯远帖》，是中国历史上三件著名的法书，称为法书三绝。其中，以《快雪时晴帖》最负盛名。

王羲之的《快雪时晴帖》，为唐人临摹本，行书，四行，二十八字。尺牍，纸本，高七寸一分，广四寸六分。据研究，此法帖是王羲之四十岁之后的作品。当时，这只是一封手札，因为帖内开头有“快雪时晴”几字，故名。此帖是王羲之行书中之精品，人称“龙跳山门，虎卧风阁”。

王献之的《中秋帖》，无款，传为王献之书。当然，也有人怀疑是宋代米芾的临摹本。行书，三行，二十二字，前后有阙文。纸本，纵 27 厘米，横 11.9 厘米。王献之是王羲之第七子，其书法受其父亲影响较大。不过，他独出

心裁，有所创新。此帖虽为行书，但接近草书。品其书法，王献之用笔，如行云流水，一气呵成，字体娟秀，十分完美。据研究，此帖应为王献之五十岁之后的作品。此帖属便笺之作。

王羲之，人称“书圣”。王献之，人称“小圣”。

王珣的《伯远帖》，全文，行书，五行，四十七字，晋代行书。此帖开头首句有“伯远”二字，故名。纸本，一封书信。

三件晋人法书，字字珠玑，人称“法书三绝”。

乾隆《三希堂记》

乾隆十一年（1746年），乾隆皇帝撰写《三希堂记》：

> 内府秘籍王羲之《快雪帖》，王献之《中秋帖》，近又得王珣《伯远帖》，皆稀世之珍也。因就养心殿温室，易其名曰“三希堂”，以藏之。
>
> 夫人生千载之下，而考古论世于千载之上，嘉言善行之触于目而会于心者，未尝不慨然增慕，思与其人揖让进退于其间。羲之，清风峻节，固足尚，即献之，亦右军之令子也。而王珣，史称其整颓振靡，

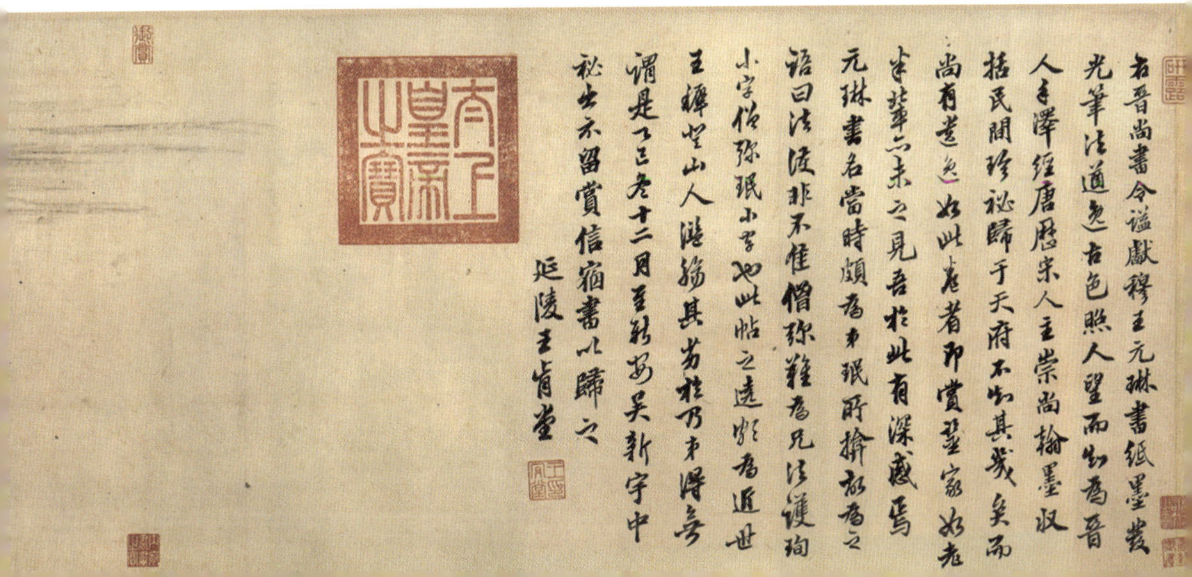

以廉耻自许。彼三人者，同族同时，为江左风流冠冕。今其墨迹，经数千百年治乱兴衰存亡离合之余，适然荟萃于一堂，虽丰城之剑，合浦之珠，无以逾此。子墨有灵，能不畅然蹈舞而愉快也耶。

然吾之以三希命堂者，亦非尽为藏帖也。

昔闻之蔡先生命其堂曰“二希”。其言曰：士希贤，贤希圣，圣希天。或者谓余不敢希天。余之意，非若是也。常慕希文、希元之为人，故曰“二希”。余尝为之记矣。但先生所云，非不敢希天之意，则引而未发。予惟周子所云：固一贯之道，夫人之所当勉者也。

若必士且希贤，既贤而后希圣，已圣而后希天，则是教人自画，终无可至圣贤之时也。孟子曰：尽其心者，知其性也，知其性，则知天矣。人人有尽心知性之责，则人人有希圣希天之道。此或先生所云，非不敢希天之意乎？

希希文、希元而命之曰“二希”，古人托兴名物以志弗忘之意也，则吾今日之名此堂，谓之为希贤、希圣、希天之意，可慕闻之先生之“二希”而欲希闻之之希，亦可即谓之王氏之帖，诚“三希”也，亦可若夫王氏之书法，吾又何能赞一辞哉！（《清高宗御制文初集》卷四）

意思是：

皇宫内府之中，一直收藏着两件墨宝，一件是王羲之的《快雪帖》，另一件是王献之的《中秋帖》。近来，又寻得一件墨宝，就是王珣的《伯远帖》。

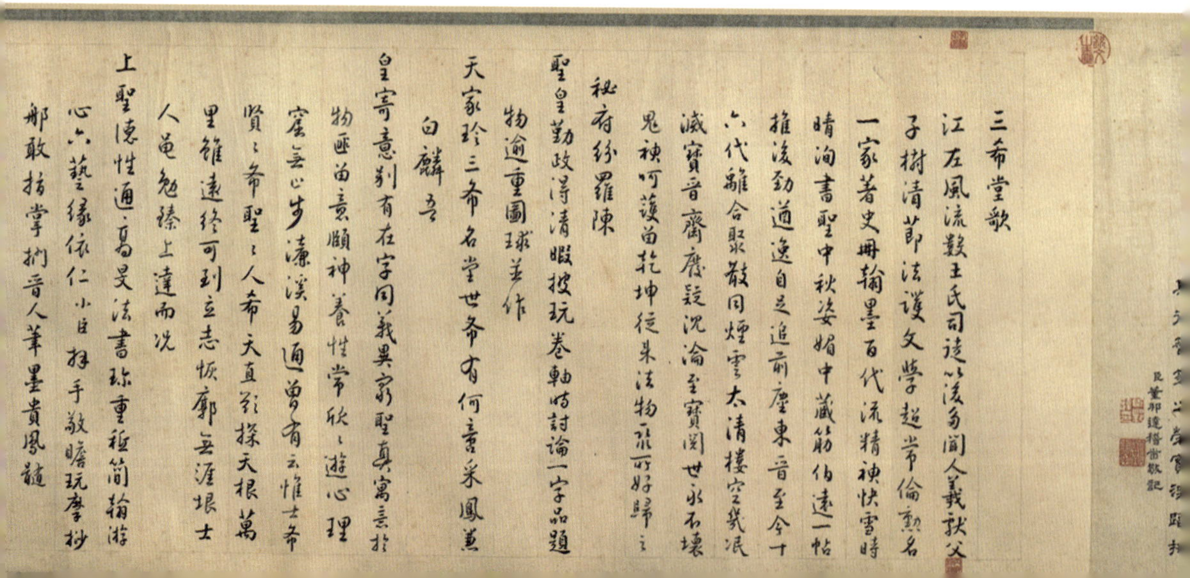

三件墨宝，是晋人墨迹，都是稀世奇珍。因此，特地在养心殿温室之中收藏，赐名为“三希堂”。

人生在世，很少能够流传千年。相较而言，古物珍品，能够流传千年以上。自古以来，圣哲贤能，美好的言语，高尚的行为，神圣的墨迹，载在史册，触目会心，无不让人慨然感叹，增添思慕之心，想象与他们生活在一个时代，想象他们揖让进退的高尚品行。

王羲之，人品端庄，清风峻节，固然令人崇尚。王献之，王羲之的儿子。王珣，史书称赞他高风亮节，整饬颓废，崇尚品德，以廉耻自许。这三个人，同一家族，同一时代，实在是江东风流才子第一。

如今，这三人的墨迹，经过千百年的朝代更迭和聚散离合，终于会聚一堂，虽然世界上有丰城之剑、合浦之珠，但是，它们都无法与这些墨宝相媲美，都没有这些墨宝有灵性。拥有这些墨宝，能不欢畅快乐、舞之蹈之？

然而，我以“三希”命名我的书堂，并不是完全为了收藏这三件名帖墨宝。当年，听说老师蔡世远先生，命其书堂为“二希”。他说，读书之人，希望成为贤德之人；贤德之人，希望成为圣贤之人；圣贤之人，希望成为知天之人。

蔡先生说，他不敢奢望成为知天之人，所以，名为“二希”。我想，不是这样的。蔡先生崇尚范仲淹范希文、真德秀真希元二人，所以，为其堂室命名“二希”。为此，我曾特地为先生撰文。蔡先生所说，不敢希望成为知天之人，这是有深意的。我想，周敦颐先生所提出的命题，自古以来，一直遵循，这是

所有读书人所共同勉励、共同追求的。

如果一定要读书人希望成为有贤德之人，成为有贤德之人之后进而成为圣贤之人，成为圣贤之人之后进而成为知天之人，则是教导人们，自始至终，都要使自己成为圣贤之人。

孟子说：尽自己的善心，就是觉悟到自己的本性。觉悟到自己的本性，就是懂得了天命。人人都有尽到善心、觉悟本性的责任，人人都可以成为圣贤之人、知天之人。这可能就是蔡先生所说的，不敢成为知天之人的谦辞之意。

希望成为范希文、真希元那样的贤德之人，将书房命名为“二希”，这是古人假借名人名物，以示不忘之意。今天，我命名书房，正是希贤、希圣、希天之意，可以说是仰慕蔡先生之“二希”，而想尽力达到蔡先生希望之希天之境；也可以说是，王氏之书法法帖，诚三件稀世之宝；或者，也可以说，王氏书法之美，我何能称赞得出一句话啊！

从此，养心殿西暖阁这间乾隆皇帝的小书房、小雅室，命名为“三希堂”。

第一希：王羲之《快雪时晴帖》

内容

王羲之（303—361 年，一作 321—379 年）所书《快雪时晴帖》，是写给朋友的一封问候信。信很短，意思是说：快雪时晴，天气很美，想必你也平安？开头结尾，都是：羲之顿首。这种格式，是汉代文人的书写方式。这件短小的作品，是王羲之最为著名的行书作品之一，也是他的书法代表作。

元代大书法家赵孟頫极喜爱此帖，曾特地和好友黄公望一起展帖共观，两人爱不释手。赵氏一时兴起，挥毫加题四字：快雪时晴。因此，后人称此帖为《快雪时晴帖》。

唐临本

王羲之原作《快雪时晴帖》等作品已经失传，书林众人都想一睹真迹风采，可惜自唐以后鲜有其踪。目前，传世的王羲之书迹墨宝，都是后世痴迷者的临摹之作。

现留传于世的《快雪时晴帖》，是一件精美的唐代临摹本。全帖布局整齐，前后呼应。字体结构稳健，神韵内敛。行笔舒展流畅，字体丰腴温婉，一气呵成。整幅作品，气韵生动，笔意昂然，荡漾着一股淡淡幽馥的清香和书卷气浓郁的儒雅高风，让人尘俗皆忘！

入宫

康熙时期，国子监祭酒冯源济将《快雪时晴帖》进献给康熙皇帝。这件稀世之珍的《快雪时晴帖》，本是冯氏家族的家传至宝。冯源济一生极喜爱书法，本身就是一个书痴，对此帖自然也十分喜爱。可是，大臣冯源济知道，作为一代圣主的康熙皇帝，年轻的时候就很喜爱书法，曾下了很大的功夫临摹古代书法大家的作品，是一位人所共知的喜爱书法的君主，也是一位很有书法造诣的书画大师。

康熙十六年（1677 年）八月，冯源济经过慎重考虑以后，主动将自己家藏的稀世唐人临摹真迹《快雪时晴帖》，进献给自己敬仰的康熙皇帝。

二十四岁的康熙皇帝自然喜出望外，欣然地接受了冯氏的进献，并厚赏了冯源济，吩咐将此帖留存宫中，时时观览。

神品

《快雪时晴帖》，是王羲之手书的一件尺牍，纸本，纵 23 厘米，横 14.8 厘米，四行，二十八字。原文：“羲之顿首，快雪时晴，佳想安善，未果为结，力不次。王羲之顿首。”帖后，有“山阴张侯”四字，仿王羲之书，不知其何人。

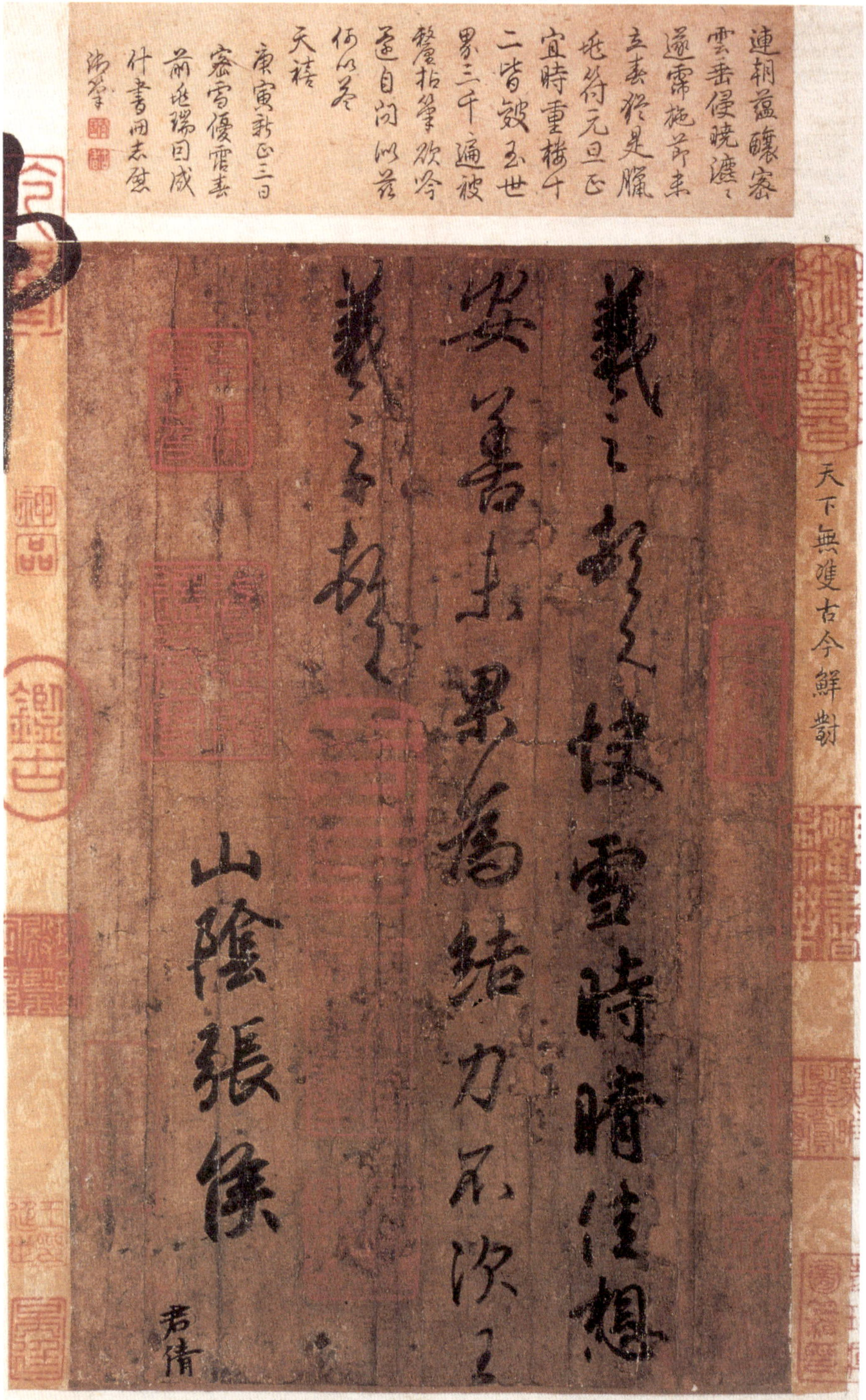

左下角，有“君倩”二字。书帖上，有许多收藏、鉴赏印章。据统计，共有大小印章 195 枚。

这件真迹，流传到以风雅自许的乾隆皇帝手中后，乾隆皇帝视之为无上至宝，不论白天还是深夜，一有空闲，随时展帖观览，细细品味，真正爱不释手。据记载，60 多年中，喜爱墨宝的乾隆皇帝对《快雪时晴帖》始终充满了热情，反复题跋。

书帖前，有乾隆皇帝御笔亲绘《云林小景》。帖前，有御笔题款一行小字：“快雪时晴帖，晋右将军、会稽内史王羲之真迹。”题款前空行，分别有“神品”“鉴古”“懋勤殿鉴定章”等八方印章。册前、册末，分别有大臣董邦达、张若霭奉乾隆皇帝谕旨所绘之《晴雪图》和《雪梅图》。帖后，有赵孟頫、乾隆皇帝的题跋。

乾隆皇帝痴爱《快雪时晴帖》，时常展玩、鉴赏，爱不释手。每当岁末之时，天气寒冷之日，或者大雪纷飞的时节，乾隆皇帝就会拿出此帖，品鉴、题跋，“得意辄书，无拘次第”。

50 余年间，乾隆皇帝先后 73 次题跋。最多之时，一年内竟然题跋 6 次。晚年之时，乾隆皇帝因视力不济，不能御笔题诗，就由大臣董诰代书。乾隆皇帝说：“予八十有三，不用眼镜。今岁，诗、字多艰于细书，命董诰代写，亦佳话也。”

第二希：王献之《中秋帖》

《中秋帖》，是晋代书法家王献之（344—386 年）所书，纸本，手卷，纵 27 厘米，横 11.9 厘米。《中秋帖》，是晋代著名书法作品，乾隆皇帝十分喜爱，视其为珍宝，列为“三希”之一。《中秋帖》：行书，三行，二十二字，现藏于北京故宫博物院。

《中秋帖》，卷前引首，有乾隆皇帝御笔行书所题“至宝”二字。前隔水，有乾隆皇帝御笔题头一段。帖正文右上，有乾隆皇帝御题签“晋王献之中秋帖”

七字。卷后，有明董其昌、项元汴和乾隆皇帝题跋。其中，附乾隆皇帝、宫廷画师丁观鹏绘画各一段。卷前、卷后以及隔水部分，钤有宋宣和内府、南宋内府，明项元汴、吴廷，清内府等鉴藏印。

《中秋帖》，是《宝晋斋法帖》《十二月割帖》之不完全临本。据研究，原帖，在“中秋”之前，还有“十二月割至不”六字。因此，《中秋帖》，又称《十二月帖》。此帖，相传为东晋王献之的传世真迹。原帖，为五行，三十二字。后来，被割去两行。现在，仅存三行，二十二字。

《中秋帖》，书法飘逸，纵逸豪放，应当是王献之创造的新体。纵观《中秋帖》，气势如虹，运笔如火箸画灰，字势连绵不绝，被誉为“一笔书”之极品。《书断》称：“字之体势，一笔而成。偶有不连，而脉不断。及其连者，气候通其隔行。”

此帖，是用竹料纸书写成的。这种纸，在东晋时期没有出现，当时还无法造出此纸。据研究，大约到北宋时期，方才出现此种竹纸。从行笔看，所用毛笔，是一种柔软的无心笔。晋朝时，使用的都是有心硬笔，吸水性差，运笔之时，提、按、转折，往往生涩，不能灵活自如，经常出现“贼毫”。可是，此帖笔法丰满圆润，娴熟通达，线条连贯，一气呵成，非常潇洒飘逸。因此，此帖应该是宋时临摹本。

传世的《中秋帖》，不是全卷，前缺、后缺，只保留了中间部分。明代大书法家董其昌称：“割剪一二字，售诸好事者。”有专家称，王献之《中秋帖》，比起其父王羲之的书法更加俊美，更加飘逸。但是，从笔法骨力而言，王献之的书法不及王羲之的书法。

乾隆皇帝喜爱王献之的书法，称赞《中秋帖》“神韵独超，天姿特秀”。

乾隆皇帝说：“大内藏大令（王献之）墨迹，多属唐人钩填。惟是卷真迹，二十二字，神采如新，洵希世宝也。向贮御书房，今贮三希堂中。”

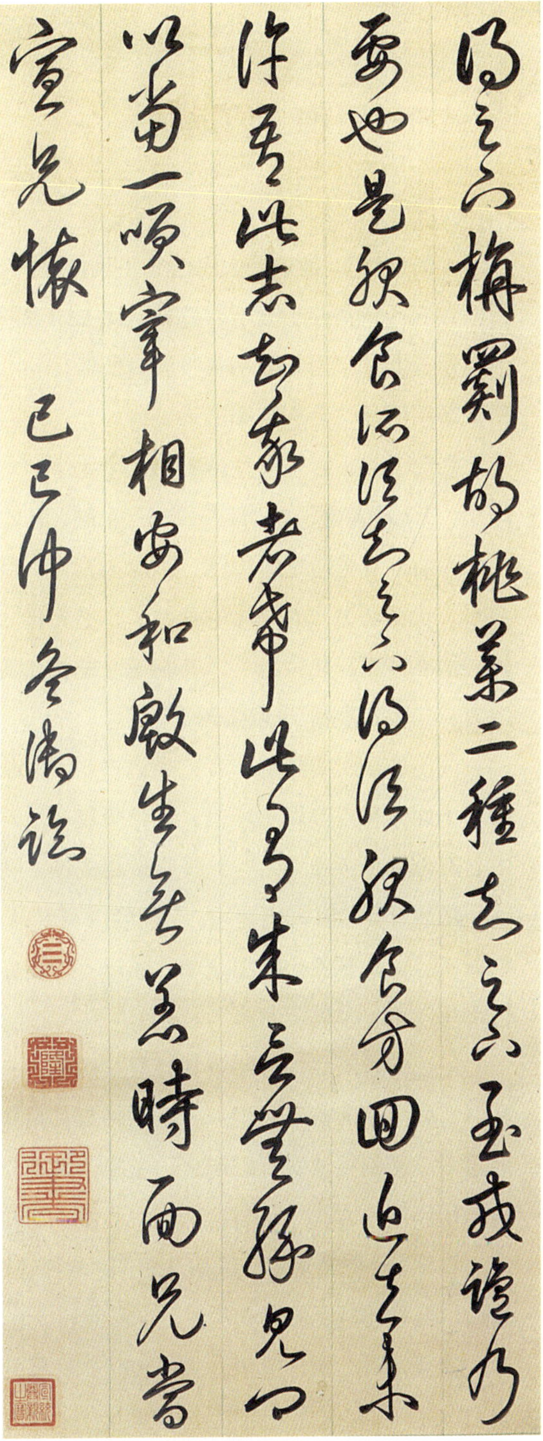

《临王羲之草书帖》轴

清乾隆皇帝书

乾隆皇帝行书临王羲之胡桃、安和二帖。录入《石渠宝笈三编》。现藏于北京故宫博物院。

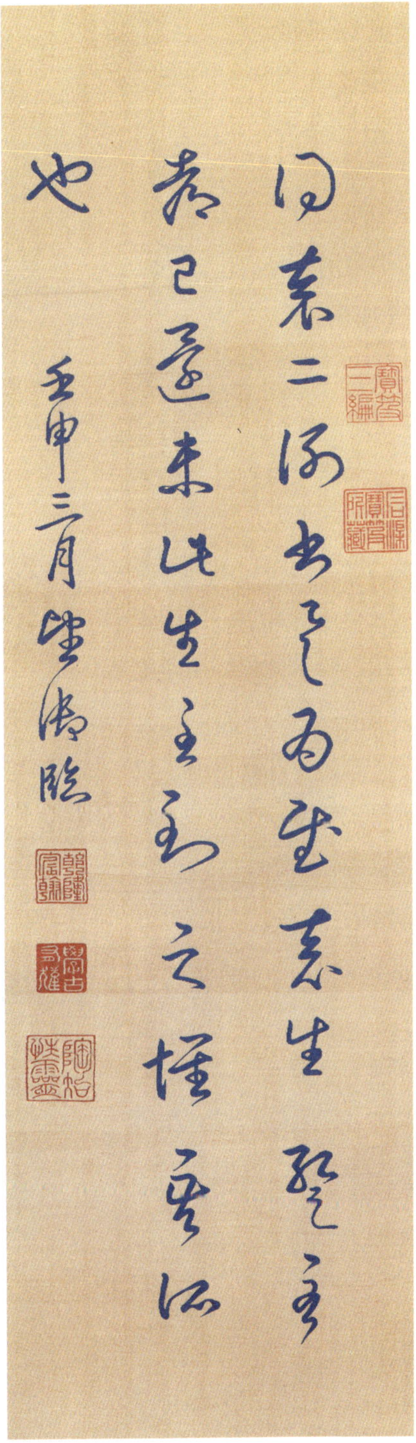

《缂丝御临王羲之袁生帖卷》

这件缂丝作品是乾隆皇帝临摹《袁生帖》的临本。现藏于北京故宫博物院。

第三希：王珣《伯远帖》

《伯远帖》，是东晋大书法家王珣（349—400年）所书写的一封信札，纸本，行书，五行，共四十七字。此帖，纵25.1厘米，横17.2厘米。

卷首上方，为乾隆皇帝收藏时所钤印章“内府图书”；下方，是乾隆皇帝所盖御用闲章“游六艺圃”。

卷前引首，有乾隆皇帝御书四个大字“江左风华”。御笔上方，有一乾隆印玺，“乾隆御笔”。“江左风华”左侧，有乾隆皇帝御用闲章“观书为乐”印。

卷前，有乾隆皇帝御题：“唐人真迹，已不可多得，况晋人耶！内府所藏右军《快雪帖》，大令《中秋帖》，皆希世之珍。今，又得王珣此幅，茧纸家风，信堪并美！几余清赏，亦临池一助也。御识。”旁边，钤盖乾隆御用印玺二方，“乾隆宸翰”“涵虚朗鉴”。

《伯远帖》前隔水，有乾隆御书：“家学世范，草圣有传，宣和书谱”12字。下面，有三方御用印玺，“乾隆宸翰”“几暇临池”“耽书是宿缘”。字上，有乾隆皇帝晚年之时，经常御用之印，“五福五代堂古稀天子宝”。

随后，有乾隆御笔题识：“乾隆丙寅春月，获王珣此帖，遂与《快雪》《中秋》二迹，并藏养心殿温室中，颜曰：‘三希堂’。御笔又识。”御题上，钤盖御用二玺，“乾”“隆”。

伯远帖后隔水，有明董其昌跋。后面，有乾隆皇帝御笔所绘枯枝文石。并且，有乾隆皇帝御笔题识：“王珣帖与其昌跋，皆可宝玩。即装池侧理，亦光润堪爱。漫制枯枝文石以配之。乾隆丙寅春正，长春书屋御识。”题识上，钤盖御用印玺一方，“几暇怡情”。后面，有御用印玺一方，“墨云”。

卷尾，有乾隆皇帝敕董邦达绘图、董邦达跋记，以及沈德潜书“三希堂歌”。卷后，有董其昌、王肯堂题记。本幅前后，有古半印二，漫漶模糊，不可辨识。

清代之时，所钤宝玺，主要包括：“乾隆鉴赏”“乾隆御览之宝”“三希堂精鉴玺”“宜子孙”“养心殿鉴藏宝”“八徵耄念之宝”“太上皇帝之宝”“御赏”“石渠宝笈”“内府书画之宝”“神怡性灵”“研露”等诸玺，以及“郭氏觯斋秘笈之印”“范阳郭氏珍藏书画”等。

《伯远帖》原文：“珣顿首顿首，伯远胜业，情期群从之宝。自以羸患，志在优游。始获此出，意不克申。分别如昨，永为畴古。远隔岭峤，不相瞻临。”

《伯远帖》，王珣书信47字，只言片语，诉说着友人天各一方的情怀和怅惘。书迹鲜活，俊逸流畅，笔法缜密，疏密有致。此信，正是王珣信手拈来，足显风流之美。人称其书法：“如升初日，如清风，如云，如霞，如烟，如幽林曲洞。”

《伯远帖》是东晋王珣真迹，是他给亲友的一封书信，在天下十大行书中，排行第四位，是乾隆皇帝的“三希”之三，历来为后世书法家、鉴赏家、收藏家视为瑰宝。

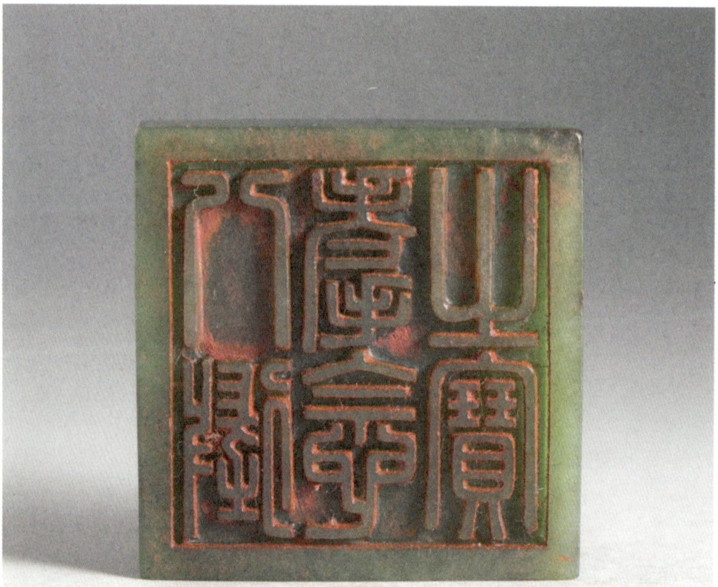
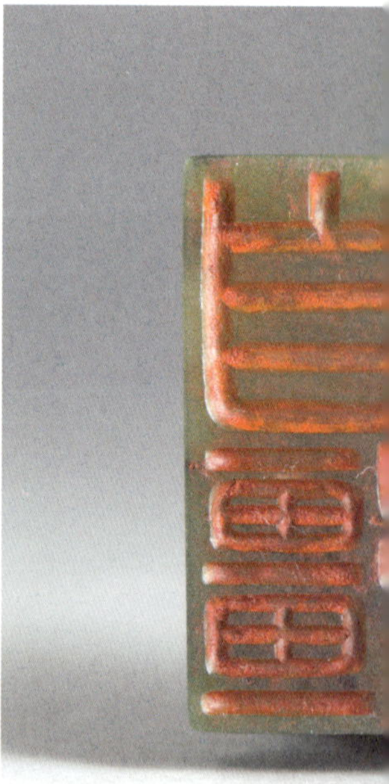

清　乾隆时期　“八徵耄念之宝”印、“自强不息”印和“墨云室”印

“三希”之命运

流失宫外

三希堂中的“三希”，一直是世间文人墨客关注的目标。

“三希”之第一希，是王羲之的《快雪时晴帖》。

1912 年，末代皇帝溥仪退位。溥仪居住在紫禁城北部，称为小朝廷。溥仪长大后，一心想复辟帝制。为了筹措经费，他便想变卖宫廷国宝。王羲之《快雪时晴帖》，被装裱成巨册，不方便携带出宫。所以，溥仪放弃了变卖此帖。

不过，1924 年，溥仪拟将王羲之的《快雪时晴帖》，以 40 万元做抵押，抵给美国花旗银行。后来，由于种种原因，未果。

1924 年，溥仪被驱逐出宫。逊帝溥仪，很喜爱这件国宝，特地将它带在身边。1924 年 11 月 5 日，溥仪仓皇出宫时，携带此宝，被守军禁卫从行李中搜出没收，留在皇宫。

1925 年 10 月，故宫博物院成立，此宝归故宫博物院所有。

1933 年，故宫珍贵文物装箱南迁。南迁文物之中，就包括王羲之的《快雪时晴帖》。此帖，辗转千里，经过 10 年颠沛流离，转辗数千公里，最后被运往台湾，现收藏于台北故宫博物院。

事实上，清宫遗留下来的晋人书法珍品，并不是晋人的真迹，而是唐人临摹晋人的作品。

台北故宫博物院收藏的清宫珍贵墨迹，主要有两部分：一是唐人临摹晋人的墨迹，二是唐代文人的真迹。最有名的珍贵书法作品，就是王羲之的《快雪时晴帖》《远宦帖》和《平安、何如、奉橘三帖》等，均为唐人临摹品。

“三希”之中，另外“二希”，王献之的《中秋帖》和王珣的《伯远帖》，则命运多舛，辗转流传。

1924年，溥仪出宫以前，《中秋帖》《伯远帖》一直收藏在寿康宫，由敬懿皇贵妃所有。溥仪出宫之时，敬懿皇贵妃将此帖秘密地携带出宫。后来，经由她娘家侄孙卖给古玩商人，辗转又卖给大收藏家郭葆昌（字世五）。

书画家张伯驹先生称：

> 王献之《中秋帖》与王珣《伯远帖》两件墨迹，乃“三希”中之“二希”，是溥仪在天津时售出，不知何时归郭世五。新中国前夕，一度为财阀宋子文据有，民间因之愤愤不已，一时风声很大，不得已退还郭家。

郭氏原为琉璃厂古玩商人，善于经营，有理财管理能力。袁世凯登总统宝座，继之洪宪丑剧出场，郭氏都是他的总务局长，颇受青睐。为袁世凯专门在景德镇烧制几窑洪宪官瓷，美轮美奂，破费民间资财，不知凡几，而郭葆昌本人亦因此大发其财，成了显赫人物。其后人多财善贾，衣钵相传。后来，从事银行业务，在华北伪政权时期，他的家人也发了一笔财。

抗战胜利后，郭葆昌之子郭昭俊投靠国民党财阀宋子文，于是，用“二希”为觐见礼。后丑闻终于暴露，故一时风波大作，全国上下舆论哗然。在无法掩饰下，宋子文只好将原物归还郭家。

重金收购“二希”

1949年前后，中国古代许多珍贵文物流散到香港，其中有许多是稀世国宝。世界各大文物机构、公私收藏家和文物贩子，纷纷聚集在香港，他们携带大量现金，千方百计地打听文物的下落，随时准备收购。

这样，在香港的许多珍贵文物，成为世界各地文物贩子抢购的对象。

国宝文物流失境外，让许多有识之士忧心如焚。

文化部文物管理局局长郑振铎得知这一消息后，当机立断，立即从有限的经费中划出专款，用于抢购国宝文物。

郑局长委托精通文物鉴赏的徐森玉儿子徐伯郊，负责收购流散在香港地区的中国文物。当时，徐伯郊在香港银行工作。郑局长考虑到事情紧急，三思之后，决定向中央政务院文化教育委员会主任郭沫若、文化部部长沈雁冰做紧急汇报，期望得到大量的资金支持。

1951 年 3 月，文化部正式上报中央，请求从国家总预备费中拨出专款用于抢救中国珍贵文物。并且，请求在香港成立一个特别收购小组。

周恩来总理看到文化部的请示以后，十分重视，立即作出重要批示，同意拨出专款抢救国宝文物，指示立即组织专家和精干人员在香港迅速成立一个特别收购小组，秘密而有效地开展抢救文物工作。

接到周总理的批示后，国家文物局立即成立了一个香港秘密收购小组。秘密收购小组成员由 3 人组成，他们是徐伯郊、温康兰、沈镛。

当时，收购小组的直接任务，主要有二：

一、负责收购流散到香港以及海外的国宝文物；

二、将所收购的文物及时带回大陆。

这样，在中央政府的支持下，一场抢救和收购国宝文物的工作紧张有序地开展起来。这是新中国成立初期，第一次由政府出面，组织专家，进行文物抢救工作。因为是政府出面，有组织、有计划、有目的，所以，工作十分有效，成果显著。这次行动，人称“国宝大营救”。在这场大营救活动中，最值得称道的显著成绩，就是抢救“二希”。

“三希”中之“二希”，王献之的《中秋帖》和王珣的《伯远帖》，一直秘密地收藏在敬懿皇贵妃生活的寿康宫。溥仪仓皇出宫时，敬懿皇贵妃也被迫随同出宫。

当时，她秘密地携带这“二希”出宫，没有被禁军门卫查出。于是，这“二希”国宝，就成了她的私有物。后来，这两件国宝，通过敬懿皇贵妃的侄孙，卖给古玩商人。古玩商人又不断加价，再行转卖给北京大收藏家郭葆昌。

1942年，郭葆昌在北京去世。郭家珍藏的“二希”留在家中，作为传家宝，由郭葆昌的儿子郭昭俊收藏。1945年，艰苦卓绝的全国抗日战争取得胜利，郭昭俊遵照父亲遗嘱将家藏珍贵瓷器捐赠给故宫博物院。

1949年，北平解放前夕，郭昭俊携带“二希”前往台湾。郭昭俊见到在台湾的庄尚严，旧事重提，打算履行父亲生前的遗愿，将“二希”捐赠给台北故宫博物院。但是，郭昭俊表示，因为生活所迫，期望这两件国宝以半送半买的形式来做。这是国宝，即使是半买，也是天价。当时，台湾局势十分混乱，台北故宫博物院没有地址，也没有正式成立，更没有专款可拨，与这珍贵的“二希”，从此失之交臂。

郭昭俊为生活所迫，秘密携带“二希”前往香港，想寻找合适的买主。但是，香港物价飞涨，郭昭俊很快陷入生活困境。没办法，他只好以超低价将“二希”抵押给香港汇丰银行。郭昭俊是富家子弟，哪里懂得谋生，他只能靠抵押贷款艰难度日。

时间飞快，抵押期限很快就到了，如果不按时还款赎回，银行就会按照惯例将抵押品拍卖。一旦银行拍卖“二希”，稀世珍宝就会被人抢购，国宝很可能会流失海外。

“二希”的动向，牵动着每一个文物爱好者的神经，也让国内有识之士忧心如焚。徐伯郊是香港银行界的大人物，他是文物收藏大家徐森玉的儿子，家学熏陶，酷爱古物。经过多年的历练，他也成为一位很有眼力的文物鉴定、鉴赏专家。由新中国中央政府委派，徐伯郊是香港秘密收购小组的实际负责人。由于身份特殊，徐伯郊的社会关系极广，消息十分灵通。很快，徐伯郊得知，“二希”即将在香港拍卖！

这时，文物管理局局长郑振铎随同中国文化代表团访问印度、缅甸，正好途经香港。事情紧急，徐伯郊将“二希”即将在香港拍卖的消息立即向郑局长汇报。郑局长感觉事情重大，马上向文化部汇报，由文化部向政务院直接报告给周恩来总理。

郑振铎在离开香港前以最快的速度来办理这件大事，他再三而郑重地叮嘱徐伯郊，明确交代：

一、立即去见郭昭俊，一定要稳住他；

二、设法向香港汇丰银行提出贷款展期付清的申请，展期 3 个月或者半年，国内会将有关款项汇到。

有了郑局长的嘱咐，徐伯郊心里有数，立即约见郭昭俊，明确指出：“二希”是国有珍贵文物，国家对此十分重视，希望“二希”能够回到祖国。郭氏生活困顿，负债累累，期望有什么转机能够脱离苦海。没想到，在这个时候，有人想以高价收购“二希”，而且能够卖给政府，让“二希”回到祖国。郭昭俊听了徐伯郊的话，自然很高兴，表示全力配合。

周恩来总理看到由文化部转来的紧急报告，是文物局郑振铎局长在香港上报的。周总理十分重视，立即召集有关部门的负责人紧急会商。

周总理态度明确：

一、一定要将“二希”收购回国，不能让外国人买走；

二、一定要确保是真迹，不能用高价买假货；

三、一定要安全地运回国内。

1951 年 11 月 5 日，周恩来总理拿起笔，亲自给相关部门领导写信，对收购“二希”作出明确的指示和周密的安排。

国家文物局接到周恩来总理的指示，自然十分重视，立即全面开展抢救“二希”的工作。

11 月 11 日，国家文物局指定故宫博物院院长马衡，带领文物鉴定专家王冶秋、徐森玉一起，南下香港，鉴定“二希”真伪，洽谈收购事宜。

马院长和王冶秋等人立即行动，买西服上装各一件，化装成商人模样。他们走水路，买船票取道澳门，然后转赴香港。

11 月 17 日，他们登上利德轮号。18 日 10 时，他们到达澳门，进住国际大酒店。19 日，商定乘坐小船，三人乔装成船员赴香港。

他们直接进入香港汇丰银行，洽谈收购事宜。第一件事，就是见到“二希”押据；第二件事，就是落实押款及其利息。押款本息，是港币 458376.62 元。

他们分别与债权人英主教波哥面谈，又与郭昭俊面谈。

最后，他们商定：

一、先行鉴定，确定“二希”是否是真迹；

二、如果鉴定“二希”是真迹，付给郭昭俊 3 万港元；

三、将押款本息一次付清，收回真迹。

也就是说，这次收购国家一级珍贵文物“二希”，共计花费港币 488376.62 元。

当时，中央政府已经批准的收购经费，是 50 万港元。

马衡院长和徐森玉等人仔细审视“二希”，发现这两件画作确是真迹无疑。于是，按照约定，付清款项，他们正式从汇丰银行赎回“二希”。然后，将“二希”安全顺利地带回北京。

办好各种手续后，当年 12 月，“二希”珍贵国宝，入藏北京故宫博物院，重新回到紫禁城。

此时，距离“二希”离开紫禁城，已整整 28 年。

《三希堂法帖》

编纂《三希堂法帖》

乾隆十二年（1747 年）至乾隆十五年（1750 年），乾隆皇帝敕命吏部尚书梁诗正、户部尚书蒋溥等人，将内府所藏历代书法作品，择其精要，由宋璋、扣住、二格、焦林等人镌刻成《御刻三希堂石渠宝笈法帖》，简称《三希堂法帖》。

《三希堂法帖》，共分 32 册，刻石 500 余块，收集自魏、晋至明代共 135 位书法家、340 件书法作品，因帖中收有“三希”，而珍藏三件稀世珍宝之地称为三希堂，故取名《三希堂法帖》。

《三希堂法帖》完成以后，仅精拓数十本，赐予宠臣。

乾隆十七年（1752 年），乾隆皇帝吩咐，从宫中藏品之中，再次精挑历代名人法书五卷，摹刻上石。至此，《三希堂法帖》始成完璧。法帖原刻石，嵌于北京北海公园阅古楼墙间。

《三希堂法帖》

《三希堂法帖》，是中国宫廷之中汇刻法帖规模最大、选择最精善的法帖，也是中国书法史上辑历代丛帖之集大成者。此帖收录了魏晋至明末 135 位书法名家的 340 件书法真迹名品，并将所选作品，按照楷书、行书、草书三类分别编排。此外，还收录了历代名家、著名收藏家的题跋 200 多件，收藏印章 1600 多方。法帖依时间顺序排列，按照朝代分类编排，基本上囊括了清以前历代名家的法书墨迹。

《御刻三希堂石渠宝笈法帖》中的许多精品，随着故宫国宝文物的南迁，流传到台湾。台北故宫博物院收藏的流传于历代宫廷中的著名法帖，主要包括：晋王羲之《快雪时晴帖》和《平安、何如、奉橘三帖》，唐玄宗《鹡鸰颂》，唐怀素《自叙帖》，唐颜真卿《刘中使帖》，五代杨凝式《卢鸿草堂十志图跋》，宋苏轼《前赤壁赋》，宋黄庭坚《寒山子庞居士诗帖》，宋徽宗《诗帖》，宋吴琚《七言绝句》，金赵秉文《跋武元直赤壁图卷》，元张雨《七言律诗》，元鲜于枢《行草真迹》，明祝允明《七言律诗》，明邢侗《古诗》等。

傾金罍君不見晉朝羊公
一片石龜龍剝落生莓苔
淚亦不能爲之墮心亦不
能爲之哀誰能憂彼身

後事金鳧銀鴨葬死灰
清風明月不用一錢買玉
山自倒非人推舒州杓力士
鐺李白與爾同死生襄
王雲雨今安在江水東流

猿夜聲
子昂
趙氏子昂

道人胸中水鏡清
萬象起滅無逃形

水上見橘柚垂[illegible]
庭故人各在天一
角相望修修如晨

彭城老守何足
顧棗林桑野相
邀迎千山不憚荒
店遠兩腳欲趁飛
猱輕多生綺語
磨不盡尚有宛轉
詩人情猿吟鶴唳
本無意不知下有

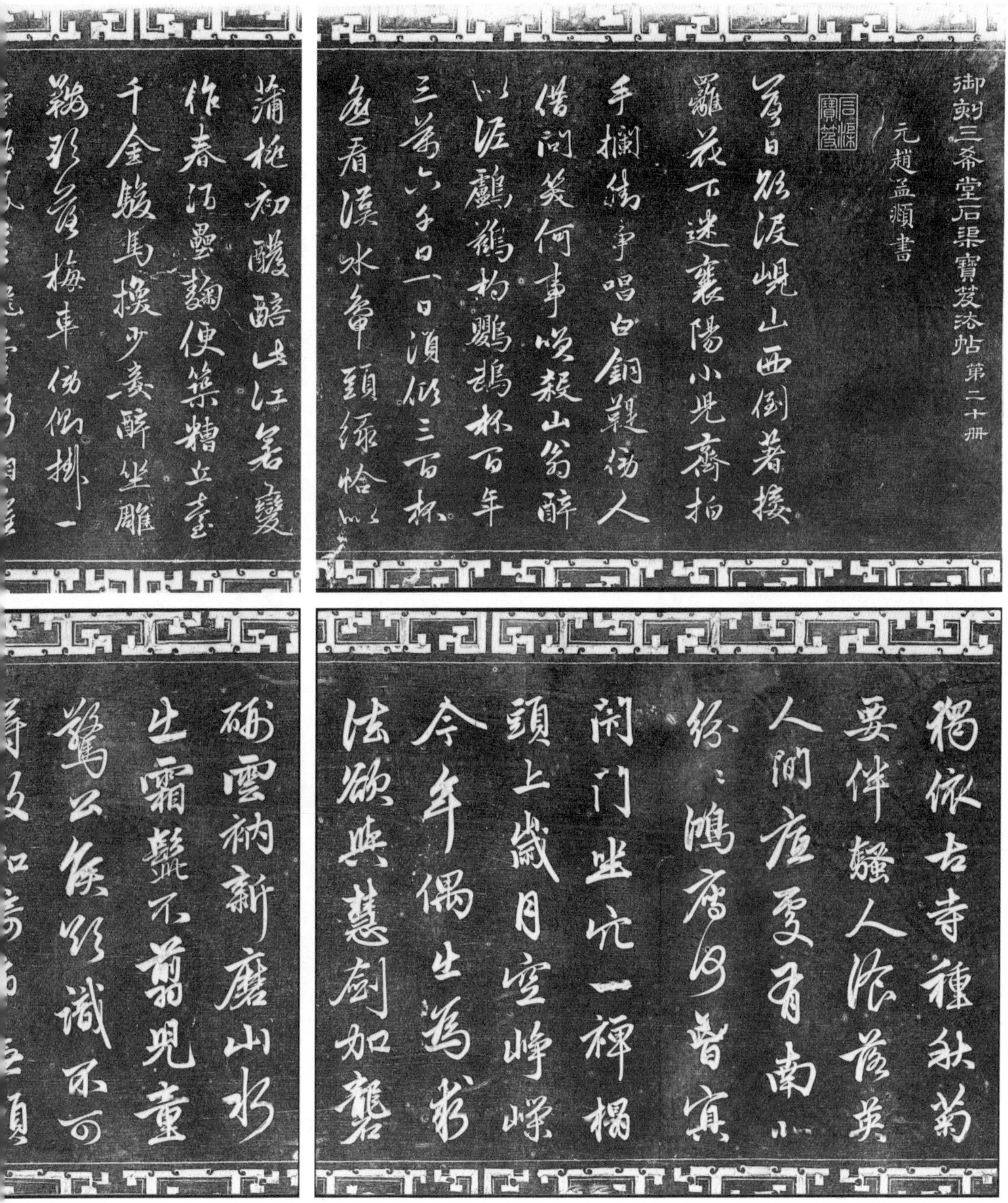

《御刻三希堂石渠宝笈法帖》，即《三希堂法帖》

录集了魏晋至明末 135 位书法大家的 300 多件作品。清乾隆十二年（1747 年）间宫廷开始刻制，共 32 册，共计用石 500 多块。本图是清乾隆十五年（1750 年）刻石卷二十至二十六的节选图，民国三年（1914 年）的拓本。原石在北京北海公园阅古楼壁上。

第三章

解密《四库全书》

文渊阁

明宫建立文渊阁藏书

明清时期，紫禁城有两座：一是南京紫禁城，二是北京紫禁城。明清紫禁城前后有三座文渊阁：明初南京文渊阁，明代北京文渊阁，清代北京文渊阁。三处文渊阁，地址不同，藏书内容不同，命运也各不相同。

明太祖朱元璋定都南京后，着手营建紫禁城宫室，建立了文渊阁、大本堂等皇家书室。洪武元年（1368 年），明太祖命大将军徐达统兵北伐，收复元大都，全部接收了元宫廷藏书。徐达奉命将这批元宫藏书悉数运往南京，入藏紫禁城文渊阁。

明初南京文渊阁，收藏的主要是元宫奎章阁、崇文阁等皇家书室的藏书。

明成祖迁都北京后，营建北京紫禁城，在东华门内重建文渊阁藏书。这里的藏书主要来自南京文渊阁的旧藏。

明永乐初年，明成祖命侍臣利用宫廷藏书，编纂了一部大型类书。最初，取名《文献大成》。永乐六年（1408 年），全书编纂完成，共计 22900 余卷，赐名《永乐大典》，全书 11000 余册，入藏南京紫禁城文渊阁。

这部巨型大典，后来移贮北京紫禁城。

明永乐时期，北京文渊阁藏书基本上是承自南京文渊阁藏书。北京文渊阁建成以后，明成祖命侍臣尽取南京文渊阁所藏各类古书，运往北京。据史家记载，文渊阁位于紫禁城东华门内，文华殿南部，全国所有上呈于朝廷的书籍，全部入藏于文渊阁，“旧文渊阁，在内阁旁，当文华殿之前”。

文渊阁

文渊阁内景

明文渊阁之毁灭

距明成祖建都北京一百年以后的明嘉靖年间，明世宗（嘉靖皇帝）进一步完善文渊阁制度，加强藏书管理，使文渊阁更加富于皇家特色：

> 嘉靖十六年（1537年），命工匠相度，以文渊阁中一间，恭设孔圣及四配像。旁四间各相间隔，而开户于南，以为阁臣办事之所。阁东诰敕房装为小楼，以贮书籍。阁西制敕房南面隙地，添造卷棚三间，以处各官书办，而阁制始备。

明朝末年，北京文渊阁藏书在李自成攻占北京期间，毁荡殆尽，“文渊阁所藏，皆宋、元珍本。至李自成入都，付之一炬，良可叹也”。明末，文渊阁藏书所剩无几，以至于清初之时，甚至有人认为明代文渊阁只是沿袭官名而已，根本没有文渊阁藏书。

这一观点，获得了官修史书的认同：“明文渊阁，本在南京。成祖迁都后，设官虽沿旧名，实无其地。即以午门内大学士直庐谓之文渊阁。其实，终明之世，未尝建阁也。”

清朝文化政策

公元17世纪中期至20世纪初期，以满洲贵族为核心的统治集团，建立了大清王朝，定都北京。他们以明宫紫禁城作为政务中枢和生活起居的皇宫，全盘接收了明宫藏书，并在明宫藏书的基础上，建立了较为完备的清代宫廷藏书体系，其藏书规模和藏书品质，都达到了前所未有的高度。其书品之华贵、种类之繁多、所藏历代珍贵典籍之丰富，均居历代宫廷藏书之首。

康熙皇帝亲政以后，大力发展文化事业，辟昭仁殿为收藏旧本善籍的皇家书室，并下诏搜罗遗籍，着手建立清宫藏书。康熙皇帝还组织儒臣，开展大规模的修书活动，校勘《十三经》《十七史》，编纂《康熙字典》《佩文韵府》《明史》以及历朝诗文总集等巨著。经过一二十年的努力，康熙皇帝仍然觉得宫廷藏书不够丰富，于是，他多次下诏，广求天下遗书。

乾隆皇帝博学通才，承袭父祖的文化策略，稽古右文，大力发展文化事业，将康熙皇帝开创的王朝盛世推向顶峰，史称“康乾盛世”。乾隆皇帝临政的六十余年，朝廷人才济济，儒臣们奉旨编纂了一部又一部鸿篇巨制，大量珍本善籍被汇送宫中。清代宫廷藏书继承的是宋、元、明宫廷珍藏旧籍，并在这些旧藏的基础上，清历代帝王不遗余力地搜罗古籍，开展大规模的修书活动，广泛建立皇家藏书楼，不断地充实宫廷藏书，建立起富于清朝特色的宫廷藏书体系。清廷在武英殿设立修书处，网罗天下才士入殿修书。

大学者全祖望曾入充武英殿校勘官，钱大昕奉旨入充武英殿纂修官。武英殿逐渐成为清内府书籍的编纂、刻书、印书和收藏中心，其所刻印之书籍，形成独具特色的本子，称为“武英殿刻本”。这些闻名于世的清内府书籍，在中国版本史上居于十分重要的地位，世称“殿本”。

清宫廷之中，建立了星罗棋布的皇家藏书：在一些重要的宫室，建立了专门的皇家藏书楼；在皇帝、后妃们生活起居的大小宫殿，则建立了规模不一、各具特色的宫室藏书。

这些皇家藏书，闻名于世的主要包括：文渊阁《四库全书》，皇史宬《玉牒》《圣训》《实录》，武英殿清历代殿本，昭仁殿“天禄琳琅”“五经萃室”，毓庆宫“宛委别藏”等。

清宫建立文渊阁

清代文渊阁始建于乾隆三十九年（1774 年）十月，历时两年建成。从选择阁址到建造完成，均由乾隆皇帝钦定。其阁址选在文华殿后、原明代圣济殿旧址上，建阁乃是为了入藏即将成书的《四库全书》。

明代的文渊阁是用砖瓦建造的。清代的文渊阁，最初的谕旨是要求依照宋代三馆秘阁之制，后来，乾隆皇帝指示完全仿自浙江鄞县范氏天一阁建造。据《定香亭笔记》记载，范氏天一阁，阁不甚大，地颇卑湿，而内中书籍却十分干燥，没有虫蚀。清代的文渊阁："制凡三重，上下各六楹，层阶两折而上。瓦用青绿色。阁前甃方池，跨石梁一，引御河水注之。"

清代文渊阁分上下两层，上层前后有平座，下层前后有游廊，底层则是用大城砖铺成，中间砌条石。阁上配菱花窗，外檐廊是回纹窗棂式栏杆，廊的两头有券门。阁顶是黑色瓦，正脊和檐头镶绿色琉璃瓦。正脊的绿琉璃瓦中，一条紫色游龙起伏其间，中间镶以白色线条的花琉璃瓦。阁的北部和西侧，是太湖石堆砌的假山；其东侧，则是驼峰式四脊攒尖碑亭，亭中竖立着乾隆皇帝亲笔御书的《文渊阁记》。

文渊阁下层正中设一宝座，座后正中悬挂着乾隆皇帝的御书大匾：汇流澄鉴。大匾的两侧，是三副对联。第一副是：荟萃得殊观象阐先天生一，静身知有本理赅太极函三。第二副是：壁府古含今藉以学资主敬，纶扉名副实讵惟目仿崇文。第三副对联最为有名：插架牙签照今古，开编云气吐芳芬。

文渊阁宝

纂修《四库全书》

搜访遗书

《四库全书》的纂修活动，始于乾隆三十七年（1772年）正月，乾隆皇帝向全国发布诏谕，征集遗书，提出具体方案："古今来著作之手，无虑数千百家，或逸在名山，未登柱史，正宜及时采集，汇送京师，以彰千古同文之盛。""在坊肆者，或量为给价；家藏者，或官为装印，其有未经镌刊只系抄本留存者，不妨缮录副本，仍将原书给还。"

这一年的十一月，安徽学政朱筠率先响应，向皇帝提出了搜访校录书籍的四项具体建议：

一、旧本、抄本尤当急搜；

二、中秘书籍当标举现有者以补其余；

三、著录、校雠同当并重；

四、金石之刻，图谱之学，在所必录。

乾隆皇帝很赏识朱筠的建议，下廷臣合议。经过讨论，军机大臣刘统勋等拟出具体实施方案：

一、搜访旧本、抄本，宜照原谕旨办理。

二、金石、图谱，令各省收书之外，凡有绘写制度、名物如《三礼图》之类，均系图谱专家，宜并为采辑。

三、其有将古今金石源流裒叙成书者，一体汇采。

文华殿鸟瞰

文华殿

殿后为文渊阁，《四库全书》曾收藏于此。

四、《永乐大典》，应检派修书翰林逐一详查。其中，如有现在实无传本、而各门凑合尚可集成全书者，通行摘出书名，开列清单，恭呈御览。

五、俟书籍汇齐以后，敕令廷臣详细校定，依四部名目，分类汇列。

六、另编目录一书，具载部分卷数、撰人姓名，垂示永久。

当时，全国性征书活动始于乾隆三十七年（1772 年）。第二年、第三年，在乾隆皇帝的一再敦促下进入高潮，直到乾隆四十三年（1778 年）结束。

《四库全书》著录和存目书籍，绝大多数来自全国各地的征书，主要是各省采进本和个人进呈本两大类。

征书之初，各省先是采取观望态度。乾隆三十八年（1773 年）三月，乾隆皇帝发布严厉上谕之后，各省才开始行动起来。

大势所趋，江苏、直隶、江西、湖南、安徽、福建、河南、山东、山西各省纷纷设立征书局，大规模地搜访遗书。

全国性的征书活动，各省的藏书家自然是最主要的征书对象。乾隆皇帝针对江浙之地人文渊薮，特谕两江总督高晋、江苏巡抚萨载、浙江巡抚三宝重点寻访当地的藏书名家，包括昆山徐氏传是楼，常熟钱氏述古堂，嘉兴项氏天籁阁、朱氏曝书亭，杭州赵氏小山堂，宁波范氏天一阁等。

浙江的藏书家居全国之首，浙江巡抚奉旨查核本地藏书名家，如实上奏，合计浙江藏书家进献的珍本古书达二千六百余种，占全省征书的一半以上。

乾隆三十八年（1773 年）三月，乾隆皇帝明降谕旨，批示廷臣选择明本《永乐大典》罕见书籍三四种付梓，结合宫廷所藏典籍、内府所修殿本和各省进呈本，按照四部分类编纂，赐名《四库全书》。

随后，清廷建造文渊阁，用于收藏《四库全书》。文渊阁置领阁事 2 员，直阁事 6 员，校理 16 员，检阅官 8 员，由内务府大臣 1 员充提举阁事官，负责阁门启闭。

查禁书籍

乾隆三十九年（1774 年）八月，各省征书一万余种，陆续送到北京。可是，乾隆皇帝觉得奇怪：如此众多的书籍，如何没有一部是稍涉违碍之书？乾隆皇帝立即明白，是大臣们经过筛选之后再送到北京。如此一来，许多违碍书籍，依旧藏留民间，对于江山稳固是巨大的威胁。

乾隆皇帝思虑再三，颁发圣旨，严厉指责各级征书官员办事不力，并发出严重警告和严厉威胁："岂有裒集如许遗书，竟无一违碍字迹之理？况明季末造，野史甚多，其间毁誉任意，传闻异词，必有诋触本朝之语，正当及此一番查办，尽行销毁，杜遏邪言，以正人心而厚风俗，断不宜置之不办……若此次传谕以后，复有隐讳存留，则是有心藏匿伪妄之书目，后别经发觉，其罪断不能逭，承办之督抚等亦难辞咎！"

如此严厉的警告，让办事大臣们胆战心惊，谁也不敢再松懈和怠慢。可是，皇帝究竟想查禁什么书籍？哪些算是违碍之作？乾隆皇帝最先并不急于划定标准，而是尽可能地将所有书籍送呈京师，收藏于宫中。

乾隆四十三年（1778 年）十一月，四库纂修大臣根据皇帝的指示，拟定和发布了《查办违碍书籍条款》，明确划定了违碍书籍的标准：

一、字句狂谬、词语讥讽者；

二、明季、国初诗文集内触禁悖谬者；

三、明万历以前语涉辽东、女真等字样者；

四、钱谦益、吕留良、屈大均、金堡等人书籍；

五、部分书籍或者抽毁，或者删节，或者摘存，或者撤出。

从此之后，征集遗书和查禁书籍的活动，同时展开。查禁书籍的行动，直到乾隆五十八年（1793 年）方才结束，历时约 20 年。

京师之中，发现了许多四库禁毁抽毁书目，包括《红本处查办应销毁书籍总目》《军机处奏准全毁抽毁书目》《四库馆奏准销毁抽毁书目》等。

另外，在江苏、安徽、江西等文化繁荣之地和河南、广西、陕西等贫困、偏远省份，亦陆续发现了各种刊印的禁毁书目。

根据中华民国时期的《禁书总目》统计，乾隆时期，全毁书籍 2453 种，抽毁书籍 402 种，销毁书版 50 种，销毁石刻 24 种。有人估计，乾隆皇帝在十余年之中，毁书在 10 万部左右，禁书在 3000 种以上。

设立四库全书馆

乾隆三十八（1773 年）二月，乾隆皇帝正式设立四库全书馆，组织儒臣纂修《四库全书》。四库全书馆，是《四库全书》的编纂机构，其主要职责，包括负责编辑、校勘《永乐大典》；负责编辑、校勘各省进呈书籍；黄签甄别、考证重要书籍；甄别考证天文算学；等等。

四库全书馆中，设立正总裁、副总裁。总裁，全面负责馆中事务；副总裁，协助总裁展开修书工作。总裁之下，设立总纂官、总校官。

除总纂官、总校官之外，还有总目协勘官——负责管理协定全书总目；翰林院提调官、武英殿提调官——负责管理提取翰林院、武英殿藏书；等等。

根据档案和史料记载，《四库全书》先后设总裁、副总裁 31 人，由皇室亲王、硕学大学士兼任。据该馆开列的纂修官名单，先后参与纂修工作的官员，共有 362 人；《四库全书》纂修官，共计 88 人，包括列入名单的纂修官 56 人，未列入名单的纂修官 32 人。

《四库全书》总裁 31 人，包括：正总裁 16 人，副总裁 15 人。总阅官 15 人。《四库全书》正总裁 16 人，包括：爱新觉罗・永瑢、爱新觉罗・永璇、爱新觉罗・永瑆、刘统勋、刘纶舒、赫德、阿桂、于敏中、英廉、程景伊、嵇璜、福隆安、和珅、蔡新、裘曰修、王际华。副总裁 15 人，包括：梁国治、曹秀先、刘墉、王杰、彭元瑞、钱汝诚、金简、董诰、曹文埴、沈初、庆桂、张若淮、李友棠、钟音、陆费墀。

《四库全书》共计著录、存目书籍多达一万余种，正所谓：“集中外之秘藏，萃古今之著述，搜罗大备，裒辑靡遗。”

《四库全书》收录书籍，主要包括：

一、宫廷藏书，一千余种；

二、《永乐大典》辑出本，九千八百八十一种；

三、各省采进本、私人进献本、内府本等，共一万五千余种。

乾隆皇帝特开四库全书馆，广招天下群儒。乾隆皇帝特授名望极高的白丁邵晋涵、余集、周永年为编修，戴震为庶吉士，监修《四库全书》，时人钦佩而敬仰，尊称“四布衣”。总纂官纪昀，博览群书，深受乾隆皇帝的器重，总纂《四库全书》，笔削手定《四库全书总目提要》。

据记载，当时，翰林院是《四库全书》的办理处，武英殿则是缮写书籍之所：

> 乾隆三十八年，奉旨开四库全书馆。翰林院为办理处，武英殿为缮写处。自殿版馆书外，诏征天下遗书，共一万三千七百二十五种(《宸垣识略》称，内中重复者三千七百五十二种）。旧存明代《永乐大典》残缺几半，命词臣分类纂出整书八十五种，散片（《宸垣识略》称，古书残缺者曰散片）二百八十四种。分存书、存目二项，纂辑提要，以赅一书大旨，按期轮进。书之佳者，皆蒙御制题词，以冠简端。其四部条目，其前代稍异……其编录叙次，遵奉谕旨：经首《易注》，史首《史记》，子首《老子》，集依时代，而圣祖、世宗皇上御制集冠于本朝集首。
>
> 书成，缮写七份，仿浙江范氏天一阁式，建阁藏度，大内曰文渊，圆明园曰文源，热河曰文津，盛京曰文溯。并于扬州大观堂之文汇阁、江口金山寺之文宗阁，杭州圣因寺之文澜阁，亦各度一份，俾江浙士子，得以就近抄录传观。又择其精要者为《荟要》，计全书三之一，缮写二份，一藏大内（御花园摛藻堂），一藏圆明园。凡编录十三年告竣。四库共存书三千四百六十种，计七万五千八百五十四卷。辑简明目录，以便观览。底本，仍存翰林院。

明　张宏《史记君臣故事图》

现藏于旅顺博物馆。

辑录《永乐大典》

纂修《四库全书》，明宫内府本《永乐大典》是著录珍贵古籍的重要来源。

从《永乐大典》之中抄录、辑佚书籍，是四库全书馆臣所从事的最有价值的工作之一。

据研究，四库全书馆臣，先后从《永乐大典》之中辑佚达9881种，包括辑出失传文献古籍共计516种。其中，388种，被收入《四库全书》之中；128种，被列入《四库全书总目存目》之中。这收入《四库全书》之中的388种古籍文献，约5000卷，其文字总量大约是《永乐大典》的1/20。比如，如果没有辑佚《永乐大典》，中国25部正史，就会缺少《旧五代史》。

实际上，明代宫廷藏书是从中国汉唐以来宫廷藏书递衍而来，是中国历代皇宫藏书的直接继承者。

明宫皇家书室之中，能与宋、元旧椠比美的，就是由明宫纂修的大型类书《永乐大典》。

《永乐大典》是明代一部大型综合性的百科全书，全书共约3.7亿字，分成22937卷，11095册。该书以《洪武正韵》为纲，以韵统字，以字系事，内容包罗万象。

清代学者纪昀在《四库全书总目提要·子部类书》之中，讥讽《永乐大典》"割裂庞杂、漫无条理"！

尽管如此，《永乐大典》在中国文化史乃至世界文化史上都有着很重要的地位，人们还是从整体上肯定了它保存中国文化的价值。

自《永乐大典》正本问世以后，永乐皇帝迁都北京时，这部书也一同北上，收藏在紫禁城文楼之中，从此，基本上就没有再动过。

明中期以后，宫廷藏书日渐管理混乱，包括管理藏书的大臣在内也参与盗书活动，宫廷藏书损失严重。

明末时，情况就有些不妙了，《永乐大典》的去向成为谜案。

有专家认为，明末时，《永乐大典》就已经不在人世了。有的说是毁于大火，有的说是随葬于帝陵，有的干脆说去向不明。

《永乐大典》的正本，一直是史学界的一个谜案，极可能是在明亡之际毁于战火。

清乾隆初年，建立“天禄琳琅”，一直没有《永乐大典》正本的踪影，《天禄琳琅书目初编》和《天禄琳琅书目续编》都没有著录。

乾隆三十八年（1773 年），设四库全书馆，组织儒臣纂修《四库全书》。乾隆皇帝吩咐，检阅《永乐大典》，收辑佚书。总裁大臣纪昀清查的结果，《永乐大典》缺少 1000 余册，2422 卷。这两千余卷，何时散佚，无从知晓，也没有线索，纪昀只能望洋兴叹。有人同意康熙时期徐乾学等人的说法，认为这些流失的书籍，可能毁于明亡之际。

但是，也有人猜测，徐乾学等人是贼喊捉贼，可能是在康熙年间，总裁官徐乾学、高士奇、王鸿绪等大臣奉旨修书，入皇史宬查书，将部分书籍带回家中，没有归还。

据《办理四库全书档案・乾隆三十八年》记载：清乾隆时，皇帝特地命令两江总督高晋、浙江巡抚三宝，前往这些总裁官家中，探问这些皇宫秘籍的下落，明确声称：“《永乐大典》，是官家之物，即使当年拿取，忘记归还，也属无意收藏，只要交出归还宫中，不予追究。”可惜，连恐带吓，却无济于事，一本也没有得到。

乾隆皇帝再三吩咐，寻访《永乐大典》，但一直没有找到正本、副本的足本。皇帝和与修大臣一再感慨《永乐大典》副本不全，众人也在宫里宫外可能存放书籍的地方仔细寻找，并没有发现正本，也没有人提到《永乐大典》正本。这一万余册的大型秘籍，如果在宫中，不可能不被发现。乾隆皇帝求书心切，猜想这些丢失的书籍，可能会在街巷书肆之中，特地派专人前往查访，也没有找到。

乾隆皇帝对找到的《永乐大典》副本十分重视，派专人看护和保管。尽管如此，这部副本也差点被盗。

据《清高宗实录》记载：乾隆三十九年（1774 年），四库全书纂修官黄寿龄，费尽心机，竟然私自将《永乐大典》6 册，带回家中。不料，书籍被人偷窃！

永樂大典卷之六千五百二十三　十八陽

妝

洪武正韻側霜切。女子又飾也。亦作粧。許慎說文妝从女牀省聲。側羊切。顧野王玉篇阻良切。糚側牀切。亦作粧。妝音莊。畫妝。陸法言廣韻女子粧粉飾。徐鍇通釋今俗作粧。丁度集韻或作裝糚粧。司馬光類篇又側亮切。張有復古編別作糚非。婁機廣干祿字妝糚並通。戴侗六書故又作裝糚。裝。歐陽德隆押韻釋疑則霜切。與糚同。俗作粧非。韻內不收。宜知。郭守正紫雲韻韓詩桃李晨粧靚。此是俗粧字。諸韻並無。宜知。寫此恐成失韻。楊桓六書統照母。妝（𪟝聲）妝（古文）妝（隸）𡜊（或从壯聲）裝（隸）糚粧（並俗）熊忠韻會舉要次商清音。通作莊。相如賦靚莊刻飾。郭曰靚莊粉白黛黑。亦通作裝。倪鏜六書類釋裝見衣部。周伯琦六書正譌从女爿聲。趙謙聲音文字通照网切。俗混莊裝。作粧裝糚非。韻會定正字切知光。知真。𨗦妝

篆書　妝（隆叔禹）　妝（說文）　糚　糚（並集韻見杜从古集篆古文韻海）　妝（徐鉉篆韻）　妝

六書統

隸書　妝　裝（並六書統）

草書　妝（蘇軾）　妝（張錦溪）　妝（鮮于樞）

永樂大典卷之七千九百六十　十九庚

○馨

洪武正韻醯經切。香遠聞。許慎說文馨香之遠聞者。从香殸聲。殸籀文磬。呼刑切。徐鍇通釋殸籀文馨字。聲之遠聞。香殸為馨。亦會意也。顯青反。顧野王玉篇虛廷切。陸法言廣韻香也。戴侗六書故火形切。香之清揚者。韓道昭五音類聚𩡶音馨字。楊桓六書統曉母。馨呼經切。（統聲）隸。熊忠韻會舉要羽次清音。又禮記郊特牲合羶薌注羶當為馨聲誤。字溙傳義通作𩡶。趙謙聲音文字通曉京切。記合羶薌當用馨。誤用羶。後人不敢改而以羶為馨非也。韻會定正字切曉經。曉興𢱧馨。

羶

洪武正韻醯京切。同上。記合羶薌音馨。又先韻。

篆書　馨　馨（並義雲章）　馨（說文並見杜从古集篆古文韻海）

隸書　馨（徐鉉篆韻）　馨（華山廟碑）　馨（孔廟碑並洪適漢隸分韻）　馨（王純碑）　馨（張表碑）

朱龜　馨（魏脩孔廟碑）

真　馨（智）

草　馨（智）　馨（張）　馨

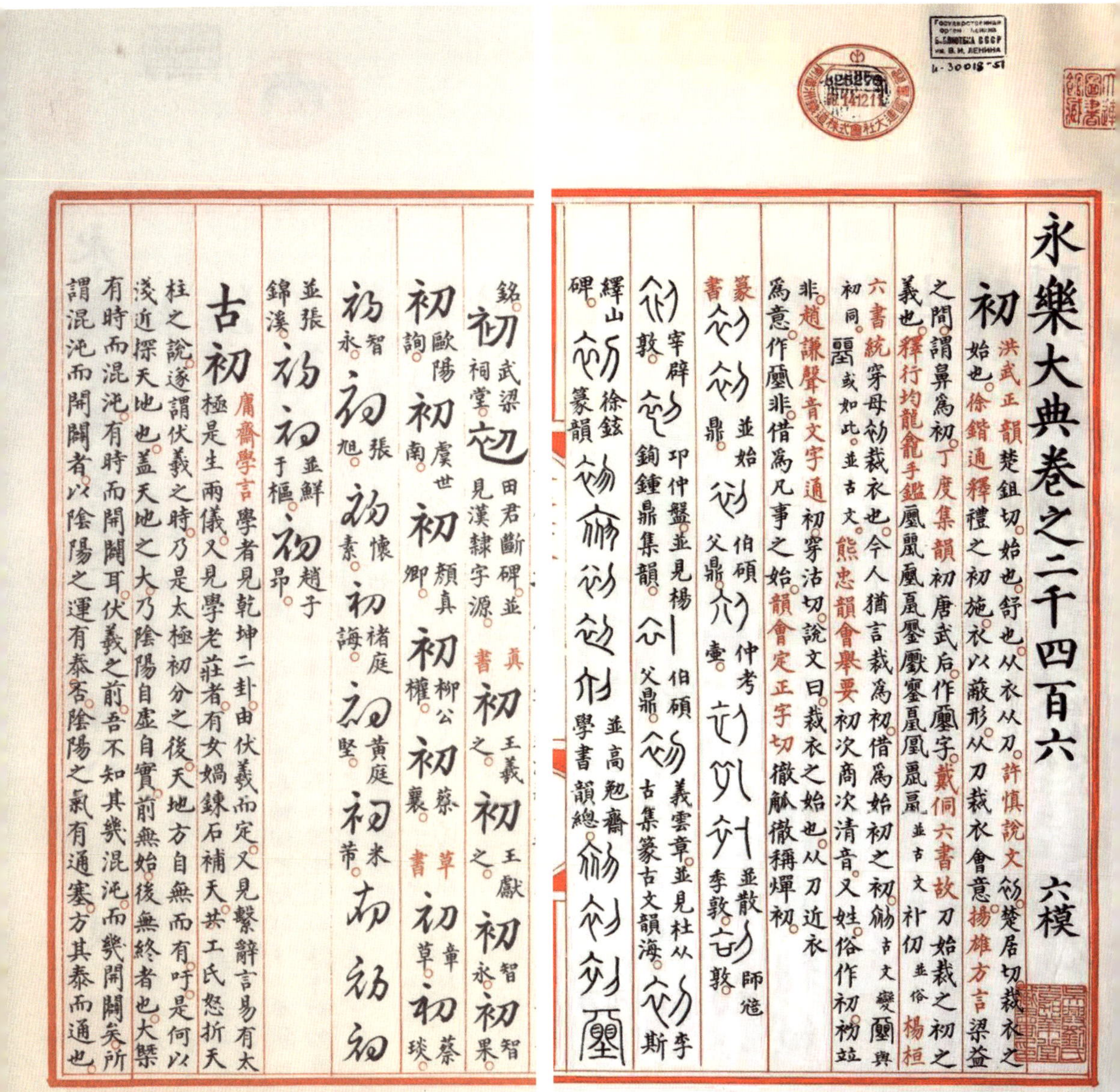

永樂大典卷之二千四百六　六模

初 洪武正韻楚徂切始也舒也从衣从刀。許慎說文楚居切裁衣之始也。徐鍇通釋禮之初施衣以蔽形从刀裁衣會意。揚雄方言梁益之間謂鼻爲初。丁度集韻初唐武后作𠆲字。戴侗六書故刀始裁之初之義也。釋行均龍龕手鑑竝古文　竝俗。楊桓六書統穿母初裁衣也今人猶言裁爲初借爲始初之初古文變𠆲與初同。或如此竝古文。熊忠韻會舉要初次商次清音又姓俗作初初竝非。趙謙聲音文字通初穿沽切說文曰裁衣之始也从刀近衣爲意作𠆲非借爲凡事之始。韻會定正字切撤觚撤稱燀初

篆書 竝始鼎　伯碩父鼎　仲考壺　竝散季敦　師𠊱敦　宰辟敦　叩仲盤竝見楊鉤鍾鼎集韻　伯碩父鼎　義雲章竝見杜从古集篆古文韻海　李斯繹山碑　徐鉉篆韻　竝高勉齋學書韻總

銘 初 武梁祠堂　田君斷碑竝見漢隸字源

眞書 初 王羲之 初 王獻之 初 智永 初 智果 初 歐陽詢 初 虞世南 初 顏眞卿 初 柳公權 初 蔡襄

草書 初 章草 初 蔡琰 初 智永 初 張旭 初 懷素 初 褚庭誨 初 黃庭堅 初 米芾 初 初 初 竝張錦溪 初 初 竝鮮于樞 初 趙子昂

古初 庸齋學言學者見乾坤二卦由伏羲而定又見繫辭言易有太極是生兩儀又見學老莊者有女媧鍊石補天共工氏怒折天柱之說遂謂伏羲之時乃是太極初分之後天地方自無而有吁是何以淺近探天地也蓋天地之大乃陰陽自虛自實前無始後無終者也大槩有時而混沌有時而開闢耳伏羲之前吾不知其幾混沌而幾開闢矣所謂混沌而開闢者以陰陽之運有泰否陰陽之氣有通塞方其泰而通也

《永乐大典》

编写于明永乐年间，以姚广孝和解缙为主编辑的一部中国古典大集，是中国早年间的百科全书。全书共计22937卷，由2000多名文人学者历时6年完成。内容包括了中国14世纪以前的历史类、地理类、文学类、艺术类、宗教类等文学合集。

黄寿龄四处寻找，没有结果，只好奏报。

乾隆皇帝得讯大怒，指责说：“《永乐大典》，为世间未有之书！本不应该听纂修等携带外出！”乾隆皇帝吩咐，立即查询明确，据实覆奏，并命令步军统领尚书英廉，严格访查，缉拿窃贼！一时之间，全城戒严，到处搜查。

因为门禁森严，搜查严密，全城大小书肆、店铺又不敢收购，这几册宫中之物的《永乐大典》一时无法脱手。盗贼万般无奈，只好在深夜悄悄地将这6册书籍放在大臣经过的御河桥边。

6册秘籍，失而复得，乾隆皇帝喜出望外。但乾隆皇帝依然余恨未消，下令将纂修官黄寿龄罚俸三年！乾隆皇帝又命四库全书馆制定严密措施，不许将宫中秘籍携带出宫。

《四库全书》修成后，一些大臣又开始打《永乐大典》的主意，奏称《永乐大典》精华采尽，糟粕可捐，是多余之物，可以弃之。宫中秘籍，保存严密，当然不会贸然弃之。

嘉庆时期，纂修《全唐文》，大臣曾奉旨入阁，利用《永乐大典》。

道光年间，纂修《大清一统志》，儒臣也曾检阅和利用秘阁珍藏的《永乐大典》。

清末时，秘阁书籍，管理松懈，一些不良儒臣发现有机可乘，起了贪婪之心，费尽心机地偷窃宫中秘本《永乐大典》。

不良翰林大臣偷窃《永乐大典》，先还有些害怕，后来发现没人追究，也无人过问，没有风险，于是，渐渐胆大起来，开始公然倒卖。早眼馋皇宫秘籍的洋人，知道宫中秘本流失宫外，立即四处打探，千方百计地收购。他们暗中联络，以高价收购，每册银子10两。这样，大量《永乐大典》秘本流入洋人手中，被带出中国。

清光绪元年（1875年），清廷重修翰林院，清点秘本《永乐大典》，发现只有将近5000册。宫中秘本，丢失严重。可是，大臣们的偷窃并没有停止，仍在继续，而且愈演愈烈。

光绪二十年（1894年）六月，帝师翁同龢奉旨入翰林院查阅书籍。据《翁同龢日记》记载：当时，查阅之结果，发现《永乐大典》只有800册了！

咸丰十年（1860年），英法联军入侵北京，洗劫圆明园，也拿走了大量宫廷珍藏的《永乐大典》。英国人对这些秘阁典籍兴致最浓，拿得最多，它们很快被带回英国。40 年后，八国联军入侵北京，大肆抢劫。

据英人朴笛南姆威尔之《庚子使馆被围记》记载：当时，位于东交民巷的翰林院紧邻使馆，沦为战场，贮存《永乐大典》的翰林院敬一亭惨遭不测，几乎被毁，内中的秘籍大部分葬身火海，幸免于难的少部分书籍则横七竖八地散落一地。有些士兵感觉这些书籍体积大，比较结实，干脆将这些书籍当作砖头或器物用，有的用作马槽，有的用于工事，有的干脆铺路！

英国大使馆因为紧邻翰林院，所以英国人盗窃和抢劫《永乐大典》最积极，收获也最多。

经过一次次的浩劫，皇宫珍本《永乐大典》被侵略者抢劫之后，流散到世界各国，有的收藏于国家图书馆，有的被私人图书馆或者个人收存，还有一些出现在书肆、旧书店、拍卖行。

日本一直垂涎中国，是抢掠中国秘籍最多的国家，也一直千方百计地收购中国古籍，特别是皇宫秘籍。

1914 年，中国官员董康，私自携带 17 册宫廷秘籍《永乐大典》前往日本，被日本以低价收购，日本人喜出望外。

英国人莫利逊创办了莫利逊文库，它就是日本东洋文库的前身。莫利逊在“庚子之变”中，参与了抢劫秘本《永乐大典》，抢到了 6 册。莫利逊去世后，东洋文库从莫利逊的妻子手中，接收了 6 册《永乐大典》，并指示代理人，在北京等地全力收购《永乐大典》，不择手段。这样，他们在很短时间内，又获得了多册《永乐大典》。

据记载，日本收藏中国皇宫秘本《永乐大典》多达 55 册，包括：日本大连满铁图书馆 51 册，日本东洋文库 34 册，日本静嘉堂文库 9 册，日本天理图书馆 3 册，日本帝国图书馆 2 册，日本帝国大学图书馆 1 册，日本大阪府立图书馆 1 册等。

收藏《永乐大典》，仅次于日本的是：美国 45 册，英国 37 册。包括：美国国会图书馆 40 册，美国康乃尔大学图书馆 5 册；英国牛津大学图书馆 12 册，英国大英博物馆 10 册，英国马登氏藏书 9 册，英国伦敦大学 3 册，英国剑桥大学 2 册，英国伦敦图书馆 1 册等。

中国人很爱惜自己的文物，特别是皇宫珍宝秘籍，一直在千方百计地搜罗、调查和收购。国家图书馆收藏了 110 册。后来，商务印书馆捐赠国家图书馆 21 册，苏联列宁格勒大学移赠 11 册，天津市副市长周叔弢捐赠 1 册，以及苏联列宁图书馆转赠从日本满铁图书馆收缴的 52 册、苏联科学院捐赠的 1 册，加上民主德国（东德）总理捐赠的 3 册，共计 199 册。北京大学图书馆收藏 4 册，燕京大学图书馆收藏 1 册，加上私人收藏大约 14 册，大陆共拥有 216 册。另外，台湾也收藏了 8 册，包括当时南京中央图书馆 6 册、中央研究院历史语言研究所 2 册。这样，《永乐大典》现存 224 册。

《永乐大典》收藏情况一览表

国家	收藏者	收藏数量	备注
中国		224 册	
	国家图书馆	199 册	
		110 册	本馆所藏
		52 册	列宁图书馆捐赠
		21 册	商务印书馆捐赠
		11 册	列宁格勒大学捐赠
		1 册	周叔弢捐赠
		3 册	民主德国（东德）总理捐赠
		1 册	苏联科学院捐赠
	私人收藏	14 册	
	北京大学图书馆	4 册	
	燕京大学图书馆	1 册	
	民国南京中央图书馆	6 册	运往台湾
	民国中央研究院	2 册	运往台湾
日本		55 册	
	前大连满铁图书馆	51 册	苏联收缴转赠中国
	日本东洋文库	34 册	
	日本静嘉堂文库	9 册	
	日本天理图书馆	3 册	

续表

国家	收藏者	收藏数量	备注
	日本帝国图书馆	2 册	
	日本帝国大学图书馆	1 册	
	日本大阪府立图书馆	1 册	
	日本小川睦之辅氏	1 册	
	日本石黑传六氏	1 册	
	日本内藤乾吉氏	1 册	
	日本市谷村顺氏	1 册	
	日本上野精一氏	1 册	
美国		45 册	
	美国国会图书馆	40 册	
	美国康乃尔大学图书馆	5 册	
英国		37 册	
	英国牛津大学图书馆	12 册	
	英国大英博物馆	10 册	
	英国马登氏	9 册	
	英国伦敦大学	3 册	
	英国剑桥大学	2 册	
	英国伦敦图书馆	1 册	

《四库全书》之问世

《四库全书》的纂修，历时 10 年，四部内府抄写本先后告竣，分别入藏内廷四阁：紫禁城文渊阁，承德避暑山庄文津阁，御园圆明园文源阁，盛京文溯阁，合称内廷四阁。

《四库全书》，工程浩大，规模空前。

《四库全书》，共计 36283 册，收书 3474 种，共计 79039 卷，分装 6144 函。

《四库全书》存目，共计 6793 种，93551 卷。

纪昀画像

即纪晓岚，礼部尚书、协办大学士，曾主持编纂《四库全书》。

《四库全书》，分经、史、子、集四大部类，部下分44类，类下分65属。内容上，收录了自上古至清代所有重要著作。但是，尚在人世的作者著作不收，除乾隆皇帝之外。书中，收录了历代皇帝的全部御制作品，包括梁元帝《金缕子》，宋高宗《翰墨志》，清乾隆皇帝《日知荟说》《乐善堂文集》等。

史书记载："《四库全书》每部以香楠木两片上下夹之，约以绸带，外用香楠木匣贮之。书面皆用绢，经用黄，经解用绿，史用赤，子用蓝，集用灰色，所约带及匣是镌书名悉从其色。"

四库七阁

殿阁之制

文渊阁的名称最早见于明代，它作为皇家藏书楼建筑，最早建于明代太祖时期。明太祖朱元璋建都南京时，就创建了明宫最早的宫廷藏书楼文渊阁。明太祖始创宫殿于南京，即于奉天门之东，建文渊阁，尽贮古今载籍。明太宗朱棣打败侄子建文帝后，决定迁都北京。他吩咐按照南京皇宫规制，营建北京宫殿。《明实录》记载，明宣宗称：“太宗皇帝肇建北京，亦开阁于东庑之南，为屋凡若干楹，高亢明爽，清严邃密，仍榜曰文渊。”由此可见，在明初时，先后营建南京宫殿和北京宫殿，南京皇宫和北京皇宫分别建造了文渊阁。

明末时，北京文渊阁已不存在了，可能毁于明末战火，史料记载不详。

清代文渊阁有双重功能：一是殿阁大学士的称谓之一，一是宫廷藏书楼。

清顺治十五年（1658 年），清廷改内三院为内阁，设翰林院，正式确立殿阁大学士之制，“以大学士分兼殿阁，称中和殿大学士、保和殿大学士、文华殿大学士、武英殿大学士、文渊阁大学士、东阁大学士”，共四殿二阁大学士，构成王朝政务中枢成员。顺治十八年（1661 年），恢复内三院，撤除内阁、翰林院。康熙九年（1670 年），再撤内三院，恢复内阁、翰林院，其殿阁职衔，沿顺治十五年之制。乾隆十三年（1748 年），确定三殿三阁大学士之制：保和殿、文华殿、武英殿三殿和文渊阁、体仁阁、东阁三阁，以三殿三阁大学士为定制。殿阁大学士，相当于宰相。

清初，虽有文渊阁大学士之名，但在宫廷之中，却没有文渊阁，“本朝定

保和殿

保和殿宝座

制，以文渊阁为大学士兼衔，第仍其名而未议建设之地”。《四库全书》开始纂修以后，乾隆皇帝就开始考虑贮藏的问题。他说：“凡事，豫则立。书之成虽尚需时日，而贮书之所，则不可不宿构。宫禁之中，不得其地，爰于文华殿后建文渊阁以待之。文渊阁之名，始于胜朝，今则无其处，而内阁大学士之兼殿阁衔者尚存其名。兹以贮书所为，名实适相副。”

建筑规制

乾隆三十八年（1773年）二月，乾隆皇帝下令开设四库全书馆，正式编纂《四库全书》。第二年，乾隆皇帝下令专门建造收藏《四库全书》之所。乾隆皇帝知道，藏书之所是有讲究的。他知道，浙江宁波私人藏书家范懋柱，家中藏书甚富，听说其天一阁藏书楼：“纯用砖甃，不畏火烛，自前明相传至今，并无损坏，其法甚精。”

于是，他特旨杭州织造寅著：“亲往该处，看其房间制造之法若何？是否专用砖石，不用木植？并其书架、款式若何，详细询问，烫成准样，开明丈尺，呈览。”

当时，杭州织造寅著奉命前往查看，进奏：“阁共六间，西偏一间安设楼梯，东偏一间以近墙壁，恐受湿气，并不贮书。惟居中三间，排列大橱十口，内六橱前后有门，两面贮书，亦为可以透风。后列中橱二口，小橱二口，又西一间排列中橱十二口，总计大小书橱共二十六口。”

经过比较，乾隆皇帝亲自确定规制，下令按照天一阁建筑规制，在文华殿后建造宫廷藏书楼，“取其阁式，以构庋贮之所”。

文渊阁藏书

清代文渊阁，主要用于收藏《四库全书》《古今图书集成》。其结构虽然与宁波范氏天一阁相同，但藏书却多出一倍有余：

文渊阁是继文津阁、文源阁之后建成的，但四库本以文渊阁本最佳、入藏最早。

一层：经部 22 架；《四库全书总目考证》《钦定古今图书集成》12 架。

排架顺序由右向左，从东南角数起：

下层两侧：经部书 20 架。下层中间：《古今图书集成》12 架（每架宽 1.4 米，高 3.6 米，4 层，每层高 0.7 米）。中间暗层：史部书 33 架（每架宽 1.4 米，高 2.8 米，4 层，每层高 0.6 米）。上层之中：子部书 22 架。上层两侧：集部书 28 架（每架宽 1.4 米，高 4.2 米，6 层，每层高 0.66 米）。共计：四库 103 架，《古今图书集成》12 架。

文渊阁的建成，是清廷一件十分重大的事情，乾隆皇帝格外重视。皇帝经筵日讲，向无赐茶之例。清雍正年间，增赐茶之典，下旨于文华殿赐茶。文渊阁建成后，乾隆皇帝下旨，经筵之后，于文渊阁赐茶，以示重视。

乾隆四十七年（1782 年），皇帝御经筵，讲课毕，幸文渊阁赐宴，隆重招待《四库全书》修纂官员。

大殿宝座前设立御宴，阁内分别设立总裁官、总阅官、领阁事官、提举阁事官等宴席，阁外廊中设立总纂官、直阁事官员宴席，纂修官、校理官、总校官、分校官、提调官、检阅官等宴席，分别设于大殿丹墀内。

庭中台上，上演戏剧，皇帝临宴入座，命诸皇子率侍卫为诸大臣敬酒。所有与宴大臣赐座，进茶、进酒、进果品。宴毕，皇帝命诸皇子分颁恩赏总裁官等 9 人、总纂等官 77 人如意、文绮、杂佩、笔墨、砚笺等。皇帝设宴，主要纂修官员奉旨入宴，以示恩宠。其余没有与宴的誊录官员等人，分别颁赐宴席果品、食物。

乾隆皇帝对于文渊阁藏书的管理十分细致，圣谕明确到什么人充文渊阁检阅，在皇帝临御阁时站班，等等。

清道光年间，大臣曾国藩曾任文渊阁直阁校理，每年二月，侍从道光皇帝入阁看书，并因之得以日睹文渊阁本《四库全书》。曾国藩观览阁中藏书之后感叹："其富过于前代，所藏甚远，而存目之书数十万卷，尚不在此列。"

皇家特色

宫廷建筑在规模和形式上有其独特性，文渊阁与天一阁最主要的差异，在内部构造上：天一阁上下两层，文渊阁则是“明二暗三”的建筑，即外表看是重檐两层，实际上，上下之间的腰部还造了一个夹层，形成上、中、下三层。这种夹层建造方式，俗称“偷工造”。

文渊阁仿效天一阁的规制，在外观上也分上下二层，面阔六间，各通为一，沿袭了天一阁“天一生水，地六成之”的寓意。建筑构造上，为歇山式屋顶，水磨丝缝砖墙，深绿廊柱，菱花窗门，顶上覆黑琉璃瓦，而以绿琉璃瓦镶檐头，屋脊饰以绿、紫、白三色琉璃，浮雕波涛游龙。所有的油漆彩画均以冷色为主，营造出皇家藏书楼典雅静谧肃穆的气氛，而与整个紫禁城宫殿黄色琉璃、朱红门墙的暖色格调和喜庆氛围截然不同。并且，阁前还开凿方池，池上横跨石桥，池中引入金水河水；阁后则叠石为山，四周列植松柏，阁东侧碑亭内石碑以满、汉文镌刻乾隆皇帝所撰《文渊阁记》。可见，文渊阁的建制既参照了天一阁的规制，又根据传统的官式做法和皇家建筑的特殊身份而做了创造性的发挥。

这种俗称“偷工造”的建造方式，既美观大方，又节省工料，还特别实用，便于贮书，反映了清代宫廷建筑在工程设计和建造艺术上的高度技巧和水平。

皇家四阁

乾隆皇帝最初设想，《四库全书》修成以后，抄写四部，分别收藏在皇家之地，人称皇家四阁：“一以贮紫禁之文渊阁，一以贮盛京兴王之地，一以贮御园之文源阁，一以贮避暑山庄，则此文津阁之所以作也。”后来，乾隆皇帝觉得，江南是人文渊薮，士子们一心读书治学，为方便江南士子读书。也为了笼络汉族知识分子，他特下圣谕，在江南建造三阁，人称“南三阁”：文汇阁、文宗阁和文澜阁。皇家四阁，又称“北四阁”。

《四库全书》纂改前后，乾隆皇帝下令：在大内建造文渊阁，在圆明园建造文源阁，在热河行宫建造文津阁，在盛京建造文溯阁，收藏《四库全书》各一部，称为皇家四阁。

皇家四阁都是乾隆皇帝亲自命名的，分别为文渊、文源、文津、文溯，为何都有文有水？

乾隆皇帝这样解释：“四阁之名，皆冠以文，而若渊、若源、若津、若溯，皆从水以立义者，盖取范氏天一阁之为。”

乾隆皇帝认为，中国文化源远流长，如浩瀚江河，儒家经史子集，若文若渊，有流有派。他说：

> 文之时义，大矣哉！以经世，以载道，以立言，以牖民。自开辟以至于今，所谓天之未丧斯文也。以水喻之，则经者文之源也，史者文之流也，子者文之支也，集者文之派也。派也、支也、流也，皆自源而分，集也、子也、史也，皆自经而出。
>
> 故吾于贮四库之书，首重者经。而以水喻文，愿溯其源……盖渊即源也，有源必有流，支派于是乎分焉。欲从支派寻流以溯其源，必先在乎知其津。弗知津，则蹑迷途而失正路，断港之讥有弗免矣。

同时，乾隆皇帝特旨，以江浙人文渊薮，命令再缮三份《四库全书》，分别在江浙建造三阁加以收藏。三阁建成之后，乾隆皇帝亲自赐名：镇江金山寺为文宗阁，扬州天宁寺为文汇阁，杭州圣因寺为文澜阁。

承德避暑山庄著名的风景区“千尺雪”之后，就是文津阁，始建于乾隆三十九年（1774 年），第二年夏天就率先建好了，入藏一部《四库全书》，乾隆皇帝亲自题匾。前建趣亭，东有月台，西耸西山，完全仿照宁波范氏天一阁。

圆明园四达亭建筑的文源阁，稍晚于文津阁建成。紫禁城东华门内文华殿之北，建造文渊阁，乾隆四十年（1775 年）开始兴建，第二年建成。此阁也

册页一

清　谢遂　圆明园《楼阁图》册

共 8 页，描绘的全都是圆明园内的各式亭台楼阁。圆明园是一座大型的皇家园林。始建于康熙年间，扩建于雍正年间，后又修改于乾隆年间。园林既有皇家庄严的宫殿群，也有精致的亭台楼阁与灵巧的廊桥，以及众多假山、湖泊等。园中仿建了许多江南的名园胜景。例如，杭州西湖、苏州狮子林、南京瞻园等江南园林景致。圆明园经过多年的建造，在布局上因景随势，又运用了多种造园技巧，园内各景环环相扣，使人流连忘返。现为圆明园遗址公园。

册页二

册页三

册页四

册页五

册页六

册页七

册页八

是严格按照天一阁的建筑形式，精心建造。

沈阳盛京故宫的文溯阁，在“北四阁”中建筑最晚，建成于乾隆四十七年（1782 年）。乾隆四十七年，《四库全书》第一部修成，入藏七阁之首的文渊阁。每部书，以香楠木两片上下夹护，约以绸带，收贮于香楠木木匣之中。

宫廷职责

文渊阁建成之后，乾隆皇帝下令制定文渊阁官制职掌，以及阁书管理章程。乾隆四十一年（1776 年）六月，乾隆皇帝降谕，明确指示设立领阁事、直阁事管理阁中事务。

大学士舒赫德奉旨具体负责其事，他召集有关官员，详细议定文渊阁官制、职掌及管理章程。舒赫德等大臣奏称，参照宋代馆阁制度，议定：

一、设立文渊阁领阁事 2 人，以大学士、协办大学士、翰林院掌院学士兼充，总司典掌。

二、设立文渊阁直阁事 6 员，以由科甲出身之内阁学士，由内班出身之满詹事、少詹事、侍读学士、侍讲学士，以及汉詹事、少詹事、侍读学士、侍讲学士等官兼充，同司典守之事。

三、设立文渊阁校理 16 人，以内班出身之满庶子、侍读、侍讲、洗马、中允、赞善、编修、检讨，以及汉庶子、侍读、侍讲、洗马、中允、赞善、修撰、编修、检讨，及由科甲出身之内阁侍、读等官兼充，分司注册、点验之事。

四、内务府大臣兼充文渊阁提举阁事衔，负责日常管钥、启闭等事。

五、设文渊阁检阅官 8 人，由领阁事大臣于科甲出身之内阁中书内选任，于检曝书籍时，诣阁点阅。

经乾隆皇帝批准，文渊阁官制确定。

同年七月，乾隆皇帝任命大学士舒赫德、于敏中为文渊阁领阁事，任命署内阁学士刘墉，詹事金士松，侍读学士陆费墀、陆锡熊，侍讲学士纪昀、朱珪 6 人为文渊阁直阁事。同年十月，任命翰林官员翁方纲等 16 人为文渊阁校理。

宫廷装帧

《四库全书》卷帙繁富，为了便于识别和检阅，书册采用按部分色装裱，以不同颜色绢面，区别经、史、子、集各部书籍。乾隆皇帝指示，以经、史、子、集四部，各依春、夏、秋、冬四色：经部用青色绢，史部用赤色绢，子部用月白色绢，集部用灰黑色绢。以色分部，一目了然。经过多次讨论，最后确定全书经、史、子、集，按春、夏、秋、冬四季四色装潢。但到最后成书时，四部用色与最初的设想略有出入：经部用绿色，史部用红色，子部用蓝色，集部用灰色。乾隆皇帝有诗为证："浩如虑其迷五色，挈领提纲分四季。经诚元矣标以青，史则亨哉赤之类，子肖秋收白也宜，集乃冬藏黑其位。"《四库全书总目》，由于"此系全书纲领，未便仍分四色装潢"，故专"用黄绢面页，以符中央土色，俾卷轴森严，益昭美备"。

《四库全书》是内府精抄本，在用纸、装帧和贮藏诸方面都十分讲究。纸张上，选用浙江所产的特制宫廷开化榜纸，纸白质坚，吸墨性好。书册装帧上，采用绢面包背装，即书页正折，版心朝外，书页两边向书背，以纸捻订牢，用丝绢面包裹书背。

为了更好地保管和利用《四库全书》，乾隆皇帝指示制作精致的楠木书架、书函，分别标明经、史、子、集各部、册；每若干册书，编为一函，衬以夹板，束之绸带；书函一端，可以开闭；每函函面，端楷刻写全书名称、书函序号，以及所属部类和具体书名，饰以相应颜色。比如，《尚书详解》一函六册，函面刻写"钦定四库全书第二百七十函经部尚书详解"，字迹均为绿色。

按册装函之后，四部书籍，按相应部类顺序，放入书架之中。

为便于查阅，宫中特别绘制了《四库全书排架图》。

宫廷管理

《四库全书》入藏以后，文渊阁各项管理工作正常运转起来。领阁事管理日常事务，总司其责。提举阁事，负责具体事务，督率所辖内务府司员，从事看守、收发、扫除等各项杂务。直阁事、校理、检阅各员，每日轮流入值，负责书籍的查点、检阅等事。

为便于管理，乾隆皇帝指示，在文渊阁东边的上驷院，拨出房屋十余间，作为领阁事、提举阁事大臣，并直阁事校理、检阅等官，以及内务府司员、笔帖式等人入值办事之所。

当时，宫廷管理规定：

一、除内务府官员之外，直阁事校理、检阅等官员，每日轮派二人当值。

二、辰入申出，率以为常。

三、遇有查取书籍时，由当值校理经管，随时存记，以备查核。

四、一切上架、启函、翻检、点阅等事，由检阅各官会同内务府官员办理。

五、直阁事官，不时赴值，会同照料。

六、凡遇当值，皆由官厨供应午餐，午后乃散。

七、日常入值之外，每年定时曝书：原拟章程，参照宋代秘书省每年仲夏曝书，后定于每年五六月间曝书；藏书入阁后，依照宫中各处书籍曝书成例，确定每年三、六、九月晾晒书籍。

文渊阁曝书，成一时盛事：领阁事、提举阁事大臣率直阁事、校理、检阅、内务府司员、笔帖式等各级官员人等，齐聚一堂，将插架诸书，按部请出，交校理各官登记档册；检阅各官逐一翻晾，完毕，敬谨归入原函。

文渊阁所设各项官职，分别由内阁、翰林院、内务府和奉宸苑等衙门派员兼任，时间一长，问题就出来了：职责不清，互相扯皮。每年按季曝晒书籍，也只是应付差事。乾隆皇帝发现了这些问题，他指示由提举阁事专门负责：

“文渊阁提举阁事一员，系由总管内务府大臣兼充，其司员以及看守扫除之人，皆其所辖，呼应较灵……交提举阁事一人专为管理，其领阁、直阁、校理、检阅等官，俱作为兼充虚衔，不必办理本阁事务。”

每年数次曝书成例，乾隆皇帝说：

“各书装贮匣页用木，并非纸背之物，本可无虞蠹蛀。且卷帙浩繁，非一时所能翻阅，而多人抽看曝晒，易至损污；入匣时，复未能详整安贮，其弊更甚于蠹蛀……嗣后，止须慎为珍藏，竟可毋庸曝晒。其地面一切，亦无须奉宸苑经理。庶专司有人，而藏书倍为完善。”

曝书工作，就此停止。

《四库全书总目》

《四库全书总目》，为我国古代最浩大的官修图书目录。《四库全书》的馆臣们，对誊录入库的3400余种图书（称“著录书”）和抄存卷目的6700余种图书（称“存目书”）全部写出提要，这就是《四库全书总目》，又称《四库全书总目提要》，或简称《四库总目》。

《四库全书总目》，自乾隆三十八年（1773年）开始编修，至乾隆四十六年（1781年），初稿基本完成。从此以后，这部中国历史上最大的一部丛书总目得以广泛流传。这部大型丛书总目，主要版本有两种：一是浙本系统，二是殿本系统。时至今日，还有人持有浙版翻刻殿本。

乾隆六十年（1795年）十月，浙江布政使谢启昆等刊竣《四库全书总目》200卷卷首一卷，底本是文澜阁所藏的写本《四库全书总目》125册。这是《四库全书总目》的第一部刻本，称为浙本。浙江刻本的底本，就是七阁之五的文澜阁藏本。

文澜阁所藏《四库全书》，其写本《钦定四库全书总目》125册，分为四部。《四库全书总目》，分置《四库全书》经、史、子、集四部之首。

嘉庆二十五年（1820年），杭州承办盐商吴恒聚等人，承造《文澜阁四库全书书目清册》之中，同时载录了《钦定四库全书考证》100册，分隶库书经、史、子、集四部；《钦定四库全书简明目录》8册，置于全书之首。三部珍籍，皆为写本。《清册》之中，没有武英殿刊本，或者武英殿聚珍本之记载。

《四库全书总目》200卷，乾隆四十六年（1781年）二月，全书编纂完成。乾隆四十七年（1782年）七月，修改审定，成为定稿。乾隆皇帝降旨，拟缮写正本四份，分别收藏于文渊阁、文源阁、文津阁、文溯阁，由这皇家四阁收藏、陈设，并且“请交武英殿刊刻颁行”。

因为《四库全书》规模浩大，各馆之中，尚有未成之书，须要续纂提要，按照不同部类归入各部。所以，直到乾隆五十一年（1786年），副总裁曹文埴才正式上疏，奏请刊刻，并缮写式样。然而，因为随后查出李清等人之违禁书籍，乾隆皇帝降旨，《四库全书总目》再经反复覆查、修改。乾隆六十年（1795年）十一月，《四库全书总目》正始由武英殿刊刻、刷印、装潢，是为最为珍贵的武英殿刻本，简称殿本。

《四库全书总目》，从编纂到武英殿刻本问世，前后历时大约15年。在这期间，《四库全书总目》一直处于纂修、修订、审核、调整、删改等状态。武英殿刻本和浙本，基本上是同年问世。从时间上说，浙本略早殿本一个月。因此，坊间所称“浙本翻刻殿本”说法，纯属无稽之谈。

清同治七年（1868年），广东以浙本为底本，进行翻刻，称为粤本。

《四库全书总目》三种刻本，以宫廷刻印的武英殿刻本版本最佳，以浙本流传最广。

四库提要

《四库全书总目》200卷，著录图书3401种，79309卷；存目6793部，93551卷，合计10321种，172860卷。可以说，《四库全书总目》，基本上囊括了清乾隆以前中国古代几乎所有的重要古籍，特别是元代以前的珍贵古籍更加完备。全书纲举目张，分为经、史、子、集四大部类；大类之下，细分为小类；小类之下，再分子目。每大类和小类之前，均有小序；子目后面，均有按语，简要说明此类著作之发展源流，以及划分类、目之理由。

《四库全书》内容十分丰富。4 大部类，下分 44 小类、66 属。

经部，包括：易类、书类、诗类、礼类、春秋类、孝经类、五经总义类、四书类、乐类、小学类 10 个大类。其中，礼类，分为周礼、仪礼、礼记、三礼总义、通礼、杂礼书 6 属；小学类，分为训诂、字书、韵书 3 属；

史部，包括：正史类、编年类、纪事本末类、杂史类、别史类、诏令奏议类、传记类、史钞类、载记类、时令类、地理类、职官类、政书类、目录类、史评类 15 个大类。其中，诏令奏议类，分为诏令、奏议 2 属；传记类，分为圣贤、名人、总录、杂录、别录 5 属；地理类，分为宫殿疏、总志、都会郡县、河渠、边防、山川、古迹、杂记、游记、外记 10 属；职官类，分为官制、官箴 2 属；政书类，分为通制、典礼、邦计、军政、法令、考工 6 属；目录类，分为经籍、金石 2 属；

子部，包括：儒家类、兵家类、法家类、农家类、医家类、天文算法类、术数类、艺术类、谱录类、杂家类、类书类、小说家类、释家类、道家类 14 大类。其中，天文算法类，分推步、算书 2 属；术数类，分为数学、占候、相宅相墓、占卜、命书相书、阴阳五行、杂技术 7 属；艺术类，分为书画、琴谱、篆刻、杂技 4 属；杂家类，分为杂学、杂考、杂说、杂品、杂纂、杂编 6 属；小说家类，分为杂事、异闻、琐语 3 属；

集部，包括：楚辞、别集、总集、诗文评、词曲 5 个大类。其中，词曲类，分为词集、词选、词话、词谱词韵、南北曲 5 属。就著者而言，包括：帝王、大臣、文人、隐士、妇女、僧人、道家、宦官、军人、外国人等各类人物。

《四库全书总目》，又称《四库全书总目提要》《四库提要》，清礼部尚书、协办大学士纪昀为总纂官。纪昀称："余于癸巳受识校书，弹仆年之力，始勘为总目二百卷，进呈乙览。"

《四库全书总目》，清晰地著录了清乾隆以前包括哲学、史学、文学以及科学技术等诸方面之文化典籍一万余种，是中国收书最多的古代目录著作。书中，专门写有内容提要，以及相关评论，为后世学者研究中国古代社会之政治、经济、文化、历史，提供了一部翔实、系统的珍贵书目。

《四库全书》是由乾隆皇帝钦定的大型文化工程。《四库全书总目》是乾隆皇帝督办的官修书目。在古籍图书的选定、内容提要的撰写，以及相关评论等选择方面，都反映了以乾隆皇帝为代表的统治阶层的观点。

《四库全书》的流传

《四库全书》是中国古代最大的一部官修百科全书，79000余卷，分装3600册。“四库”的称谓，最早始于初唐，其皇家书库藏书，按照经、史、子、集4大部分类收藏，称为“四部库书”，人称“四库之书”。《四库全书》卷帙浩繁，在世界上也是独一无二的。

据专家统计，全书8亿余字，约230万页。

如果一个人一天读2000字，一年365天读72万字，读整整100年，也是读不完的。

根据乾隆皇帝的指示，这套全书，先后抄写了7套，分别收藏于皇宫、行宫和江南各地。目前，7套书，只剩下3套半。

文渊阁本在台北故宫博物院，文渊阁、文渊阁本书架和纪昀手书内府本《钦定四库全书简明目录》依旧在北京故宫博物院。

文津阁本，由中国国家图书馆收藏。

文溯阁本，由甘肃省图书馆收藏。

半部是文澜阁本，在太平天国战火之中损毁过半，后屡经抄补，基本齐全，今藏于浙江省图书馆。

圆明园文源阁本和江南文宗阁本、文汇阁本3套，在中外战火中被毁，已荡然无存。

《四库全书》的纂修及其完成，并不是一帆风顺的，也是经历了坎坷，与修大臣因之多次遭到处罚。

较严重的一次，就是遗失《四库全书》底本30余种。总裁官王杰郑重参奏，乾隆皇帝震怒，以陆费墀专责提调，前后数年，事出其一人之手，命将其解任，收监审讯。后来查明，底本没有遗失，实在是因为书卷浩繁，收发不清所致，别无情弊。乾隆皇帝这才释怀，下旨将陆氏复职。

可是，因校纂《四库全书》失职，乾隆皇帝再次震怒，纂修尚书纪昀罚令重缮应行赔写之书，提调官陆费墀这一次也是在劫难逃，被革去其提调官之职，罚令出资装潢文汇阁、文宗阁、文澜阁三阁书函。

第四章

解密《富春山居图》

黄公望

师从赵孟頫

元代画家黄公望（1269—1354 年），字子久，号一峰，别号大痴道人、井西老人。他是浙江富阳（一说浙江温州，一说江苏常熟）人，是元代著名的山水画家。

黄公望、王蒙、倪瓒、吴镇四人（一说为赵孟頫、吴镇、黄公望、王蒙），并称“元四家”。

黄公望大名鼎鼎，可是，这位著名的画家，其实不姓黄，本姓陆，名坚。他的父母早逝，幼年成为孤儿。因为家徒四壁，无依无靠，他被过继给永嘉富翁黄氏。于是，他改名换姓，称为黄公望。

黄公望自幼聪明好学，勤奋刻苦。长大以后，他博览群书，天文、地理、书法、绘画，无不通晓。黄公望尤其工书法，通音律，善作曲。如此才子，却生活艰辛，他饱经坎坷，对世态炎凉，感受极深。

黄公望学习绘画，起步较晚。但是，他天赋极好，且醉心于绘画。据研究，他对所绘青山绿水，绝不想象、虚构，必定亲临实地，仔细考察，在写下大量素描速写，胸有成竹之后创作新作品。他的绘画作品，千沟万壑，丘陵起伏，峡谷幽深，山高水长，栩栩如生，真是妙笔生花。

他的用笔独树一帜，尤其善用湿笔，人称“披麻皴”，为后世画师们所喜爱和推崇。

他博学多才，著书立说，撰写《写山水诀》《论画山水》等书，成为后世

元　倪瓒　《紫芝山房图》轴
现藏于台北故宫博物院。

的经典教材。

他的绘画笔法，有传承，有创新。最初，他学宋初的董源、巨然。后来，他转学元大画家赵孟頫，终成为赵氏一派的代表人物。

改号“大痴”

黄公望是一位理想主义者，曾经对生活充满幻想，满怀豪情。他庆幸自己充任浙西廉访使署中年轻的书吏，曾经豪情满怀地投身于工作，代表政府经办田粮征收事宜。然而，现实生活极其残酷，也可怕，到处是盘剥，到处是黑幕，他看着眼前的一切，感觉十分痛苦。

但是，黄公望决不苟且，决不同流合污。可是，祸从天降，上司贪污，他受到牵连。接着，他被人诬陷下狱，受尽折磨。出狱以后，他大彻大悟，改号“大痴”。从此以后，他的人生观彻底改变了，不报考，不当官，不问政事，终日放浪山水，漂泊江湖。

后来，黄公望信奉一种全新的道教，称为“全真教”。他十分虔诚，成为一位道法高深的清修道士，卖卜算卦，云游江海，浪迹于杭州、松江各地。大约五十岁时，他才开始专心致志地绘画，尤其是山水创作。

黄公望的天赋很高，有很深的绘画功底，画艺日臻完美，达到了出神入化的境界。到晚年的时候，他酷爱富春山水，特地在富春山筲箕泉（今富阳市东郊黄公望森林公园内）旁边，选择一块风水极佳之地，结庐定居。随后，他创作了一幅震惊后世的传世杰作《富春山居图》。

痴迷绘画

黄公望，喜爱大自然。早年，他师法北宋大画家董源。所以，他的绘画作品，以董氏画法为基础，汲取了董源、巨然、赵孟頫等各大名家之所长，师法自然，最终成自己的独特艺术风格。

黄公望，以山水画见长，他的山水画画风独特，主要分为两类：

一是浅绛色系列，描绘的是山头、岩石，笔势雄劲，浑厚广阔。

二是水墨系列，用笔少皴纹，画意简洁辽远，浑厚华润。

黄公望的独特个性、特殊画风，以及他不懈的追求和卓越的艺术成就，使他独步于当世，犹如兀峰挺立，对当世和后世的绘画艺术产生了巨大的影响，被推为“元四家”之首。

《富春山居图》

灵感来源

据称，黄公望创作绘画，必定亲自踏勘实景。动笔之前，他会走遍每一个山峰，每一条峡谷，每一座丘陵，每一个山岭。所到之处，眼看，手写，随手绘出大量的素描，以备正式创作之需。

黄公望爱山，爱水，爱故乡。他与富春山，有着不解之缘：他生于富阳，长于富春山，晚年则结庐于富春江。一生之中，绝大多数时间，他游历于名山大川。但是，走遍山山水水，他觉得，还是对富春山、富春水，感情最深，情有独钟。

黄公望晚年时，结庐于富春江畔的筲箕泉。在那里，他十分安静地定居下来，度过了晚年最美好的时光。

正是在那个夕阳无限好的日子里，黄公望以饱满的热情、深刻的洞察力、细致优雅的笔触和出神入化的精湛画技，创作了《富春山居图》。

作品赏析

《富春山居图》，纵 33 厘米，横 636.9 厘米，是一幅以富阳地区的富春江为背景的江南山水长卷。动笔之前，黄公望细心筹划，巧妙构思，不分昼夜地奔波在景色宜人的富春江两岸。他长时间地观察日出，欣赏落霞，审视江岸两边云蒸霞蔚的不同景色，观察青山峡谷中云雾茫茫的奇妙变幻，领略滔滔大江的奔腾汹涌，感觉山峰、幽谷、钓矶、浅滩的险奇之胜。

黄公望十分勤奋，随身携带纸笔，风雨无阻，有感而发，随时写生。美丽的富春江两岸和宜人的富春山山麓，以及山中的许多山村小寨，都留下了他辛勤奔波的汗水和决不服老的足迹。雄伟的富春山，美丽的富春江，高山峡谷、山山水水，自然而然、水乳交融般地融入了他的绘画作品之中，成就了不朽的《富春山居图》。

据研究，创作《富春山居图》时，黄公望已经七十二岁高龄了，是他特地为好友无用师和尚所绘的一幅作品。这幅杰作，始绘于元顺帝至正七年（1347年），完成于至正十年（1350年），加上前期筹划、准备，用了大约八年时间。

《富春山居图》，以浙江富春江为背景，整体画面清秀、淡雅，气势非凡。《富春山居图》，6米有余的山水长卷，巍峨浩荡，气势磅礴，生动地展现了富春江一带初秋时期的迷人景色：青翠的山峰巍峨耸立，丘陵起伏，层林尽染。山间小径蜿蜒，峰回路转，林木葱茏。江流浩渺，沃野如茵，沙町烟雾迷蒙。绿树掩映着村舍，水波荡漾，渔舟出没。远山重峦叠嶂，云烟缥缈。近树莽莽苍苍，疏密有致。深壑幽谷，小桥茅舍，飞泉流瀑。

这幅山水长卷，疏密有致，布局精细，从山林的平面向山体纵深和河流拓展，画面极具立体感，空间上留白较多，显得真实自然，感觉恬静、舒适。笔墨技法方面，有继承，有创新，特别是淡赭色的巧妙使用，开创了一种独特的山水画风。这种画风，是黄公望的首创，人称“浅绛法”。

从画风上看，黄公望的山水画，继承了大画师董源、巨然的绘画风格；在运笔上，亦深受大画家赵孟頫的画风熏陶。

黄公望善于吸取营养，融会贯通。他特别注重吸收画坛巨匠的艺术营养，融会他们的创作成就，将自己的艺术感知和大自然的天然美景融为一体，形成别具一格的独特画风，自成一家。他喜欢以浅绛色描绘山峰和矾石，气势磅礴，雄浑壮美；他的画作，水墨皴纹较为稀少，用笔简洁，意境辽远，飘逸有致。这就是他的独特画风和独特韵味，所谓“峰峦浑厚，草木华滋”。这幅画作，空灵飘逸，气度雄浑，神韵直透纸背，世人视为极品，誉为“画中之兰亭”。

其他作品

据称，黄公望创作的绘画作品有一百余幅，其传世之作，极其珍贵，主要包括：《仙山图》《芝兰室图》《江山胜览图》《皤溪渔隐图》《雨岩仙观图》《天池石壁图》《陡壑密林图》《秋山幽寂图》《浮岚暖翠图》《九峰雪霁图》《富春大岭图》《秋山无尽图》《快雪时晴图》等。

黄公望博学多才，著述甚丰，主要著作包括：《大痴道人集》《写山水诀》《论画山水》等。

劫后余生

辗转流传

据史料记载，黄公望去世以后，大约 300 年间，他的《富春山居图》真迹声名鹊起。随后，随着名气日盛，此图多次转手，竞相被名家收藏。

元至正十年（1350 年），黄公望完成《富春山居图》之后，亲笔题款，送给无用上师。因此，无用上师就是《富春山居图》的第一位藏主。

从此以后，《富春山居图》开始了它在人世间数百年的坎坷历程。

据称，当时，无用上师见到此画十分惊异，接着，却忧心忡忡，“顾虑有巧取豪夺者”。

果然，不幸被大师言中。

明成化年间，此画辗转流传，传到沈周手中。沈周十分喜爱此画，一边辟专室收藏，一边观赏、体会，无数次地在心中默默临摹此画。不幸的是，沈周遭遇了“巧取豪夺者”。

沈周误交朋友，最后，与此画失之交臂。沈周痛定思痛，最后，通过自己默绘，只得背临一卷。

《富春山居图》真迹，先后传经樊舜、谈志伊、董其昌、吴正志诸人之手。

吴洪裕爱画如命

清顺治年间，吴氏子弟，宜兴收藏家吴洪裕得《富春山居图》，十分珍爱，甚至胜过自己的性命。

据恽南田在《瓯香馆画跋》中记载，明亡之际，生死关头，吴洪裕置其家藏于不顾，唯独随身携带《富春山居图》和智永法师《千字文》真迹，逃难他乡。

吴氏是宜兴人，这里是宫廷紫砂壶的特贡之地，经济繁荣，人文兴旺。

吴洪裕生活富裕，一生爱好收藏，特别喜爱古画。对于此画，他爱不释手，简直到了痴狂的程度。每天，他必须将此画带在身边；吃饭、睡觉之时，绝不能让此画离开左右。

据说，他曾特别吩咐家人和随从：无论什么时候，不管天灾人祸，一定都要带着它；兵荒马乱之时，即使是逃难，什么东西都可以不要，一定要带上这卷《富春山居图》。

劫后余生

有一天，吴洪裕病倒了，很快进入生命垂危状态。可是，家人感觉奇怪，他奄奄一息，气如游丝，什么也不吩咐，只是目不转睛地死死盯着枕头边的画匣。一下子，家里人明白了，这位爱画如命的老爷，是念念不忘他钟爱一生的那幅山水画，临终之际，他仍然依依不舍。于是，家人取来画匣，拿出画作，慢慢地将画展现在他的面前。

奇迹出现了：面无血色的吴洪裕脸色竟红润起来，一双呆滞的眼睛突然炯炯有神，放射出惊人的光彩。他动了几下嘴唇，眼角滚落两行热泪，吃力而清晰地吐出一个字：烧。

说完以后，他轻松地闭上了眼睛。在场众人听了这声吩咐，都惊呆了。很显然，吴老爷爱画如命，在弥留之际，还惦记着自己心爱的宝贝，临终时吩咐焚画殉葬！这件被烧掉的画，正是《富春山居图》。

这幅《富春山居图》是吴家的镇宅之宝，也是吴家的传家宝，传到吴洪裕手里，已经是第三代人了。就这样，听吴家老爷吩咐，传家宝被取了出来，在众目睽睽之下，一代名画被丢入火中。据记载：“先一日，焚《千字文》真迹，（吴洪裕）自己亲视其焚尽。翌日，即焚《富春山居图》，当祭酒以付火。到得火盛，洪裕便还卧内。”

在千钧一发之际，人群中突然蹿出一个人来，他扑向火堆，毫不犹豫地从火中抢出这幅名画，将火扑灭。这个人，正是吴洪裕的侄子吴子文。当然，为了孝道，尊重吴洪裕的遗嘱，吴子文在抢救这幅画的同时，往火中投进了另外一幅画，从而换出了这幅《富春山居图》。

虽然火扑灭了，但这幅名画的中间还是烧出了一排连珠洞，并且断为两截，分成一大一小的两段。

一分为二

《富春山居图》真迹，烧成了两段。吴家面对此画，深感痛惜。经过深思熟虑，吴家决定将真迹之两段，分别加以装裱：

真迹启首一段，没有火烧的痕迹，装裱之后，画幅小，画面较为完整，人称《剩山图》。

真迹的另一段，保留原画的主体内容，有明显的火烧痕迹。在装裱的时候，为了掩盖火烧痕迹，特意将原本位于画尾的董其昌题跋切割下来，经过精心装裱，放在画首。后半段，画幅较大，幅面较长。但是，此段画面损坏严重，有火烧痕迹，修补的地方较多，人称《无用师卷》。

重新装裱之后的《无用师卷》，是《富春山居图》的主体。从画幅上看，《无用师卷》，虽然不能得见原画的全貌，但是，画师黄公望的整体绘画主旨，以及他想表达的文人节操、生活情趣，他想展示的富春山的山水美景，基本上较为概括地保留了下来。可以说，这是一幅新风格、新画风的作品，是开创中国山水画具有划时代意义的传世巨作。

从此以后，这件稀世珍品《富春山居图》一分为二，也开始了它们各自极不平凡的传奇经历。

元高士黄公公望
少舉神童博綜羣藝善寫山水法荖
通綵
乙卯人日後學王問忠錄五百名賢圖贊

剩山圖者盖黄大癡先生所作富春山圖前一
段也自先生富春圖出膾炙古今天下人之久
吾家梅景書屋所藏第一名迹潘靜淑記

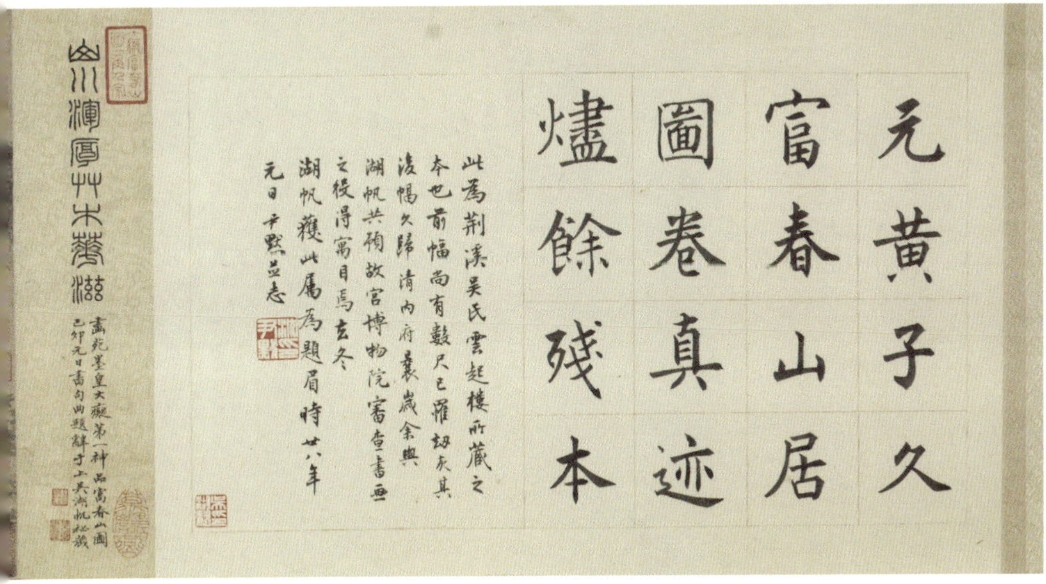

《富春山居图·剩山图》

《富春山居图》之前半卷，现藏于浙江省博物馆。

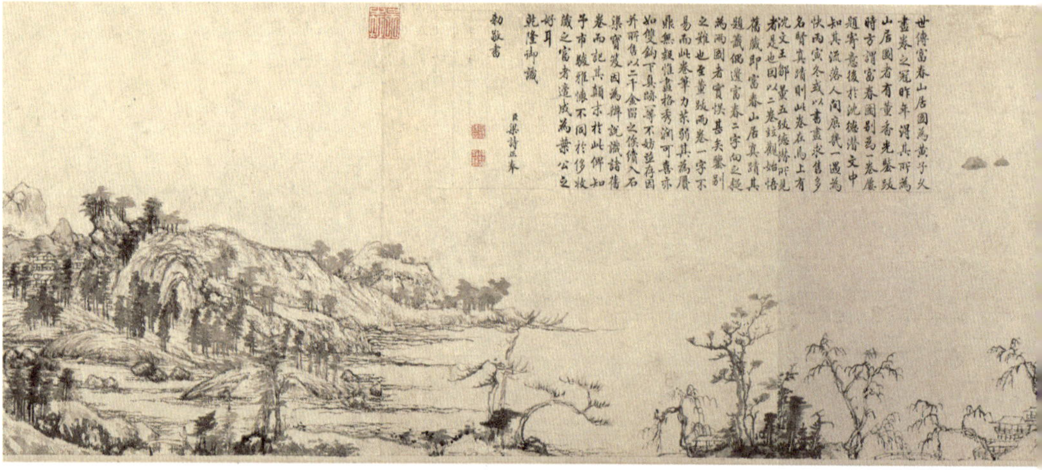
世傳富春山居圖為黃子久
畫卷之冠昨年得其所為
山居圖者有董香光鑒跋
時方謂富春圖別為一卷磨
題寄意後於沈德潛文中
知其流落人間庶幾一遇為
快丙寅冬或以書畫求售多
名蹟真蹟則此卷在焉上有
沈文王鄒董五跋德潛所見
者是也因以二卷較觀始悟
舊藏即富春山居真蹟其
題識偶遺富春二字向之疑
為兩圖者實誤甚矣鑒別
之難也董跋兩卷一字不
易而此卷筆力茶弱其為贗
鼎無疑惟畫格秀潤可喜亦
如雙鉤下真跡一等不妨並存因
并所售以二千金留之俟續入石
渠寶笈因為辨說識諸舊
卷而記其顛末於此俾知
予市駿雅懷不同於侈收
藏之富者遂成為葉公之
好耳
乾隆御識
臣梁詩正奉
敕敬書

《富春山居图·无用师卷》

《富春山居图》之后半卷，现藏于台北故宫博物院。

古大癡長卷昔在石田先生處既失去乃想像為之遂還舊觀而吾獲焉推契公得之是成化丁未歲也至弘治改元為推公後得之不識可謂之合璧矣今文為吾里重所得豈石田所謂擇其人而授之者耶里重來南京出二卷相示而題其後
隆慶庚午胃後學文彭記

隆慶辛未中秋後三日敬觀於梁溪
談氏澂懷閣　太原王穉登
百谷閱後四十二日周天球在天籟堂得併觀二卷者彌日

余生平喜畫師子久每對知者論子久畫書中之右軍也聖矣至若富春山圖筆端變化鼓舞又右軍之蘭亭也聖而神矣海內賞鑒家願望一見不可得余辱問卿知余有三見竊幸之矣問卿何緣乃與之周旋數十載置之枕籍以卧以起陳之座右

今不三四十年如春花飄零雲煙解散而山人筆墨長留人世間洵穠華難久而淡寂者多味外味也雍正戊申觀於黃鸝坊某氏時六月二日

戊申歲於黃鸝坊某氏閱黃子久富春山居圖時儼齋王司農家人持卷求售索直千金吳中無大力者將之維揚後亦不知所之矣乙卯秋予寓京師程子蒓江於安氏借得此卷邀予往觀不啻重見故友也畫在明代為白石翁物後歸樊節推宗後歸吳明卿入
國朝歸高江村後歸王儼齋迄今在三韓安氏予既幸前賢名跡流傳人代著有鬼物呵護其間又以文人學士不能有之而為之主者惟侈寶玩之多賈直之重以為豪舉此卷亦未為得所也後有如白石翁者或更當歸之

右沈德潜二跋　臣金士松奉
乾隆丙午仲冬月
勅補書

此石渠寶笈次等黃公望富春山居圖乃安岐舊物沈德潜所為兩跋自明沈周至
本朝高士奇王鴻緒所珍藏歎賞者及歸
天府以校石渠舊藏富春山居圖始知公望真蹟久登
秘笈是卷特仿本之佳者耳夫家有敝帚享之千金其境地相遠淆於流別者更何足道若沈周以下皆數百年來所稱賞鑒家而此幅又致佳本當其贊美題識流傳珍弆固自以為人世希有壯觀而不知一邱一壑之勝不足與語岱嵩溟渤之境一吟一詠之美不足與入禮樂文章之府也至伏讀
御製題公望真蹟記因一事獲三益觸類於出治用人即古人一筆墨之妙而觀其道見其大蓋無在非
精義要道之發以公望之靈思神筆具仰
睿賞之有真而即此規仿精良者亦登次等道無棄材義有差等仍
命書沈德潜兩跋於是卷末更徵
化裁含覆之廣大也夫　臣梁國治　臣劉墉　臣曹文埴　臣彭元瑞　臣王杰　臣金士松　臣董誥拜手稽首恭跋　臣金士松敬書

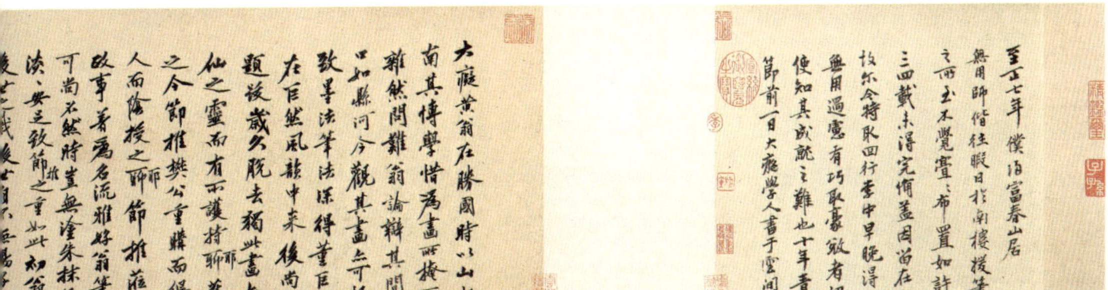

至正七年僕歸富春山居無用師偕往暇日於南樓援筆寫成此卷興之所至不覺亹亹布置如許逐旋填劄閱三四載未得完備蓋因留在山中而雲遊在外故爾今特取回行李中早晚得暇當為著筆無用過慮有巧取豪敚者俾先識卷末庶使知其成就之難也十年青龍在庚寅歜節前一日大癡學人書于雲間夏氏知止堂

大癡黃翁在勝國時以山水馳聲東南其博學惜為畫所掩所至三教之人雜然問難翁論辯其間風神疏逸口如懸河今觀其畫亦可想見其標致墨法筆法深得董巨之妙此卷全在巨然風韻中來後尚有一時名筆題跋歲久脫去獨此畫無恙豈翁在仙之靈而有所護持耶舊在余所既失之今節推樊公重購而得又豈翁擇人而陰授之耶節推莅吾蘇文章政事著為名流雅好翁筆特因其所尚耳不然時豈無塗朱抹綠者其求墨淡淡要足致節推之重如此初翁之画亦未必期

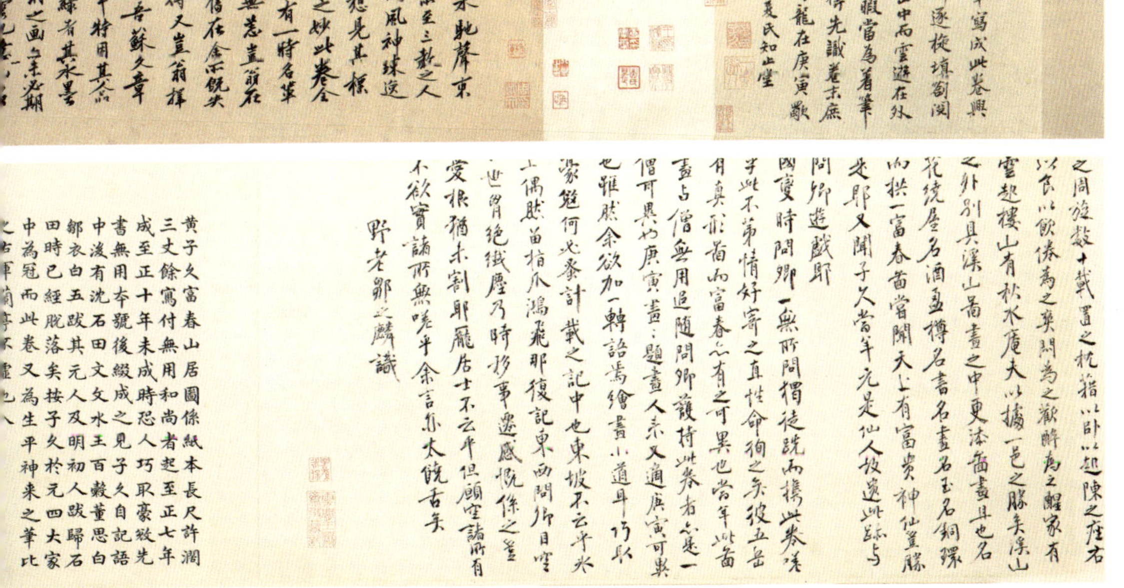

之周旋數十載置之枕籍以卧以起陳之座右以食以飲倏為之笑閒為之歎醉為之醒家有雲起樓山有秋水庵夫以據一邑之勝矣溪山之外別具溪山圖畫之中更添圖畫且也名花繞屋名酒盈樽名書名畫名玉名銅環而拱一富春圖嘗聞天上有富貴神仙豈勝是耶又聞子久當年元是仙人故遺此跡與問卿遊戲耶

國寶時問卿一無所問獨徒跣而攜此卷從事此不第情好寄之直性命殉之矣彼五岳有真形而富春亦有之可異也嘗年此圖畫占僧無用追隨問卿護持此卷者亦是一僧可異也庚寅畫畫題畫人亦又適庚寅可異也雖然余欲加一轉語焉繪畫小道耳何取家筵何必參計載之記中也東坡不云乎水上偶然留指爪鴻飛那復記東西問卿目空一世胸絕纖塵乃時移事遷感慨係之豈愛根猶未割耶龐居士不云乎但願空諸所有不欲實諸所無嗟乎余言亦太饒舌矣

野老鄒之麟識

黃子久富春山居圖係紙本長尺許濶三丈餘寫付無用和尚者起至正七年成至正十年未成時恐人巧取豪敚先書無用本號後綴成之見子久自記語中後有沈石田文文水王百穀董思白鄒衣白五跋其元人及明初人跋歸石田時已經脫落矣按子久於元四大家中為冠而此卷又為生平神來之筆比

沈周哭临

沈周珍藏

清初时，《富春山居图》不止一件在流传。吴洪裕收藏了《富春山居图》正品，还有另一幅，就是《富春山居图》的临摹品。

这件《富春山居图》临摹品，涉及明代著名书画家沈周。

沈周，字启南，号石田，别号白石翁，长州（今江苏苏州）人。他博览群书，擅长诗文书画，以画闻名，论画者认为他是明世绘画第一人。他善画山水、花鸟，融合各家之长，融会贯通，形成自己独特的风格：景色葱茏，景物苍郁，画面深邃，笔力坚实，细笔缜密，画意豪放，人称“细沈”。

沈周是吴门画派的鼻祖，有《客座新闻》《石田集》《石田诗钞》《石田杂记》《江南春词》等著作传世。

明宪宗成化年间，一代名画《富春山居图》辗转传到了沈周的手里。沈周爱不释手，将这幅画挂在墙上，每天观赏，看的时间长了，就看出了一个问题：这件赫赫有名的画作，上面竟然没有一个名人的题跋！

想到这里，沈周很激动，一定要让名人在画上题跋，这幅画才算完整。

痛失名画

沈周是大画家，非常单纯，没有想过人性的贪婪和丑恶，更不会想到朋友会见利忘义。

沈周一时真的昏了头，整天一心想着请什么人题跋，题什么字，题写此画收藏经过，还是即兴写一首词，赋一首诗，等等。

几天几夜，特别奇怪的是，他竟然压根儿就没有想过，像这样的稀世之宝，一旦面世，交到别人手中，真会完璧归赵？

沈周不知道，《富春山居图》真迹，真的是引人垂涎。

收藏家如果收藏了珍贵藏品，通常情况下，往往会悄悄地收藏于最隐蔽的地方，绝不可能告诉外人，更不会大张旗鼓地张扬，更何况是稀有珍品！

后来，沈周物色好了一位名人，也是自己结交多年的朋友。他认为，这位朋友德高望重，与自己是生死之交，是一位品德高尚之人，值得把这幅名画交给他题跋。

这幅名画，就这样交到了朋友的手里，然而意想不到的事情发生了。

这位朋友，见到这幅名画之后，喜出望外，惊愕不已。他有点不敢相信自己的眼睛，更不敢相信这是真的，觉得沈周是呆了还是傻了，竟然这么轻易地将一代名画交到他的手中。

这位朋友的儿子是位奸诈商人，知道这幅名画是无价之宝。不知道是这位朋友的授意，还是他的儿子见到名画之后，心生歹念，结果，这幅名画，从此失踪了。

无奈临摹

时间一天天流逝，朋友还是不还《富春山居图》。

沈周等待、期盼，再等待、再期盼。最后，沈周几乎急疯了，天天往朋友家跑，逼朋友还画。可是，那个朋友答复沈周："画没了，被人偷了。"

沈周面对朋友，欲哭无泪。

事实上，这幅名画，已经悄悄地被高价出卖了。

有一天，一个偶然的机会，沈周在一个画摊上，再次见到了自己那幅被卖掉的《富春山居图》。他喜出望外，十分兴奋，告诉卖画的人，一定给自己留着，等回家筹钱，再买这幅画。

可是，等他筹齐了钱，再次来到这个画摊时，那幅画却又一次失之交臂，已经被别人买走了。沈周一下子瘫坐在地上，捶胸顿足，不禁放声大哭。他知道，一切悔之晚矣。

沈周不甘心，他千辛万苦弄到手的一代名画《富春山居图》，不知在心里观赏、临摹了多少遍，难道从此，这幅画只能成为心中永远的痛苦和回忆？

沈周太爱这幅画了，他凭着留在自己头脑中的记忆，夜以继日，哭着临摹了一幅《富春山居图》。

为了这幅《富春山居图》，他不知道流了多少汗水，多少眼泪。因为黄公望的《富春山居图》太精致、太有名了，明清时期，许多画家争相临摹。

据记载，《富春山居图》的临摹本多达十余幅，其中就包括沈周背摹的这幅《富春山居图》。

沈周 《红杏图》轴

纸本设色，构图简明，用笔流畅。现藏于北京故宫博物院。

沈周，明代杰出画家。字启南，号石田、有居竹居主人等。博学多才，在文学诗画上皆有造诣，善画山水和动植物，也作工笔花鸟绘画。和他的学生文徵明并称『吴派』两大家；又与文徵明、唐寅、仇英称『明四家』。

乾隆走眼

进入清宫

真迹《富春山居图》丢失以后，一直石沉大海，很长的时间，没有任何消息。后来，当它再次现世的时候，人们才知道，这幅名画已经归明代大书画家董其昌所有。董其昌酷爱这幅作品，可是，到他晚年的时候，因为种种原因，他又将此画卖给了大富人吴正志，也就是吴洪裕的爷爷。

吴正志从董其昌手上高价买下这幅名画，自然也知道这幅画的价值，将此画视为吴家的镇宅之宝。这件宝贝，成为吴家的传家宝，三传到吴洪裕的手里时，一直得到了妥善的保存。

前文提过，吴洪裕喜爱古画，在鉴赏方面很有造诣。他继承了这幅《富春山居图》，珍爱如命，收藏在自己的身边，几乎每天查看、观赏。直到临终之时，他对此画仍依依不舍，才留下最后的遗言：焚画殉葬。

幸好，有其侄子吴子文挺身而出，从火中抢救出这幅名画。不然，一代名画，将烟消云散。

乾隆皇帝喜爱古物，精于鉴藏，特别是对历代名画情有独钟。

乾隆十年（1745 年），《富春山居图》进入清宫，送到了乾隆皇帝的面前。

乾隆鉴赏

乾隆皇帝反复展玩、观赏、鉴别，认为《富春山居图》是真迹无疑。

乾隆皇帝爱不释手，将这幅名画收藏在自己身边。他一有闲暇，就取出此画，仔细欣赏，越看越喜欢。于是，他在六米长卷的留白之处，用皇帝御用的文房四宝，挥毫赋诗，题上御笔，并盖上自己的专用玉玺。

乾隆皇帝为拥有这幅杰作感到十分高兴，他还将自己的喜悦与身边的大臣分享：他在便殿收藏了这幅珍品，特召大臣入宫，观赏这件珍品以及珍品上自己的御笔题诗和鉴赏题跋。

让乾隆皇帝意外的是，第二年，又有大臣向自己进呈了一幅《富春山居图》！

两幅作品，放在一起，真是真假难辨，因为两幅画品真是太像了。

非常自负的乾隆皇帝经过认真比较，反复鉴定，依然认定，最先进宫的那一幅画作，也就是御笔赋诗、题字的那一幅，是黄公望的真迹。

事实上，这幅乾隆皇帝题诗的画作，是沈周凭借记忆的临摹品，是沈周的真迹，而不是黄公望的真迹。

真假《富春山居图》

乾隆皇帝早先得到的一卷《富春山居图》，是假的《富春山居图》，后世称为《子明卷》。

《子明卷》，是明末文人沈周的临摹品，临摹的是《富春山居图》的后半部分，也就是通常所说的《无用师卷》。

为了牟取暴利，投机之人，利用这件赝品，大做文章，细心地将原作者的题款一一去掉，随后，依照真迹，伪造了黄公望的题款。接着，伪造了邹之麟等人的题跋。

所有这一切，是如此以假乱真，竟然把精于鉴古的乾隆皇帝给完全蒙骗了。这卷赝品的《富春山居图・子明卷》，被乾隆皇帝视为真迹，收藏在身边，并在画卷的空白处，密密麻麻地写满了御笔赋诗、题词。

《富春山居图》之真迹《无用师卷》，出现在乾隆皇帝面前时，他并没有特别惊讶。这件真迹，没有让乾隆皇帝推翻自己此前的错误判断。经过反复比较，他依然坚定地认为，后来进宫的《无用师卷》是赝品。

乾隆皇帝吩咐，将这幅所谓的赝品留在宫中，唯一的理由是，这幅赝品虽然不是真迹，但真是出神入化，几可乱真。

珍藏宫中二百年

从此以后，《富春山居图・无用师卷》真迹，阴差阳错地被珍藏在乾清宫中，一藏，就是二百年。

乾隆皇帝对两幅《富春山居图》兴趣极浓，他自己反复鉴赏，感觉还不过瘾，还召精通鉴赏古物的大臣进入宫中，一起鉴赏。并让大臣写下现场鉴定意见，以确认自己是鉴赏古画的第一人，天下无人能比。

乾隆皇帝知道，大臣之中，懂得鉴赏书画、书法极佳、为人正直者，首推大学士梁诗正。因此，乾隆皇帝特别下诏，召梁诗正等大臣进宫，一起鉴赏这幅名画。

乾隆皇帝鉴定在先，认定这件真迹是赝品，大臣们别无选择，只能随声附和。

随后，乾隆皇帝指示，由梁诗正书写跋语。梁诗正饱蘸笔墨，在这卷乾隆皇帝认定的赝品之上，书写贬损之语。

大臣们齐声喝彩，对乾隆皇帝的鉴赏力无不佩服得五体投地，称赞皇上乃千古圣帝。

可以想象，前来观画的大臣们都是鉴赏古画的大家，虽然他们看出了乾隆皇帝认定的赝品是真迹，但是谁也不敢点破。大臣们纷纷附和乾隆皇帝，同意把这幅《富春山居图·无用师卷》真迹认定为赝品，编入《石渠宝笈》次等之中。

真相大白

关于《富春山居图》，从乾隆皇帝鉴别真假之后，就一直存在着不同的看法。但是，因为有乾隆皇帝鉴别在先，所以谁也不敢公然提出质疑。

清亡以后，有人提出了质疑，认为乾隆皇帝鉴定的那幅假画才是真正的《富春山居图》，也就是黄公望的真迹。

理由很简单：那幅《富春山居图》是半截画，有火烧的痕迹，还有修补之处。这些痕迹，与这幅名画的流传历史记载是十分吻合的。

后来，经过古画和文物专家的反复鉴定，直到 20 世纪 70 年代，才最后确定：乾隆皇帝鉴定为真迹的《富春山居图》是假画，而被乾隆皇帝鉴定为假画的才是真迹，也就是《富春山居图》的后半段——《无用师卷》。

还有一种说法，认为《富春山居图·无用师卷》真迹入宫以后，乾隆皇帝心里很吃惊，他已经看出了自己此前鉴别的错误，知道了这才是《富春山居图》的真迹。

然而，在此之前，乾隆皇帝一直把赝品当成真迹珍藏、鉴赏，还写诗题跋，如果此时承认自己以前的鉴别错了，岂不是堂堂天子自己打自己的嘴巴，颜面扫地？因此，他就将错就错，故意让精通鉴赏的大臣入宫，让大臣们在“真迹”上题字书跋，故意颠倒是非。

争论

关于《子明卷》，一直存在着争论：

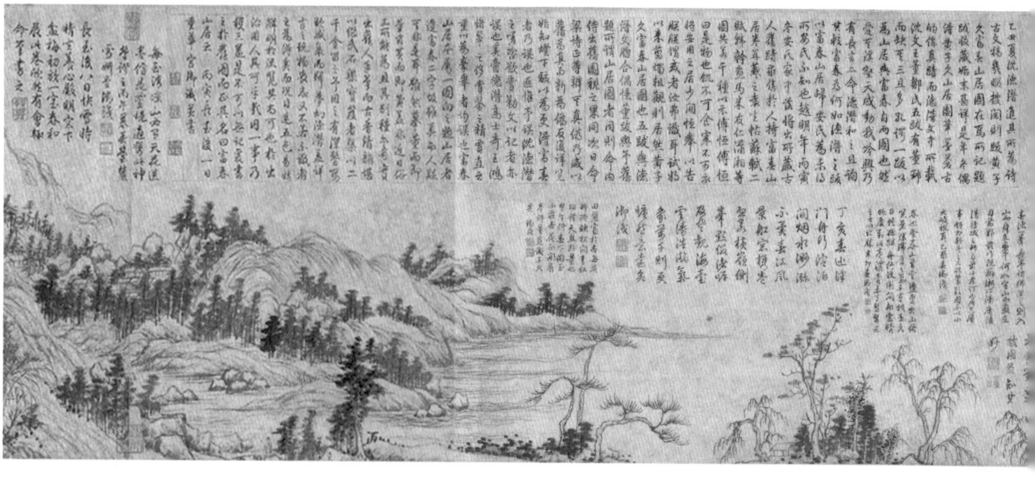

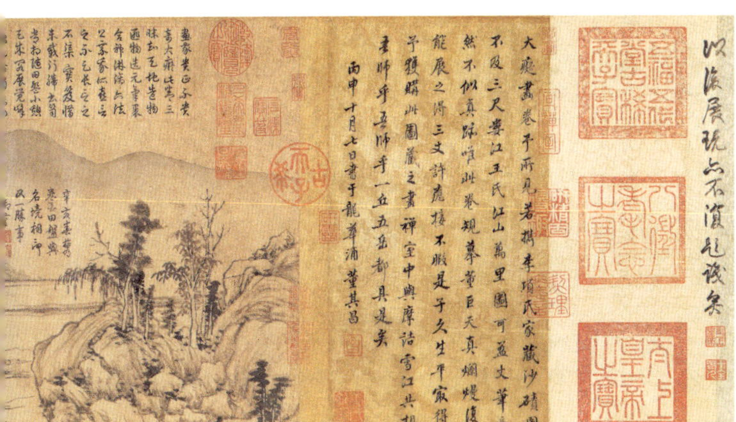

《富春山居图·子明卷》

《富春山居图》之仿品。《子明卷》是明代文人临摹品，后人为了牟利，将原作者题款改成黄公望题款，并且还伪造了画上的题跋。现藏于台北故宫博物院。

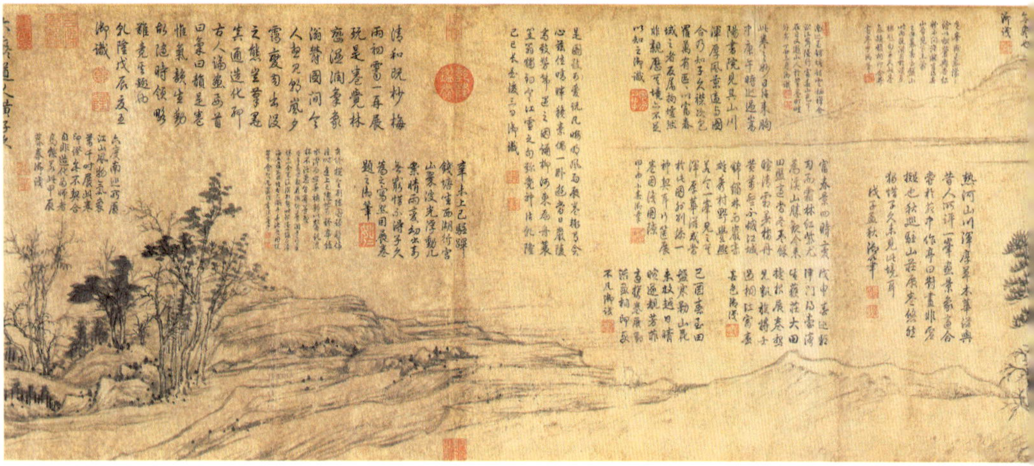

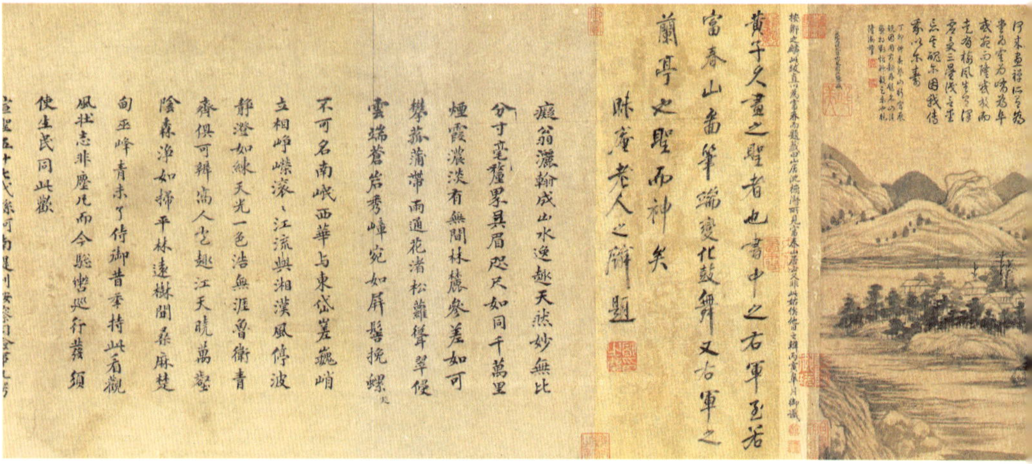

黄子久畫之聖者也書中之右軍至若富春山畫筆端變化鼓舞又右軍之蘭亭也聖而神矣
癡翁灑翰成山水逸趣天然妙無比
分寸毫釐累具眉咫尺如同千萬里
煙霞濃淡有無間林麓參差如可
攀菰蒲帶雨通花渚松蘿聳翠侵
雲端蒼岩秀峰宛如屏髻挽螺
不可名南峨西華与東岱岌巍峭
立相崢嶸滚滚江流與湘漢風停波
靜澄如練天光一色浩無涯胥衛青
齊俱可辨高人之趣江天曉萬壑
陰森淨如掃平林遠樹間桑麻楚
甸巫峰青未了侍御昔年持此看觀
風壯志非塵凡而今驄馬巡行翡須
使生民同此歡

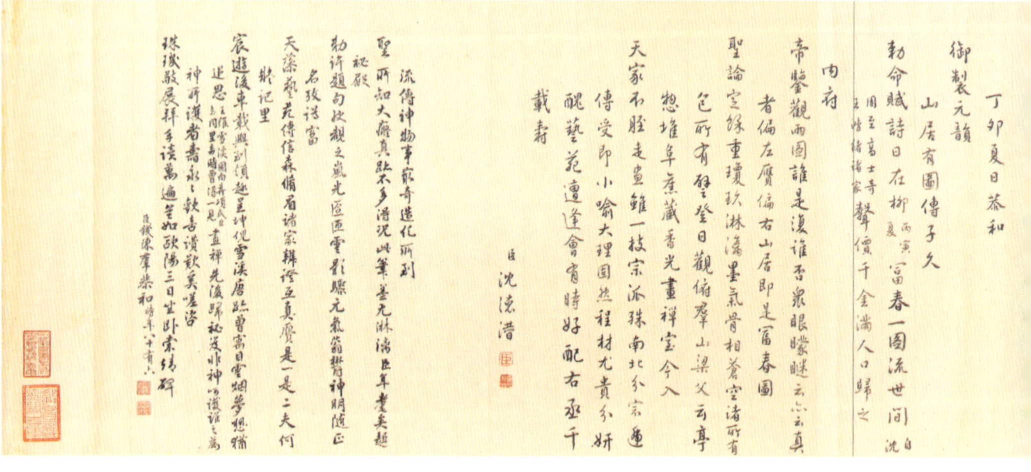

丁卯夏日恭和
御製元韻
山居有圖傳子久
勅命賦詩日在柳
富春一圖流世間
聲價千金滿人口
歸之
內府
帝鑒觀而圖誰是復誰否衆眼矇眛云亦云真
者偏左贗偏右山居即是富春圖
聖論定殊重瓊玖淋漓墨氣骨相蒼空諸所有
色所有登日觀俯摩山梁父云亭
憩堆阜廣藏香光畫禪室今入
天家不脛走畫雖一技宗派殊南北分宗運
傳受即小喻大理固然程材尤貴分妍
醜藝苑遭逢會有時好配右丞千
載壽
臣沈德潛

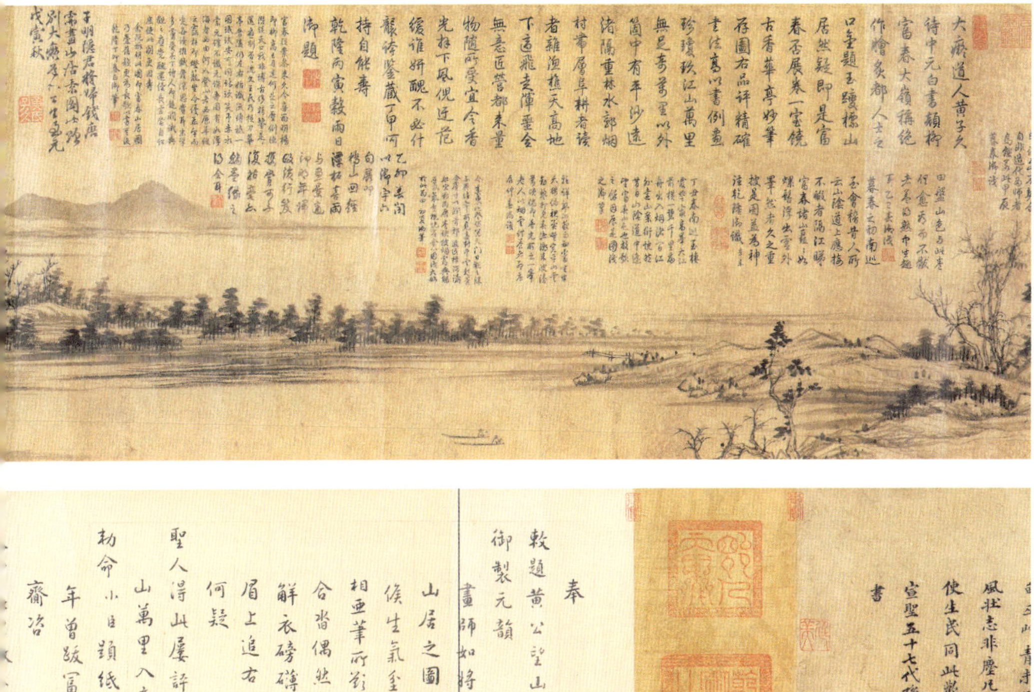

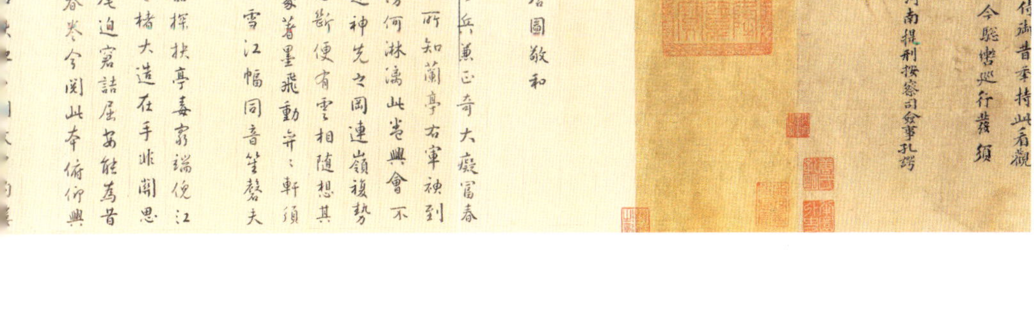
奉
敕題黃公望山居圖敬和
御製元韻
畫師如將〻兵萬正奇大癡富春
山居之圖世所知蘭亭右軍神到
筷生氣至湧何淋漓此卷興會不
相亞筆所到赴神先之岡連嶺複勢
合沓偶然忽斷便有雲相隨想其
鮮衣磅礴處著墨飛動弈〻軒須
眉上追右丞雪江幅同音笙磬夫
何疑
聖人得此屢評品探扶亭毒窮端倪江
山萬里入毫楮大造在手非闡思
勅命小臣題紙尾迫窘詰屈安能為昔
年曾跋富春卷今閱此本俯仰興
風壯志非壓凡而今駸嶺巡行萩須
使生民同此歡
宣聖五十七代孫河南提刑按察司僉事孔瑎
書

一说，是火前本。驳斥者认为，这不是火前本，而是《富春山居图》创作之前10年的作品。

一说，是乾隆皇帝认定的真迹，实际上是假的。驳斥者认为，乾隆皇帝没有走眼，他从《子明卷》入宫，到做了太上皇，一直在认真研究此画的真假。

数十年来，乾隆皇帝鉴赏《子明卷》，他在《子明卷》有御笔题跋，其中有一条，末尾明确称此画为子明隐君所作，子明是谁？待考。“款为子明隐君作，子明未详姓氏，当再考之。”这条题跋，没有写日期。

不过，紧随其后的一条跋文，却写明了具体日期：“此系丙寅春月题语，长至后一日再识。”丙寅年，是乾隆十一年（1746年）。

接着，是又一条乾隆皇帝跋语，御笔题写：“于丙寅小寒，写书：元史不载子明其人，惟《明金赍画史会要》云：任发，字子明，松江人，官至都水庸田副使，计其时代，与公望相同，且善书画，气类孚合，殆即其人耶？顾仁发官水监而图云隐君，或在其未仕前，抑或官成归隐，均未可知。至于人而曰将归钱塘，或亦犹公望虞山人而小隐富春也。”

乾隆皇帝十分勤奋，仅仅为这幅《子明卷》的作者子明就写了三条跋语，记载了他从乾隆十一年（丙寅年，1746年）春月，到夏至后一日的长至日，以及再到年末的冬小寒，三次考证子明其人的经过。

沈德潜是一位博学的大臣，也是一位精于鉴古的大师。沈氏说他亲眼见过《无用师卷》，对乾隆皇帝认为《子明卷》是真迹表示质疑。

乾隆皇帝很重视沈氏的质疑，仔细鉴赏，认真考证，苦苦搜寻有关材料，判断子明其人。乾隆皇帝的这一考证、探究工作，一直持续到他去世。

由此可见，乾隆皇帝在鉴定古画、辨别真伪字画方面，还是较为慎重的，并不独断，也不武断。他觉得，只要确定子明其人，确认子明与黄公望是同时代，善于绘画，与黄氏意气相投，两人时常往返交游，那么，这《子明卷》的题款明确写有山居，那画中描绘的就是富春山的景色。这样的话，称这幅画为《富春山居图》，就不会有什么大错了。

台湾地区邱敏芳的硕士论文《平生壮观》中，写到了这幅《子明卷》：

元代书画家，黄公望画作共19件，第一件是《富春山居图》，第九件是《子明画》。子明画，题款记称，子明是无尘真人之弟，无尘真人曾随黄公望去杭

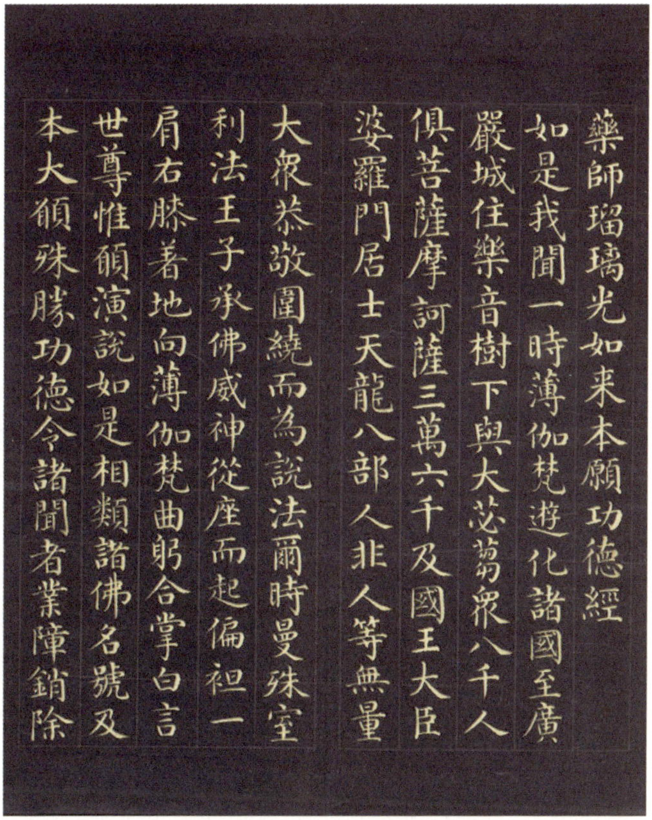

《药师琉璃光如来本愿功德经》

乾隆二十八年（1763 年）吏部尚书梁诗正泥金写本。《药师琉璃光如来本愿功德经》简称《药师经》，是一本佛学类经书。梁诗正，乾隆时期的官员、书法家，初学柳公权，后学赵孟頫、文徵明、颜真卿等书法大家。其行书工整且犀利，是乾隆皇帝御用书法家，并长期为朝廷修撰官书。

州。他们到琴川道观后，无尘真人又返回杭州。其弟子明留在观中，借住两旬，“朝莫（暮）与子明手谈之乐”。

临行时，黄公望拿来笔墨：“征拙笔。遂信笔图之，以当僦（租赁）金之酬。他日，无尘老子观之一笑云。至元戊寅闰八月一日，大痴道人静坚稽首。”

意思是说，元顺帝至元四年（戊寅年，1338 年），子明与黄公望一起在道观同住了 20 天。黄公望与子明朝夕相处，经常一起下围棋，切磋画艺，两人相处融洽，关系很好。无尘真人回杭州了，弟弟子明也“将归钱塘”。黄公望画《山居图》送给子明，就是这幅《子明卷》，这就无可怀疑了。

传奇命运

清宫收藏

两幅真假《富春山居图》，奇迹般地先后进入宫廷，收藏在乾隆皇帝的身边，它们日后的命运也十分传奇。尤其是黄公望的真迹《富春山居图》，他无论如何也不会想到，竟然被精于鉴赏的乾隆皇帝鉴定为临摹品，打入“冷宫”，一藏就是200余年。

然而，正如古人所言，福兮祸所伏，祸兮福所倚。祸福无门，许多事，许多物，都是因祸得福。乾隆皇帝鉴定为真迹的假画，一直被乾隆皇帝珍藏在身边；而那幅没有被乾隆皇帝入眼的真迹，虽然无缘乾隆皇帝的御笔题诗和加盖皇帝玉玺，但是，这幅真迹，200余年间，一直无人打扰，藏于深宫，完全真实地保留洁净之身，为后人保留了绝对完好的原画原貌。

流失宫外

1931年，日本帝国主义入侵中国，东北大片国土沦陷，京津危急。1932年秋初，故宫博物院理事会立即通过文物装箱南迁决议，报请国民政府核准以后，故宫职能部门和三大馆立即行动起来：秘书处和总务处负责各项准备和协调工作，古物馆、图书馆、文献馆三大馆则着手本馆文物精品的装箱南迁。

1933 年，故宫博物院为了珍贵文物的安全，将宫中珍品，装箱南迁。

清代宫廷收藏着中国古代丰富的书法、书画手卷，这些珍稀之物都是历代宫廷流传下来的，是历代皇帝御笔之作和各朝名家珍品。这些历代书画佳作，一直主要集中存放在内廷东六宫的钟粹宫和斋戒之地的斋宫，其他皇帝和后妃们生活起居的重要宫室，也有相当一部分珍稀书画，共计 9000 余件。

清宫遗存的这些书画名作，包括西晋、东晋、隋、唐、宋、元、明、清名家佳作和清朝皇帝的御笔珍品。其中，主要有：

东晋王珣行草《伯远帖》卷，隋展子虔《游春图》卷；

唐虞世南行书《摹兰亭序帖》卷，唐阎立本《步辇图》卷；

唐韩滉《五牛图》卷，唐颜真卿行书《湖州帖》卷；

五代杨凝式草书《夏热帖》卷；北宋王诜《渔村小雪图》卷；

北宋张择端《清明上河图》卷；

南宋李唐《采薇图》卷，南宋高宗赵构真草《养生论》卷；

元赵孟頫《水村图》卷，元黄公望《富春山居图》；

明唐寅《函关雪霁图》轴；清王翚《秋林图》轴，清郎世宁《聚瑞图》等。

书画中的精品，凡留存宫中的，都精选装箱，几乎被网罗一空。

这批南迁文物，绝大多数迁到台北，成为台北故宫博物院的珍藏。经过乾隆皇帝鉴定的真、假《富春山居图》，也随着文物南迁，到了台湾。

名家鉴定

当年，这批从宫廷南迁的珍贵文物，秘密地存放在上海期间，因为这些特殊的原因，国民政府和故宫博物院出面，请一批资深文物鉴定专家对部分清宫书画作品进行了鉴定。

徐邦达先生是故宫博物院研究员、著名书画收藏家和鉴定专家，他认真鉴定了这两幅《富春山居图》。经过反复比较，仔细考证，他认为，乾隆御笔题诗、认定是真迹的那幅实际上是假的，而御笔认定为赝品的那幅其实是真的。

如今，这两件真假名画，都收藏在台北故宫博物院。也就是说，黄公望的真迹《富春山居图》之后半段，即《无用师卷》，现收藏于台北故宫博物院。

异地收藏

清康熙八年（1669年），《富春山居图》前半段，即《剩山图》，传到辽阳人王廷宾手中。后来，此图辗转流传，长期湮没无闻。

全国抗日战争时期，此画被近代大画家吴湖帆（1894—1968年）发现。吴湖帆喜出望外，用家藏镇宅之宝的古铜器商彝换得这幅《剩山图》残卷。吴氏十分爱惜，视为奇珍。从此，他称其居为“大痴富春山图一角人家”。

当时，在浙江省博物馆供职的沙孟海先生得到此画的消息，心情十分激动。他认为，这件无价国宝一直在民间辗转流传，境遇曲折，命运坎坷，受各种条件限制，保存极为不易，只有收归国有，才是保护国宝的万全之策。于是，他不辞劳苦，多次前往上海，与吴湖帆商谈。

沙孟海以一颗赤子之心，晓以大义。吴湖帆爱此名画，本来就得之不易，根本无意让人。但是，沙先生并不灰心，寒来暑往地往返于沪、杭之间，耐心劝说。同时，他又请出名流钱镜塘、谢椎柳等大家从中周旋，一起开导、说服吴湖帆。

精诚所至，金石为开。吴湖帆被沙老的诚心所感动，最后，他同意割爱。

1956年，《富春山居图》的前段，即人称《剩山图》，正式入藏浙江省博物馆，成为浙江省博物馆的“镇馆之宝”。

合璧展出

1993年农历八月十五日，风和月朗的中秋之夜。上海电视台与台湾“华视”

公司联合举办中秋晚会，将传世名作《富春山居图》两岸残卷，通过现代科学技术，在电视屏幕上成功地拼接起来，引起了极大的轰动。

1999 年 7 月，在富春江畔举行“黄公望《富春山居图》圆合活动”，这里是黄公望《富春山居图》的原创之地。中国美术学院院长潘公凯、教授孔仲起和台湾中华艺文交流协会会长史元钦、台湾著名国画家李奇茂等 30 多位著名书画家，欢聚一堂，联手临摹了《富春山居图》长卷。

2005 年，两岸有识之士着手《富春山居图》合璧事宜。凤凰卫视总裁刘长乐先生多次前往台湾，努力促成此事。可喜的是，这件事情也得到了台湾方面的积极回应：请浙江省博物馆安排《剩山图》先到台湾举办展览。至于台北故宫博物院的《无用师卷》是否来大陆展览，以后再谈。

2009 年，两岸故宫博物院携手合作，正式开始文化、学术交流活动。台北与北京故宫博物院合办《雍正——清世宗文物大展》，以台北故宫博物院为主，北京故宫博物院为辅。

这是两岸故宫博物院 60 年来第一次正式交流，也是第一次正式合作办展。其中，北京故宫博物院为这次展览提供珍贵文物共 37 件，包括多幅雍正皇帝清宫生活画像。

这次展览十分成功，在两岸引起了极大的轰动，也震惊了全世界。在这个特殊的背景下，台湾方面多次表示，准备筹办一个黄公望与《富春山居图》特展，期望能借浙江省博物馆的《剩山图》一起展出。

时任浙江省文化厅厅长杨建新态度很明确：浙江方面，过去没问题，现在和未来都没问题，可以借展。不过，依然希望台北故宫博物院能够实现双向交流，台北故宫博物院的《富春山居图》之《无用师卷》，也能够在未来合适的时候，赴大陆参展。

随后，浙江省接到台湾方面来函，希望大陆方面能够通过免扣押文物法，以法律的形式确保绝不会扣留在大陆展览的台北故宫博物院文物。

台湾方面还表示，台北故宫博物院有 70 件珍贵文物，内定为“限展国宝”，是从来不能出馆的，也包括《富春山居图》。台湾方面的意思表达得很清楚，就是大陆方面即使通过了免扣押文物法，《富春山居图》之《无用师卷》也不能到大陆参展。

《胤禛行乐图册·喇嘛装》

绢本设色。本幅是 13 页图册之一，描绘的是雍正皇帝穿喇嘛装的形象，表现了其崇尚佛教的一面。现藏于北京故宫博物院。

《美人图 倚门》

庭院中盆景摆设井然有序，假山石景致造型优美，一仕女正倚门观赏这满园春色。

『雍正——清世宗文物大展』

此展是以清世宗雍正皇帝其人其事及其朝代为主题的展览。这次展览于2009年10月7日在台湾台北故宫博物院开幕，一直到2010年1月10日结束。此次展览包含是时的书画、书籍、印章、瓷器、珍玩在内的各类艺术珍品共246件。意在通过这些具有典雅和人文气息的艺术品，解读历史上真实的雍正皇帝是怎样的君主。

《美人图 照镜》

仕女身穿裘装，手持铜镜，正在对镜自赏。

《美人图 鉴古》

仕女端坐于斑竹椅上垂目赏古。环绕她的是陈设各种器物的多宝格/博，体现了女子雅玩的闺中乐趣。

《美人图 捻珠》

仕女端坐于室内窗前，一手倚靠桌案，一手手持念珠，身体朝向窗前，正观赏两只嬉戏的猫。

《美人图 赏花》

仕女手持如意，立于庭院内赏花。室外的花是各色牡丹，结合仕女手中的灵芝如意，寓意『富贵如意』。

《雍正十二月行乐图轴·五月竞舟》

绢本设色。清朝宫廷画家郎世宁所作，按一年12个月的顺序排列，依次描绘了雍正皇帝日常生活的场景片段，背景为圆明园。现藏于北京故宫博物院。

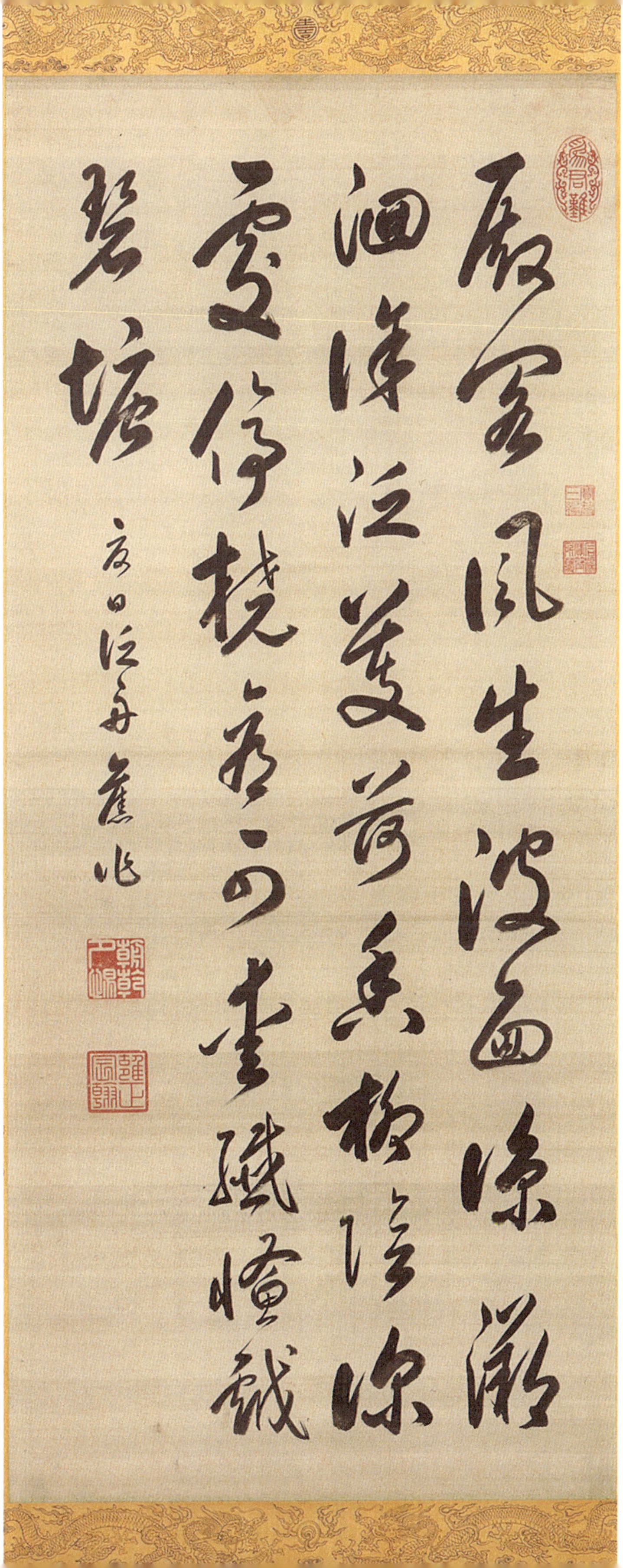

《胤禛行书　夏日泛舟诗轴》

雍正皇帝的一幅书法作品。

清　雍正时期　玛瑙碗

米黄色，且器身有褐色斑，做工细致，不浮不飘。

雍正款　玛瑙小盘

灰褐色，且着红色斑纹，胎质细腻，色泽温润。器底刻“雍正年制”四字。

2010年3月20日上午，来自两岸的9位山水画家欢聚在富春江畔，现场将《富春山居图》临摹在一幅长卷之上。中央美术学院博士生导师郭怡孮、浙江画院院长孙永、浙江美术馆馆长马锋辉等6位大陆画家和台湾艺术大学的蔡友、林进忠、林锦涛3位画家欢聚一堂，共同完成了15米的长卷《富春山居图》。画家们在尊重原作的基础上，依照原作的本意，补足原图的残缺部分，完成了一幅新的《富春山居图》足卷。

与此同时，画家们发出倡议，希望两岸《富春山居图》真迹能够在原作诞生地的浙江富阳合璧展出。在圆卷仪式上，花鸟画家何水法代表在场的两岸画家，发出了希望在富阳合璧展出《富春山居图》真迹的邀约书。邀约书明确地说：《富春山居图》问世已有660年，烧成两段则有360年，分藏海峡两岸也有60年，希望《剩山图》和《无用师卷》能够回到诞生地合璧展出。

在凤凰卫视董事局主席、行政总裁刘长乐先生的居中斡旋和多方努力下，浙江省博物院的《剩山图》在2011年6月运到台湾，参加海峡两岸合璧展出：来自大陆浙江的《剩山图》和台北故宫博物院的《无用师卷》，分隔了300年后，终于同台合璧联展，《富春山居图》以完整面貌重现在世人面前，这是一件激动人心的文化盛事！

第五章 解密溥仪盗窃国宝

窃国大盗袁世凯

慈禧的最后安排

清光绪二十八年（1902年），慈禧太后从西安回到北京。执掌政权长达40余年的慈禧太后，明显感觉身体虚弱，心力不济。其实，这位帝国的最高统治者，从一开始就为大清王朝做了精心布局：第一步，将自己的胞妹叶赫那拉・婉贞下嫁醇亲王奕譞。第二步，将妹妹之子载湉接入宫中，登基，为光绪皇帝；弟弟桂祥之女叶赫那拉氏为皇后。第三步，让光绪皇帝弟弟、醇亲王载沣，娶荣禄之女，生下二子，长子为溥仪。光绪皇帝去世后，溥仪登基，为宣统皇帝。

据档案记载，醇亲王奕譞有四位福晋，生下了七个儿子、四个女儿。嫡福晋叶赫那拉・婉贞生第二子，为光绪皇帝，第五子为载沣。醇亲王去世后，载沣袭醇亲王爵。载沣十八岁时，开始为慈禧太后效力，不久任阅兵大臣。慈禧太后下懿旨，将自己的养女，也就是权臣荣禄之女瓜尔佳氏，指配给载沣为嫡福晋。

醇亲王载沣有两位福晋，生有四子、七女。嫡福晋，荣禄的女儿瓜尔佳氏，名幼兰，光绪二十八年（1902年）完婚，生二子、一女：长子溥仪，光绪三十二年（1906年）生；次子溥杰，光绪三十三年（1907年）生；长女韫英，宣统元年（1909年）生，十八岁去世。

慈禧太后临终时，为安排溥仪顺利登基，费尽心机，连发两道重要谕旨：

第一道谕旨，立溥仪为嗣皇帝；

养心殿垂帘听政处

养心殿西暖阁佛堂

慈禧太后朝服像

慈禧即孝钦显皇后，咸丰皇帝的妃子，清同治皇帝的生母。她的一生经历了道光、咸丰、同治、光绪四朝，发动了两次政变，共垂帘听政三次，掌握着清朝最大的权力。死后谥号为『孝钦慈禧端佑康颐昭豫庄诚寿恭钦献崇熙配天兴圣显皇后』，其谥号为大清众皇后谥号中之最长。

清德宗光绪皇帝载湉读书像

光绪皇帝是清朝第十一位皇帝，于 1875 年 2 月至 1908 年 11 月在位，年号光绪。四岁继位，由慈安太后及慈禧太后两宫听政。在位时历经了甲午战争和戊戌变法。甲午战败后，光绪皇帝不愿做『亡国之君』，蓄意变法维新，颁布《明定国是诏》。不过，由于顽固派的阻挠，整个变法历时只有 103 天，史称『百日维新』。在戊戌变法失败后，被慈禧太后幽闭于中南海瀛台，1908 年逝世。庙号德宗，谥号景皇帝（他是中国历史上最后一位有正式谥号及正式庙号的皇帝），葬于清西陵中的崇陵。

第二道谕旨，任命溥仪的父亲载沣为监国摄政王。

此时袁世凯一直掌控北洋新军，野心勃勃，是大清王朝的威胁，更是慈禧太后的一块心病。

传闻，袁世凯联络庆亲王奕劻，想立庆亲王之子载振为帝。慈禧太后非常警觉，命令庆亲王为特别大臣，“赴东陵勘验万年吉地工程”；同时，授予庆亲王世袭罔替亲王。

慈禧太后经过深思熟虑，决定剥夺袁世凯的兵权：任命袁世凯为外务部尚书，调离北洋新军。紧接着，慈禧太后下令，将袁世凯最为亲信的老部下、负责守卫北京的段祺瑞北洋第六镇调离北京，开赴保定西北道路坎坷、交通不便的涞水。同时，慈禧太后调信任的皇室、陆军部尚书铁良统领的北洋第一镇，驻防北京。

慈禧太后殚精竭虑，细心安排，以为可以放心归西了。可是，慈禧太后百密一疏，她万万没有想到，袁世凯始终牢牢掌控着北洋新军，将大清王朝的命脉轻松地掌握在自己手中。最后，正是袁世凯，葬送了大清王朝。

末代皇帝溥仪退位

袁世凯逼宫

在窃国大盗袁世凯处心积虑的策划下，大清帝国走完了267年之后，走向了终结。

当时，以孙中山为首的南方革命，如火如荼，大清王朝已风雨飘摇。袁世凯手握兵权，巧舌如簧。他在取得南方革命政府许诺他就任大总统的确切保证之后，就转过身来，威逼利诱，迫使自己的主子清帝溥仪退位。

所有国际舆论机构都被调动起来，用来为共和呼吁呐喊，敦促清帝退位。英国公使朱尔典说，各国公使这样做，使清帝退位一事变得轻而易举。京师衙门文武官员和大街小巷吏民百姓，人心所向，都在谈论清帝退位，拥护共和。

1912年2月，清帝退位，正是清廷统治中国267年的结束，也是中国2100多年帝制时代的终结。

最后通牒

隆裕太后（光绪皇帝皇后，名叶赫那拉·静芬）再平庸无知，也知道退位意味着什么。所以，她尽管感觉重重压力，内外交困，但依然抱一线希望，尽可能地拖延时间，一直避谈皇帝退位。

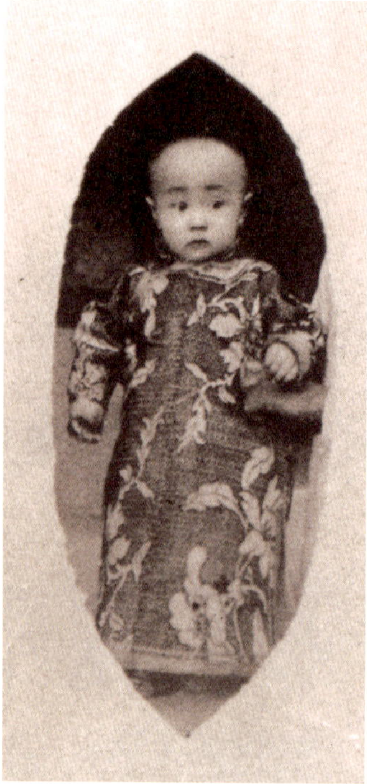

幼年溥仪像

爱新觉罗·溥仪（1906—1967年），清宣统皇帝。清朝末代皇帝，也是中国历史上的最后一个皇帝。1912年被迫退位，1931年九一八事变后做了伪满洲国的傀儡皇帝，年号康德。日本投降后，被苏联俘虏。于1950年被押解回国，在抚顺战犯管理所改造，直到1959年被特赦，随后成为全国政协委员。1967年病逝，葬于清西陵内的华龙皇家陵园。

袁世凯绞尽脑汁，使尽浑身解数。为了逼清室孤儿寡母就范，给予清王朝最后致命一击，袁世凯特地指示段祺瑞等人，按计行事。段祺瑞曾通电全国，誓死反对共和，誓死效忠清室。可是，这一次，段祺瑞等人按照袁世凯的指示，通电清廷，要求皇帝明降谕旨，宣示中外，立即退位，确定共和政体。

几十名北洋将领遵奉袁世凯的指令，联名致书清廷和王公贵族，明确要求他们：交出府库资财和个人财产，以供军需；否则，非但财产不保，反而杀身之祸，就在眼前。

隆裕太后吓得浑身哆嗦，为了保命，只好乖乖地交出大量皇宫内库资财。王公亲贵们也别无选择，被迫拿出大量家财，用于赡军。段祺瑞再次发布通电，历数皇族贵戚祸国殃民、败坏大局之罪状。王公亲贵们阅视通电，无不惊愕万分，心惊胆战，面面相觑。

关键时刻，民国政府代表、司法总长伍廷芳给清室发出最后通牒：如果三天之内，清廷不宣布皇帝退位，民国将收回议定的所有优待条件。

隆裕太后被吓破了胆，只好接受优待条件，同意宣统皇帝退位。

宣统三年十二月二十五日（1912年2月12日），隆裕太后率领宣统皇帝溥仪来到养心殿，向全国正式发布清室退位诏书。

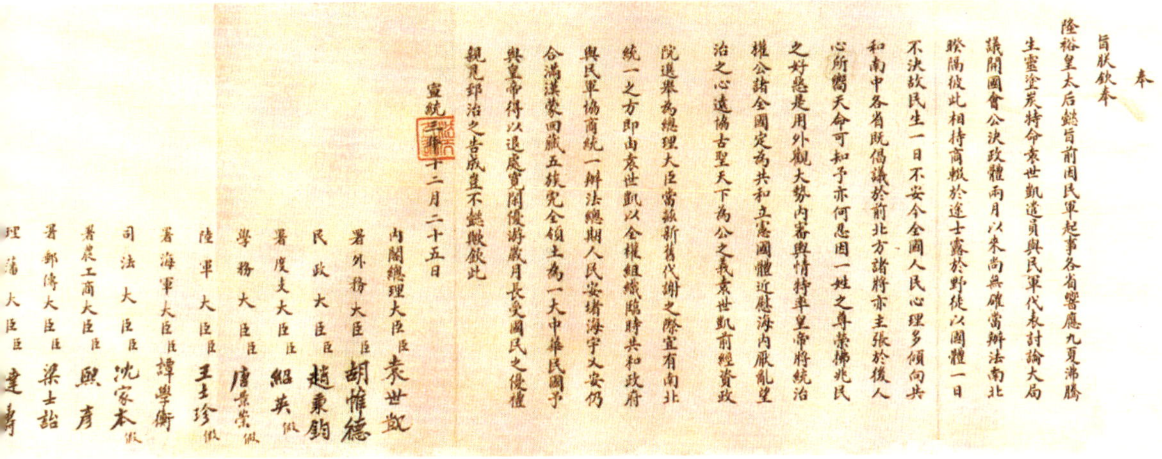
奉
旨朕欽奉
隆裕皇太后懿旨前因民軍起事各省響應九夏沸騰
生靈塗炭特命袁世凱遣員與民軍代表討論大局
議開國會公決政體兩月以來尚無確當辦法南北
睽隔彼此相持商輟於途士露於野徒以國體一日
不決故民生一日不安今全國人民心理多傾向共
和南中各省既倡議於前北方諸將亦主張於後人
心所嚮天命可知予亦何忍因一姓之尊榮拂兆民
之好惡是用外觀大勢內審輿情特率皇帝將統治
權公諸全國定為共和立憲國體近慰海內厭亂望
治之心遠協古聖天下為公之義袁世凱前經資政
院選舉為總理大臣當茲新舊代謝之際宜有南北
統一之方即由袁世凱以全權組織臨時共和政府
與民軍協商統一辦法總期人民安堵海宇乂安仍
合滿漢蒙回藏五族完全領土為一大中華民國予
與皇帝得以退處寬閑優游歲月長受國民之優禮
親見郅治之告成豈不懿歟欽此
宣統三年十二月二十五日
內閣總理大臣臣袁世凱
署外務大臣臣胡惟德
民政大臣臣趙秉鈞
署度支大臣臣紹英 假
學務大臣臣唐景崇 假
陸軍大臣臣王士珍 假
署海軍大臣臣譚學衡
司法大臣臣沈家本 假
署農工商大臣臣熙彥
署郵傳大臣臣梁士詒
理藩大臣臣達壽

清帝《退位诏书》

宣统三年十二月二十五日 (1912 年 2 月 12 日)，由于溥仪年幼，隆裕太后便以太后名义颁布了《退位诏书》。溥仪退位，意味着自秦始皇以来历时 2100 多年的帝制时代结束。《退位诏书》的起草人是清末民初实业家、教育家张謇。

袁世凯窃权

清室宣布退位，末代皇帝溥仪的退位诏书正式公布后，京师沸腾，全国人民欢呼雀跃。京城内外，街巷楼阁，人们奔走相告，到处都悬挂着彩带和中华民国的五色旗。人们不敢相信，皇帝没了，一个全新的共和时代真的到来了。全国各地，沉浸在欢乐和喜悦之中，到处是表达喜庆和欢乐的鞭炮声和锣鼓声。

辛亥革命成功之后，革命先行者孙中山先生被推举为中华民国临时大总统。孙中山先生胸怀大局，一生恪守“天下为公”的信念，坚持原则。后来孙中山得知，武汉军政府曾经许诺：“如袁赞成共和，愿举彼为总统。”因此，孙中山决定，予以信守，并且，在临时大总统的就职誓言中郑重重申，再次明确承诺：“颠覆满洲清制政府，巩固中华民国，图谋民生幸福……至专制政府既倒，民国卓立于世界，即当解临时大总统之职。”

1912 年 2 月 12 日，清帝正式宣布退位。

1912 年 2 月 13 日，孙中山信守承诺，立即向参议院辞去临时大总统之位。同时，孙中山荐贤自代，十分诚恳地推举袁世凯为大总统。

袁世凯对于大总统之位，梦寐以求，心中一直忐忑不安。当他得知孙中山先生辞职并推荐他后，喜出望外，心花怒放。袁世凯欣喜之余，在内心深处，鄙夷南方国民政府幼稚可笑。

1912 年 2 月 15 日，南京召开临时大总统选举大会，以满票选举袁世凯为民国大总统，黎元洪当选为副总统。

清室优待条件

“优待条件”正式出炉

南北和谈，最后以妥协而结束。双方妥协的成果之一，就是对清室的“优待条件”问世。

袁世凯代表北方，再三地讨价还价，经南方共和政府认可，“关于大清皇帝逊位后优待之条件”双方达成一致，正式出炉：

> 今因大清皇帝宣布，赞成共和国体，中华民国于大清皇帝辞退之后，优待条件如下：
>
> 第一款　大清皇帝辞位之后，尊号仍存不废。中华民国以待各外国君主之礼相待。
>
> 第二款　大清皇帝辞位之后，岁用四百万两。俟改铸新币后，改为四百万元，此款由中华民国拨用。
>
> 第三款　大清皇帝辞位之后，暂居宫禁，日后移居颐和园，侍卫人等，照常留用。
>
> 第四款　大清皇帝辞位之后，其宗庙灵寝，永远奉祀，由中华民国酌设卫兵，妥为保护。
>
> 第五款　德宗崇陵未完工程，如制妥修，其奉安典礼，仍如旧制，所有实用经费，均由中华民国支出。
>
> 第六款　以前宫内所用各项执事人员，可照常留用，唯以后不得

再招阉人。

第七款　大清皇帝辞位之后，其原有之私产，由中华民国特别保护。

第八款　原有之禁卫军，归中华民国陆军部编制，额数俸饷，仍如其旧。

优待条件，共计八款。其中，最意味深长的是开章明义第一句："今因大清皇帝宣布，赞成共和国体"，所以，"中华民国于大清皇帝辞退之后，优待条件如下"。

溥仪帝师、英国人庄士敦先生十分感慨，这样描述：

当世界各地第一次得悉革命党同意皇帝保留尊号，继续住在宫禁，每年拨付相当可观的津贴，以维持朝廷和其他开支时，将中国废黜君主的方法，同西方各国进行了比较，并对中国的处理方式给予了高度赞扬。既然中国人的品德是如此令人赞美和可爱，中国的文明是如此高贵和仁慈，那我们就无须和没有必要，去对中国谈一些它不应接受的恭维话，或者，在她的花园里，去寻找从未生长过的花朵。

皇帝大婚

抵押国宝，筹备婚礼

民国十一年（1922 年），小朝廷开始为溥仪的大婚做准备。

皇帝大婚，是宫中的一件大事。皇帝大婚礼，一直在紧锣密鼓地筹备。

大婚礼十分庄重，清廷任命了四位大臣，负责皇帝大婚礼仪：贝勒载涛为总办，帝师朱益藩以及内务府大臣绍英、耆龄为副办。

随后，小朝廷成立大婚礼筹备处。经过商议，确定，大婚礼仪之规模，照同治大婚礼，简单而隆重。但是，由于经费紧张，一切从简。经过计算，最简单的婚礼，也需要 40 万元。内务府府库空虚，这笔经费，从何而来？

清室方面，立即与民国政府磋商，要求把历年所欠的清室优待费，先拨 40 万元应急。但是，清室得到民国政府的答复是："方今国库空虚，碍难照办，请另行筹措。"

清室无计可施，只好宣布，变卖宫廷珍宝。此事一经报纸披露，天下哗然，引起一片指责和谩骂。最后，迫于内外压力，清室不敢变卖宫廷珍宝，改用抵押：以 40 多箱宫廷金银器皿作抵押，向英国汇丰银行筹借经费。

民国政府通过财政部，特地送给清室一封致歉信，说：经费紧张，政府特地从关税款内，拨出 10 万元，给清室筹办婚礼；其中，2 万元，是民国贺礼。

1922 年 10 月 21 日，举行纳采礼，以礼亲王诚坤、睿亲王中铨任纳采礼正、副使。礼亲王骑马在前，睿亲王手中持节，一行人从乾清宫出发，后面就是大队的仪仗和采礼。

这是一支奇怪的纳采队伍：队伍分列两行，前面是手持黄缎龙旗和木牌、木棍的仪仗，持节使后是一把黄伞和雕鞍锦辔，鞍上覆盖黄色绒毯的4匹黑马、白马；采礼礼品，是木亭、锦匣、绍兴酒和果品；采礼队伍最后，是全身染成红色的40只绵羊。

纳采队伍走到神武门后，步军统领衙门和保安队300人，在前面开路。宗人府和内城守卫队三起乐队，随行奏乐。马队、乐队人员，身穿不同的服装，背挎洋枪、马刀，吹吹打打，击打洋鼓、洋号。纳采队伍，在一片嬉笑声中，前往荣公府。

荣公府，就是皇后婉容的父亲荣源的府第，位于北京东城鼓楼南之帽儿胡同。婉容册封为皇后，其父荣源封为三等承恩公，荣府升级为承恩公府，立即进行扩建。扩建以后，分成东西两座大院：东院，三进；西院，四进。后院，有假山、水池。

大婚礼物

当年，为了筹办大婚，为婚礼费用40万元小朝廷伤透了脑筋。

可是，令人惊奇的是，溥仪皇帝大婚，收到了大量礼物，仅仅现金，就达100多万元。

内务府准备了大婚“红册”，“红册”上，清晰地记载了贺礼名称和送礼人。

革命先行者孙中山先生，南方革命党人，没有一人送礼。

民国政府要员、社会名流，以及王公、宗室、帝师、内务府官员和大量前清旧臣，却琳琅满目，一一开列册中。

一位前清官员，为了对故主表示忠诚，不顾家境贫困，将家中唯一的祖传珍宝：一本家藏200余年的传家宝、康熙皇帝手书《千字文》，作为大婚贺礼，恭送溥仪。

绝大多数送礼者，签署称：臣某某恭进。

民国政府官员，大多不称“臣”，只写“呈进”“恭进”。民国要员中，只有一人例外，他就是刚卸任国务总理的颜惠庆博士，他同张勋、张海鹏这样的“忠臣”一样，恭敬地写上“跪进”。

大婚贺礼中，最引人注目的是民国政府要人贺礼和社会各界名流礼品。

大总统黎元洪进献贺礼，在红帖子上，书写：“中华民国大总统黎元洪赠宣统大皇帝。”贺礼礼物，共计 8 件：珐琅器 4 件，绸缎 2 件，帐 1 件，对联 1 副：汉瓦当文，延年益寿；周铜盘铭，富贵吉祥。

民国政府前总统徐世昌敬送贺礼 2 万元以及许多贵重礼品，主要包括：28 件珍贵瓷器、1 张名贵的龙凤地毯。

将军冯玉祥，恭送的贺礼是一柄白玉大喜如意。

张勋将军，恭送贺礼 1 万元。

民国著名官员，包括：吴佩孚、王怀庆、蔡廷幹、曹锟和颜惠庆，恭送礼金和礼物。张作霖、吉林总督、黑龙江总督等，各送 1 万元。富豪遗老陈夔龙、李经迈等，恭送钻石珠翠。

康有为恭送贺礼：1000 银元，磨色玉屏、金屏、拿破仑婚礼时用的硝石蝶等，以及一副亲笔对联：八国衣冠瞻玉步，九天日月耀金台。

溥仪堂兄弟、英文伴读溥佳，送呈一辆崭新的三枪自行车。溥仪非常高兴，兴致极浓。溥仪很快学会了骑车，然后就开始疯狂地在宫中骑车游荡。

皇后出宫至邸图

迎亲队伍沿景山前街向东

光绪大婚

《大婚典礼全图册》共分为八册，记录的是光绪皇帝迎娶慈禧太后侄女叶赫那拉·静芬为皇后的场景，清宫廷画师庆宽等绘制。第一册《皇后出宫至邸图》，第二册《纳采礼筵席图》，第三册《人征礼图》，第四册和第五册均为《皇后妆奁图》，第六册《册立奉迎图》，第七册《皇后凤舆入宫图》，第八册《礼节图》。

皇帝大婚自然与普通百姓的结婚不同。皇帝完婚的礼仪体系更加烦琐多样，包括婚前礼（纳采、大征），婚成礼（册立、奉迎、合卺、祭神）以及婚后礼（庙见、朝见、庆贺、颁诏、筵宴）。此册选取一些光绪皇帝大婚时的片段场景来作为古代皇帝大婚礼仪制度的赏析。画师们功底深厚，图册绘制得栩栩如生，将大婚的礼仪制度表现得淋漓尽致。

迎亲队伍出地安门

钦天监报吉时届，鸣赞官赞，行三跪九叩礼

大臣就宴、叩礼

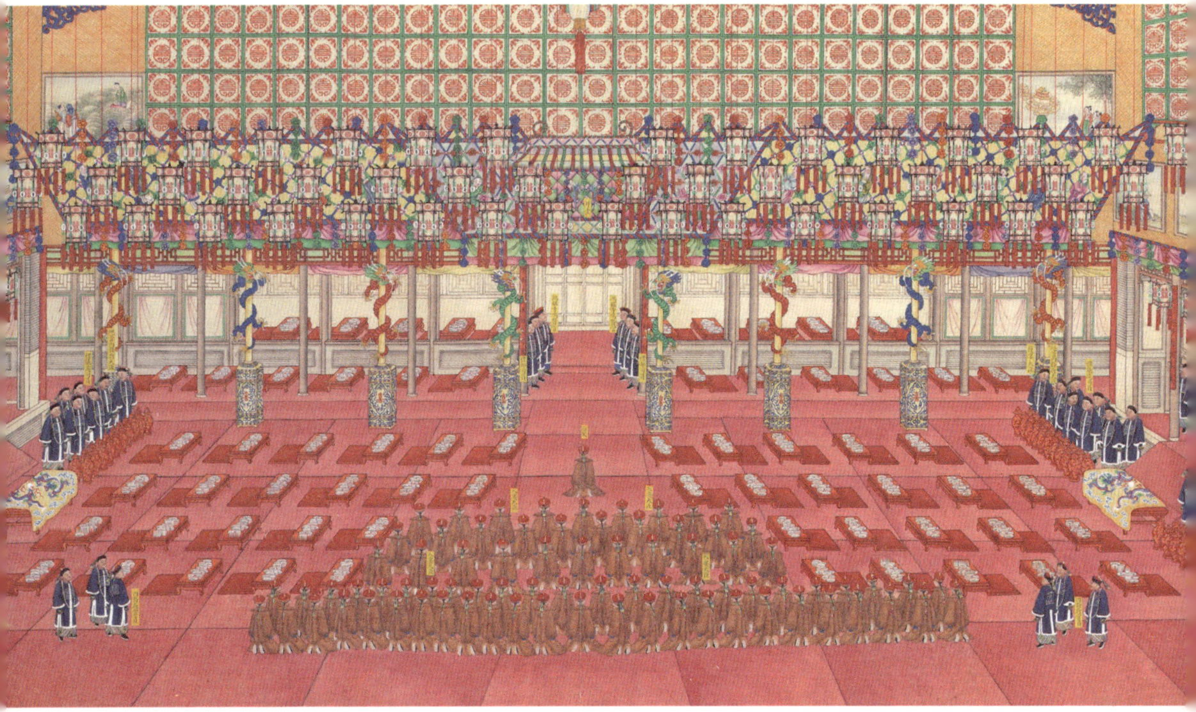

宴毕，大臣行三跪九叩礼，退

凤舆至乾清宫阶下

太和殿，赐皇后家族宴

溥仪盗窃国宝

军阀混战

20 世纪 20 年代初期的几年，中国政局一直处于紧张的对峙状态中：北方军阀与南方军阀的对峙；北方军阀之间，也紧张对峙。

北方军阀，主要有三大派：皖系、直系、奉系。各派之间，互相怀疑、猜忌和敌视。各个派别，都想控制北京。其中，最主要的两个敌对派系，一是张作霖为首的奉系，一是吴佩孚为首的直系。

张作霖的奉系势力，控制着东北大片领土，但是，他很不满足，一直想入主北京，成为天下的主人。吴佩孚直系，控制着中原地区。吴佩孚是一位稳健的将军和政治家，他最大的梦想就是统一中国。

张作霖任巡阅使时，就和宫廷有着密切的来往。他曾从奉天汇一笔代售皇产庄园的款子，给急需钱用的小朝廷，清室十分感激。为此，前摄政王载沣曾亲自写信致谢。清室为了表示感谢，特地由内务府从宫中选出两件珍稀古物，以皇帝父亲载沣的名义，赠予张作霖。

这两件宫廷珍宝，一件是《御制题咏董邦达淡月寒林图》画轴，一件是一对乾隆年款的瓷器。当时，这两件宫廷古物，由一名三品专差唐铭盛奉命，直接由北京送往奉天。张作霖派奉军副总司令（后任伪满洲国总理）张景惠随专差一同回到北京，答谢清室。从此，奉系方面，与皇宫和醇亲王府交往密切。

宫中珍宝失窃

溥仪时常听说，宫里发生盗案。溥仪大婚时，偷盗活动更是发展到了无以复加的地步：刚行过大婚礼，皇后凤冠上的珍宝被换成赝品。参与宫里盗窃活动的，几乎可以说是从上到下，人人有份，即一切有机会的人都会去偷，而且是无一不偷。偷的方式，有溜门撬锁的，有监守自盗的，有明目张胆的。

1923 年春夏之际，无所事事的溥仪接受庄士敦的建议，将历代皇帝画像和行乐图取出拍照。溥仪命太监们从皇宫西部的建福宫取出这些画像供美国摄影师拍摄。太监们每次入宫取所需的字画、珍宝，都心惊胆战，不知道库房里是否还有。最令太监们惊骇的是，皇帝溥仪也会亲临宫室。

有一次，溥仪因好奇心的驱使，前往建福宫，让太监打开一所库房。库房门贴着厚厚的封条，起码有几十年没有打开过。溥仪看见满屋子堆得高高的大箱子，箱子上也全是封条。太监奉命打开一个，里面原来全是手卷字画和精巧的古玩玉器，都是乾隆皇帝当年最为喜爱的珍品。溥仪看着满库房的珍玩，想起了宫里见过的瓷器库、名画库、彝器库等，记起了前不久刚看过的养心殿后库的百宝匣——紫檀木制作的，外观像个箱子，打开之后，是一道道楼梯，每层梯上分成几十个小格，每格一样玩物。

少年皇帝溥仪想：我究竟有多少财宝？我看不到的还有多少？那些整院整库的珍宝怎么办？他们拿去了多少？如何才能制止偷盗？

建福宫大火

溥仪决定开始逐库清点，然而，还没正式开始，麻烦便接踵而至：毓庆宫的库房门被人砸掉了，乾清宫的后窗户莫名其妙地开了，刚买的大钻石不

乾清宫侧影

乾清宫内景

见踪影！

建福宫的清点刚刚开始，一场大火突然降临。

建福宫位于紫禁城北部御花园以西，溥仪结婚时，所收的全部礼品也都储藏在这里。

大火是在1923年6月27日这天深夜燃放的。据目击者回忆，当时的天气极好，晴朗无风。建福宫没有人居住，只有该宫首领太监等7名太监看守，不可能是天然或自然的原因引起火灾。据综合的情况看，这极可能是人为的，就是宫里的太监监守自盗，为了消灭证据而故意纵火。火警最先是东交民巷的意大利公使馆消防队发现的，救火车开到紫禁城时，门卫还不知发生了什么事。宫中知悉后，马上给京卫戍总司令王怀庆、警察总监薛之珩、步军统领聂宪藩打电话，请派消防车。随后，大量消防车和军警涌向皇宫。

扑救了一夜，结果，建福宫附近一带被烧成焦土，包括静怡轩、慧曜楼、吉云楼、碧琳馆、广生楼、香云亭、积翠亭、凝辉楼、延春阁、妙莲花室等都化为废墟。这次究竟烧毁了多少珍宝，实在无法统计，因为宫里的珍宝没有一个完善的账目。内务府后来发表的只是一本糊涂账，依据的是什么，谁也不知道！这本糊涂账称：烧毁2665尊金佛，1157件字画，435件古玩，数万册古书。

建福宫大火之后，加重了溥仪的疑虑，他甚至怀疑太监们会谋害他，便决定整顿内务府和大量裁减太监。裁减太监是7月16日开始的，这一举动不仅使宫内骚动，在北平也闹得满城风雨。慈禧太后时宫里有太监3000余人，辛亥革命后还有900人左右。经反复权衡，溥仪最后决定，除三位太妃、溥仪、淑妃五个宫各留20名太监外，其他全部裁减。当晚9时，内务府大臣绍英在护军的护卫下召集全体太监，宣布溥仪的圣旨。太监们全傻了眼，咒骂声、号哭声、惨呼声，响成一片。但他们别无选择，都被赶出了皇宫。

溥仪梦想重登皇帝宝座

逊帝溥仪，始终不甘心失去江山社稷，一心想复兴大清帝国，重登皇帝宝座。

随着年龄的增长，溥仪复辟大清帝国的愿望和改善禁锢生活环境的要求日益强烈。溥仪很清楚，要想改变现状，就需要大量的钱。这笔巨款如何筹措？思来想去，溥仪想到了宫廷古物珍宝，而将这些宫廷古物盗运出宫的最佳人选，便是身为伴读的皇弟溥杰。这样，溥仪以赏赐为名，将大批昭仁殿内康熙、乾隆百余年来艰辛搜罗的“天禄琳琅”古书珍品，分批盗运出宫。

溥仪在回忆录《我的前半生》一书中，这样写道：

我们行动的第一步是筹备经费，方法是把宫里最值钱的字画和古籍，以我赏赐溥杰为名，运出宫外，存到天津英租界的房子里去……古版书籍方面，乾清宫东昭仁殿的全部宋版、明版书的珍本，都被我们盗运走了。

逊帝溥仪清楚地记得，他和弟弟，一赏一受，偷盗宫中珍宝古物。

这样的盗运活动，几乎一天不断地干了半年多的时间。运出的字画、古籍，都是出类拔萃、精中取精的珍品。因为那时正值内务府大臣和师傅们清点字画，我就从他们选出的最上品中挑最好的拿。我记得的……有司马光的《资治通鉴》的原稿……古版书籍方面，乾清宫东昭仁殿的全部宋版、明版书的珍本，都被我们盗运走了。运出的总数大约有一千多件手卷字画，二百多种挂轴和册页，二百种上下的宋版书。

溥仪的弟弟溥杰作为盗窃者之一，也清楚地记得这一幕，他回忆说：

我每天上午进宫伴读，下午回家就带走一包东西，名义是皇上赏给我的。字画、古籍，什么珍奇的都有，如王羲之、王献之父子的墨迹……这样的情况持续了一年多，一共拿出书画精品二千多件，里面有手卷二百多件，卷轴和册页二百多件。

参与这场盗运活动的人，还有另一个人，就是溥仪的英文伴读溥佳。他是溥仪七叔载涛的儿子，是溥仪的堂弟，因伴溥仪学习英文，经常出入宫禁。溥佳回忆说：

从一九二二年起，我们就秘密地把宫内所收藏的古版书籍（大部分是宋版）和历朝名人字画（大部分是手卷），分批盗运出宫。这批书籍、字画为数很多，由宫内运出时，也费了相当的周折。因为宫内各宫所存的物品，都由各宫太监负责保管，如果溥仪要把某宫的物品赏人，不但在某宫的账簿上要记载清楚，还需拿到司房载明某种物品赏给某人，然后再开一条子，才能把物品携带出宫。

当时，我们想了一个自以为非常巧妙的办法，就是把这大批的古物以赏赐溥杰为名，有时也以赏给我为名，利用我和溥杰每天下学出宫的机会，一批一批地带出宫去。我们满以为这样严密，一定无人能知。

可是，日子一长，数量又多，于是引起人们的注意。不久，就有太监和官伴（宫内当差的，每天上学时给我拿书包）问我：这些东西都是赏给你的吗？我当时含混地对他们说：有的是赏我的，也有修理之后还送回宫里来的。可是，长期以来，只见出，不见入，他们心里已明白大半，只是不知道弄到什么地方去了。

发现盗窃国宝罪证

溥仪被驱逐出宫以后，社会名流和专家学者组成清室善后委员会，点查清宫遗物。

民国十四年（1925 年）3 月 19 日，善后委员会点查毓庆宫时，发现一本十分重要的账本：《诸位大人借去书籍字画玩物等糙账》。这是宣统时期，溥仪在宫内时，皇帝身边的帝师、大臣和近侍，以各种名义借去的宫内珍贵书籍、字画的清单。此账本上清楚地写着，“宣统庚申年（1920 年）三月记”。

4个月后的7月31日，善后委员会在点查养心殿时，无意之中发现了一束《赏溥杰单》和一束溥杰手书的《收到单》。这是盘踞在内廷的溥仪赏赐给自己弟弟溥杰的宫中珍贵书籍、字画目录，自然也是溥仪兄弟公然偷盗国有财产的罪证。

清室善后委员会向社会公布了这一惊人的发现，在报刊上刊登，将此事大白于天下。故宫博物院后将四份秘档，编辑成书，取名《故宫已佚书籍书画目录四种》，书前，按语称：

民国十四年三月十九日，点查毓庆宫，至余字九六四号分五十四时，发见题名《诸位大人借去书籍字画玩物等糙账》一册，内有“宣统庚申年三月记”等字样，当时颇讶其可随意借取。继又于是年七月三十一日，点查养心殿，至吕字五二四号，更发见《赏溥杰单》一束，又《收到单》一束。二者，大体符合。内计宋、元、明版书籍约二百余种，唐、宋、元、明、清五朝字画一千余件，皆属琳琅秘籍，缥缃精品。《天禄琳琅》所载，《宝籍三编》所收，择其精华，大都移运宫外，国宝散失，至堪痛惜！

盗窃珍贵古籍

溥仪以赏赐为名的盗运行动始于1922年7月13日，止于当年12月20日，历时整整5个月。盗运出宫的国宝秘籍，主要包括：古书210部，502函；字画手卷1285件，册页68件，图章1匣45件，皮包14件。

盗运的前两个月，即7月13日至9月25日，他们集中全部精力，盗运宫中珍贵古书，先后41次，盗出宋、元、明版古书秘本，共计210部、500余函。

这批被盗出宫的宫廷秘籍，绝大多数是无价之宝的宋版书，其中，有许多珍贵的宋版古书珍品被盗走的在2套以上：2套的有46部，4套的有31部，6套的有4部，8套的有3部，10套、12套的各1部，18套的有2部。溥仪盗走最多的两部书，每一部是18套。这两部书，就是《唐书》和《资治通鉴》。溥仪盗走12套的，是《十七史详节》；盗走10套的，是《太学新增合璧联声律万卷菁华》；各取8套的3部书，是《史记》《通鉴总类》《纪纂渊海》；各取6套的4部书，是《续资治通鉴长编》《通鉴纪事本末》《六家文选》《春秋经传集解》。

这次盗运出宫的210部古书中，宋版书占199部，元版10部，明抄1部。宋版书中，包括：清高宗御题宋版5部：《尚书详节》《三礼图》《易传》《唐陆宣公集》《班马字类》（影宋版）；仿宋版1部：《周易王注》；宋抄本1部：《谢谔孝史》；影宋抄本8部：《唐史论断》《琴史》《坡门酬唱》《孟子》《春秋繁露》《唐开元礼》《春秋张氏集注》《易小传》；翻宋版10部：《群经音辨》《文章正宗》《说文解字》《文选类林》《吕氏家塾读诗记》《广韵》（3套）、《史记》《玉台新咏》《巾箱本九经》《玉篇》。元版，10部书，都是元版中的珍品：《韵府群玉》《屏山集》《陶靖节集》《增类换联诗学栏江纲》《孔丛子》《增修事类聚翰墨全书后丙集》《绝妙词选》《稽古录》《元经薛氏传》《增广注释音辨唐柳先生集》。明抄本，1部：《诗经解颐》。

盗运活动之初的几天，从7月13日到20日，差不多天天盗运，只选最好的宋本拿。第一天，溥仪赏赐10部13套，全是最为珍贵宋版：御题《尚书详节》《毛诗》《韵语阳秋》《玉台新咏》《卢户部诗集》《纂图互注南华真经》《和靖先生文集》《帝学》《孙可之文集》各1套，《五经》1匣4套。每次赏赐基本都在10部上下，而第三次即7月15日赏得最多，共18部，且都是宋版中的珍品：御题《三礼图》，影宋抄《唐史论断》，仿宋本《尚书孔传》《周易王注》，宋版《说文解字》《纂图互注南华真经》《夏侯阳算经》《画继》《班马字类》《周易辑闻》《说文解字韵谱》《云溪友议》《权文公诗集》《周易》《纂图互注尚书》《帝学》《春秋繁露》《书苑菁华》等。

赏赐的书籍被盗运出宫以后，溥杰送回一份《收到书画目录》，《赏赐单》和《收到单》记载的数目，基本一致。《收到单》最早记录的日期是1922年9月23日，这已是第一次赏赐日期的两个月以后了。《收到单》是按照每一次来编号的，一次一号，每号数目都不等，共计25号，包括“书502卷，手卷1285件，册页68件，图章1匣45件，皮包14件，原封”。从1号至19号，几乎全是书籍。

9月至12月，溥仪的“赏赐”中，也有许多珍贵的内府秘籍，包括御笔诗赋、名家手迹、名臣手稿和诗文墨宝之类，主要有：宋徽宗《手敕》；司马光《资治通鉴》手稿；欧阳修《自书诗文草稿》；苏轼《二赋》《古柏图张即之书画松诗》《书御书颂》《书杜甫榿木诗》；黄庭坚《书李白忆旧游诗》；宋刊细字《妙法莲华经》；元米芾《尺牍》《杂书四帖》《书万寿曲》《书法华经》《书洛神赋》《书金刚经》《心经》墨迹；赵孟頫《尺牍》《拜中岳命诗》《书绝句诗》《书易义》《书苕溪帖》；明王守仁《龙江留别诗》，明祝允明《书前后赤壁赋》，明董其昌《书内景黄庭经》《书秋兴赋》《书自书诗帖》《书神龙感应记》《书杜甫三诗》《书功臣传赞》；乾隆皇帝《御制盛京赋》《御制开惑论》《御制复古说》《御制载月十咏诗意》《御制平定两金川告成大学碑文》；张照《书千字文》《书了义经》《临黄庭经》；汪由敦《临王宠书诸葛亮出师二表》等。

清室善后委员会在清点清宫遗物时，发现了一本宣统时期的墨笔楷书抄本《昭仁殿书目》。这部《昭仁殿书目》，从书目内容上可以断定，是溥仪盗运古书出宫之后完成的昭仁殿藏书目录。理由有二：一是昭仁殿曾收藏的、溥仪赏给溥杰的宋元珍本古书，书目中均没有记载；二是书目上记述的时间，最早是宣统十五年（1923年）二月十五日，最晚时间是宣统十六年（1924年）八月二十一日，而溥仪盗运古物的时间是宣统十四年（1922年）七月至十二月。另外，该书目内，还夹有一张黄纸，纸上墨笔楷书：“皇上　恭亲王溥伟　醇亲王载沣　御前大臣五人　军机大臣六人　内务府大臣四人　南书房翰林八人　王文韶　孙家鼐　那桐　赵尔巽等十一人。”

从该书目和所夹黄纸的记载上推断，这部书目是溥仪盗运古书、字画之后，意犹未尽，吩咐由亲王挂衔、前清大臣会同翰林文臣同入昭仁殿，点查剩余的殿藏古书而后编成的书目，以便再据书目“提起”古书。事实上，溥仪正是据此书目，“提起”了一些珍贵的古书，或赏赐帝师，或送给后妃，或借机盗运出宫。

清　乾隆时期　刺绣《御制盛京赋》册封面

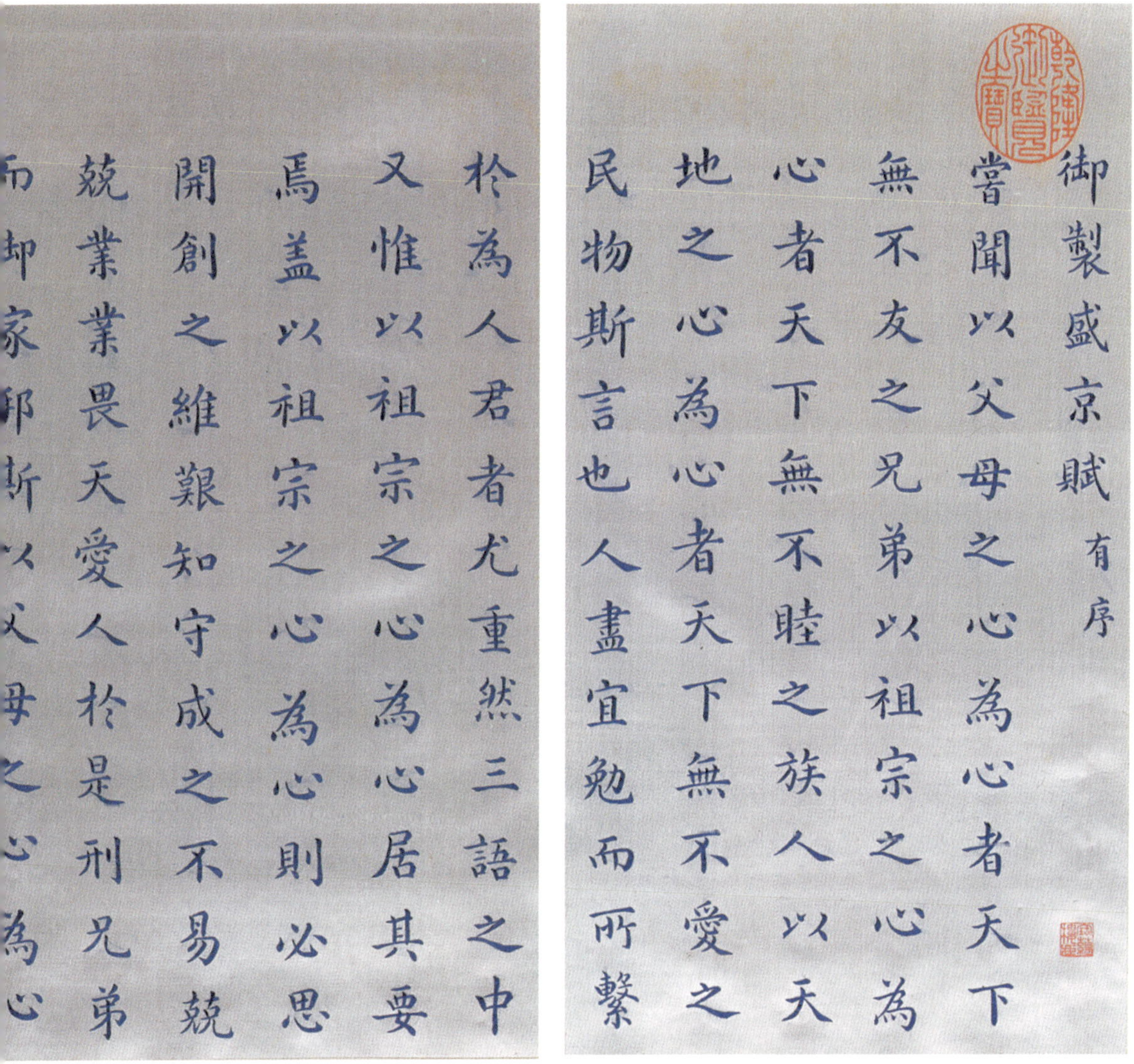

清　乾隆时期　刺绣《御制盛京赋》册

总之，从1922年7月至9月，溥仪先后41次，赏赐自己的弟弟溥杰大量宫中珍藏昭仁殿的珍贵古籍。从时间上看，溥仪盗窃宫中国宝，从7月13日开始，赏赐大量珍本古籍，到9月25日终止，将近两个半月，72天时间；从1922年9月28日开始，赏赐大量字画手卷和稀有珍宝，到1922年12月20日终止。

盗窃珍贵书画

溥仪以赏赐弟弟为名，盗窃出宫的珍贵字画手卷，主要包括：

唐周昉《调婴图》《地宫出游图》，唐阎立本《步辇图》；

五代顾闳中《韩熙载夜宴图》；

宋徽宗《观马图》《摹张萱虢国夫人游春图》《雪江归棹图》《临怀素书》，宋高宗《书马和之画诗经·唐风图》手卷、《书马和之画诗经·陈风图》手卷、《书马和之画诗经·小雅·南有嘉鱼之什六篇图》手卷、《书马和之画诗经·鲁颂三篇图》手卷、《书马和之画诗经·周颂·清庙之什图》手卷、《书马和之画诗经·小雅·节南山之什图》《书女孝经马和之补图》《书养生论》真迹，宋孝宗《赐周必大手敕》手卷、《书马和之画诗经·齐风六篇图》，宋人《文姬归汉图》；

北宋张择端《清明上河图》，明仇英仿张择端《清明上河图》，北宋李公麟《西园雅集图》《列仙图》《画罗汉》《明皇击球图》《五马图》《临洛神赋》，苏轼《春帖子词》；

元赵孟頫《水村图》手卷、《书归去来兮辞》；

明宣宗《三鼠图》《武侯高卧图》，唐寅《桐山图》，董其昌《岩居图》《昼锦堂图》《江山秋霁图》《采菊望山图》；

清艾启蒙《十骏犬图》，张宗苍《梧馆新秋》《飞阁流泉》，钱惟城《小春图》《台山瑞景》，董邦达《静寄山庄十六景图》《苍岩古树》，丁观鹏《摹丁云鹏罗汉》，王著《书千文》真迹等。

北宋　李公麟《西园雅集图》

在古代，文人之间的集会称为『雅集』，史上著名的雅集一个是东晋时期的『兰亭集』，另一个便是北宋汴京的『西园雅集』了。『西园雅集』出名在李公麟的画和米芾的题记，以至后世多摹画《西园雅集图》。描绘了包括李公麟在内的众多文人雅士（苏东坡、黄庭坚、米芾等），在驸马都尉王诜府中写字赋诗，游乐聚会的情景。

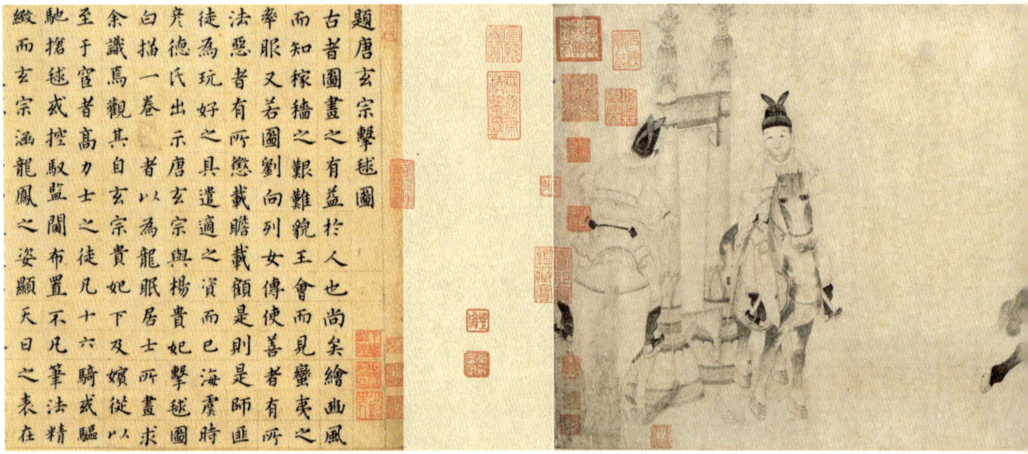

題唐玄宗擊毬圖

古者圖畫之有益於人也尚矣繪豳風而知稼穡之艱難貌王會而見蠻夷之率服又若圖劉向列女傳使善者有所法惡者有所懲載瞻載顧是則是師匪徒為玩好之具遺適之資而已海虞時𡙇德氏出示唐玄宗與楊貴妃擊毬圖白描一卷者以為龍眠居士所畫求余識焉觀其自玄宗貴妃下及嬪從以至于宦者高力士之徒凡十六騎或驅馳搭毬或控馭監闌布置不凡筆法精緻而玄宗涵龍鳳之姿顯天日之表在

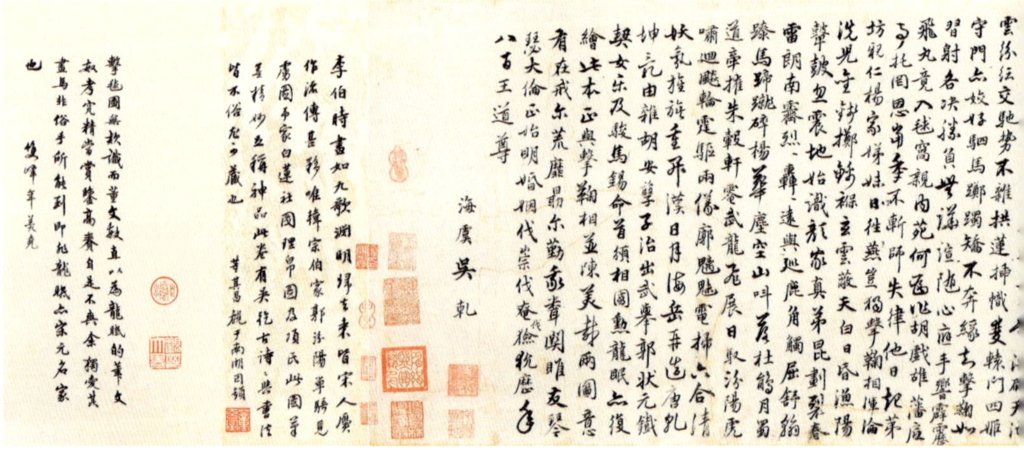

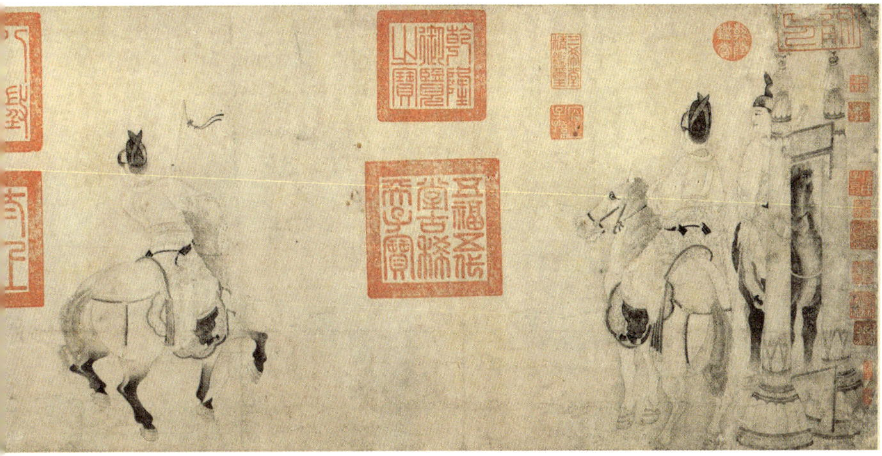

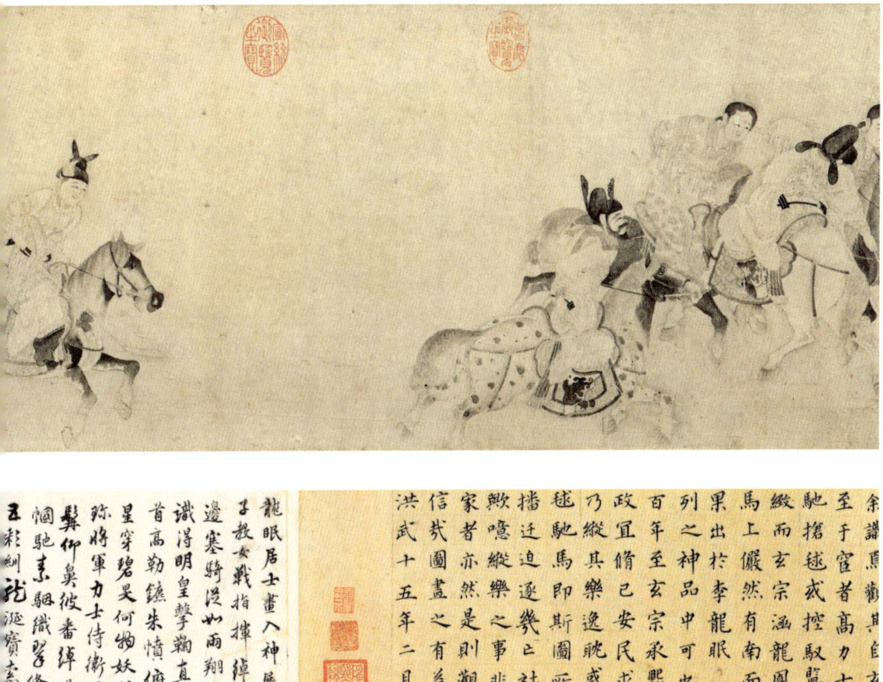

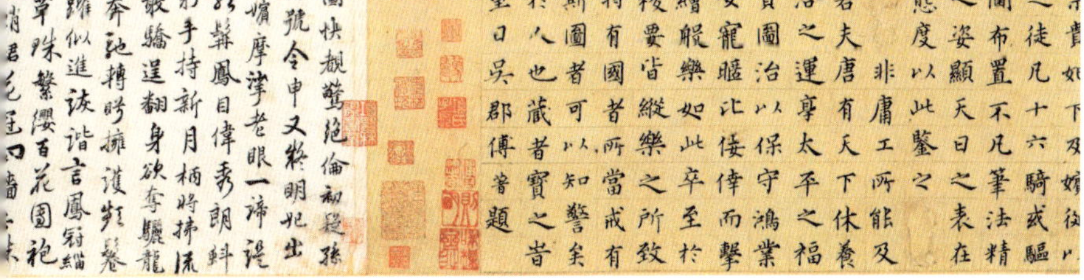

北宋　李公麟《明皇击球图》

整幅画作构图完整，画面极具动感，绘的是唐明皇等众人乘马击球的场景。马球是唐宋年间，比较盛行的一项体育运动。作者将唐明皇画于画面的正中，表现了他的身份和地位。

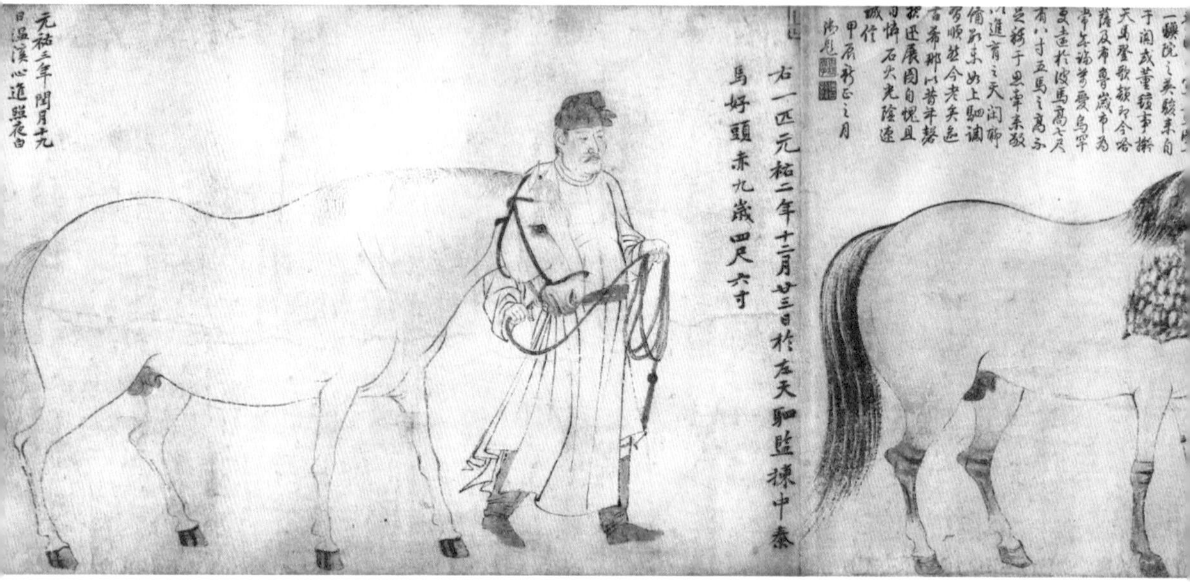
右一匹元祐二年十二月廿三日於左天駟監揀中秦馬好頭赤九歲四尺六寸
元祐三年閏月十九日溫溪心進照夜白

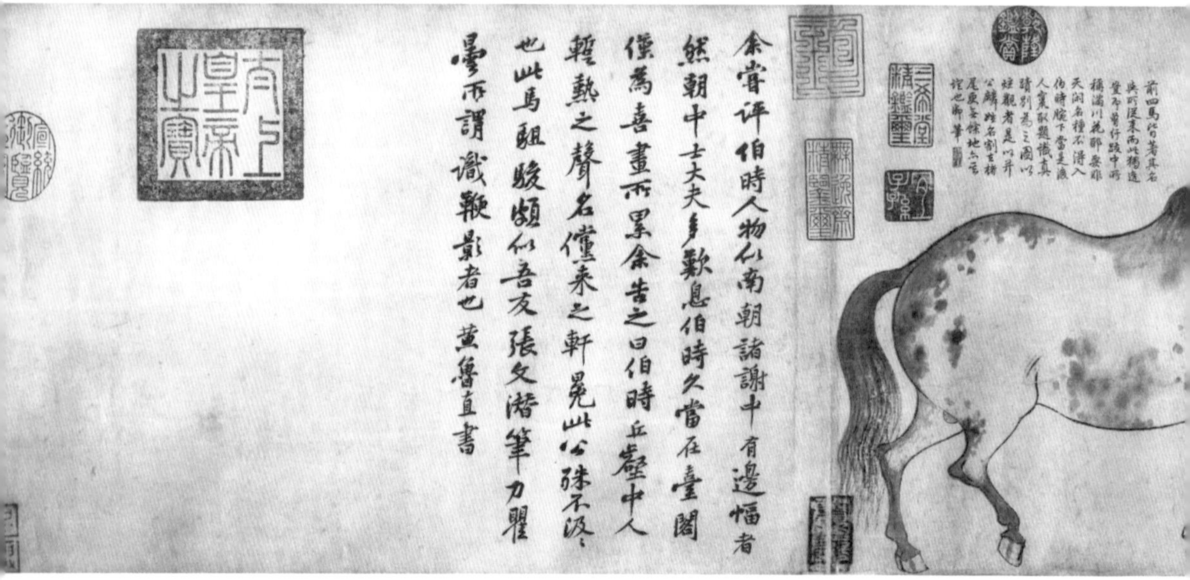
余嘗評伯時人物似南朝諸謝中有邊幅者然朝中士大夫多歎息伯時久當在臺閣僅爲喜畫所累余告之曰伯時丘壑中人暫熱之聲名儻來之軒冕此公殊不汲汲也此馬駔駿頗似吾友張文潛筆力瞿曇所謂識鞭影者也黄魯直書

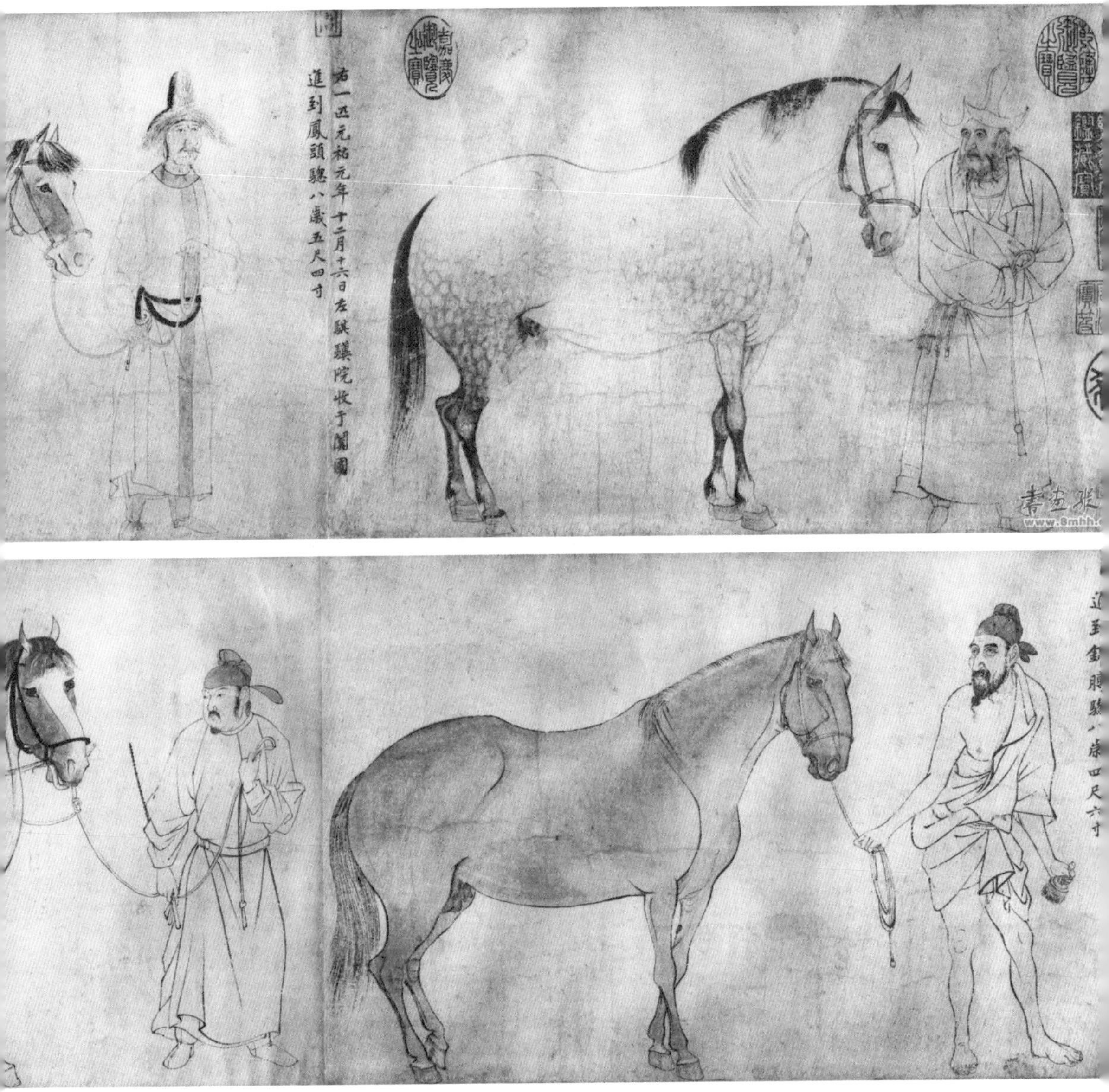

北宋　李公麟　《五马图》

白描画法，画的是西域进贡给北宋朝廷的五匹马和分别牵马的五人。在每匹马旁边都有黄庭坚的题字，来表明每匹马的名字、年龄以及进贡时间，所置何地等。

清　丁观鹏　《摹丁云鹏罗汉》

康熙末期至乾隆中期的清代画家、宫廷画师，善作仙佛神像。

国宝运往东北

1924 年 11 月 5 日，冯玉祥发动北京政变，将清逊帝溥仪和他的后妃们赶出了皇宫。下午 4 点，国民军在皇宫北门神武门准备了 5 辆车：京畿卫戍司令鹿钟麟、民国代表李煜瀛上第一辆车，溥仪上第二辆车，皇后婉容上第三辆车，警察总监张璧上第四辆车，内务府大臣绍英等上第五辆车。五辆车离开紫禁城，前往后海的醇亲王府。

1924 年 11 月 20 日，成立办理清室善后委员会。1924 年 11 月 29 日，出宫以后寝食难安的溥仪，在帝师陈宝琛、庄士敦等人的鼓动下，悄悄地离开北府，潜往使馆区东口哈德门附近的苏州胡同。庄士敦与日本芳泽公使秘密交涉，安排溥仪进入日本公使馆。郑孝胥用马车将溥仪送到日本公使馆，日本司令官竹本大佐在门口等候，引领溥仪进入日本公使馆。溥仪在这里住了 3 个月，过了一个不寻常的元旦，迎来了一个完全不同的新年，并过了一个具有非凡意义的二十岁生日。

正月十四日，是溥仪的生日。日本公使馆别有用心地为逊帝溥仪举行盛大的皇帝生日寿宴。溥仪一身新装，在寿宴上郑重地发表了生日演讲，对宫中祖宗遗留给自己的珍宝器物念念不忘，对冯玉祥赶他出宫、不许他带出古物，愤恨不平："余此时系一极无势力之人！冯玉祥以如此手段，施之于余，胜之不武。况出宫时，所受威胁情形，无异凌辱，一言难尽！逐余出宫，犹可说也，何以历代祖宗所遗之衣物、器具、文字，一概扣留？！甚至日用所需饭碗、茶盅及厨房器具，亦不许拿出？！此亦为保存古物乎？！此亦可值金钱乎？！此等举动，恐施之盗贼、罪囚，未必如此苛刻！！"

溥仪伙同弟弟溥杰，将宫中国宝秘籍盗运出宫以后，这批古物古书去向何方？据溥仪说，这批古书出宫以后，都交给了溥仪的父亲前清摄政王载沣，载沣又交给载涛，载涛再秘密地运到天津静园，变卖了几十件，最后全部运往东北，入藏伪满洲国皇宫藏书楼。溥仪回忆说："这批东西移到天津，后来卖了

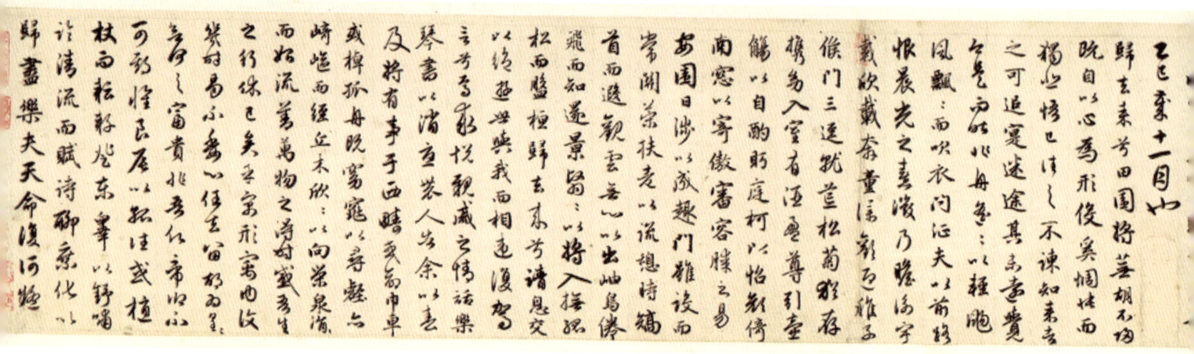

几十件。伪满成立后，日本关东军参谋吉冈安直又把这些珍品全部运到了东北。日本投降后，就不知下文了。”溥仪的胞弟溥杰回忆说：“这些文物都交给我父亲，由我父亲交给七叔载涛，带到他在天津英租界新置的房子里。后来，在天津卖掉了几十件，大部分又带到伪满。最后的下落，我就不知道了。”

小白楼收藏皇宫珍宝

1931 年 11 月 10 日，溥仪在日本人的秘密安排下，悄悄地离开了静园，偷渡白河。13 日早晨，到达辽宁营口的满铁码头。几天后，到达旅顺，住进大和旅馆。随后，奉了溥仪上谕的胡嗣瑗、陈曾寿引领皇后婉容一行也来到旅顺。随后，一箱又一箱的宫中国宝秘籍，也秘密地运往东北。

从此，溥仪开始了他长达 14 年的傀儡生涯。

溥仪一生对玉器充满了兴趣，他从天津逃往东北，一路之上，随身带着一个箱子，里面装着宫里最为珍贵的玉器和珍宝。到达长春之后，他偷运出宫的大批国宝秘籍，随之也运到了长春。据溥仪的侍卫严振文回忆，从天津张园搬

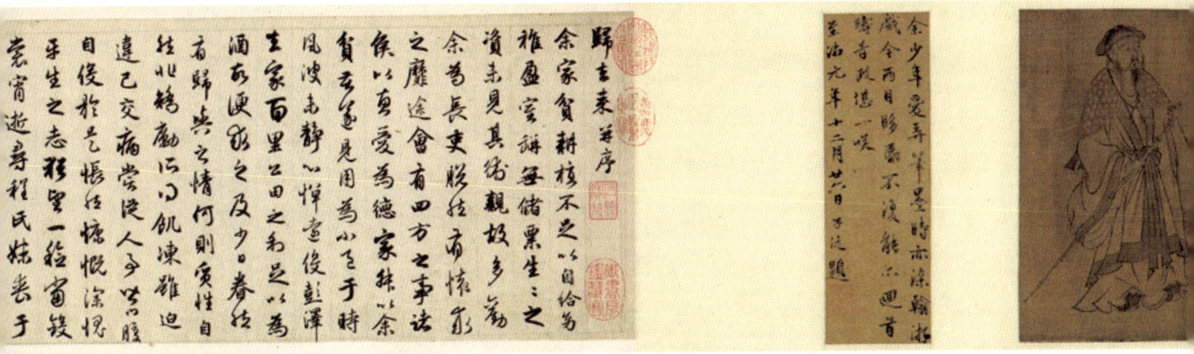

元　赵孟頫　《书归去来兮辞》

《归去来兮辞》是东晋陶渊明辞官归乡之作，其文字表达了对官场黑暗的厌恶，歌颂乡间美景和劳动生活，也表明了他归隐的决心。现藏于上海博物院。

到静园，珍宝秘籍大致有：大金库，2个，每个大金库内套30多个小金库；书画箱，32个，松木制成，长3尺余，宽1尺余，高1尺余，中有立柱，开两扇门；书籍箱，35个，松木制成，长2尺余，宽1尺余，高2尺余，长方形箱子。

这些箱子，约70个，据杨仁恺称，内装：

法书名画，1300件。由北京醇亲王府运津，存放静园楼下楼梯旁室内，约30箱。

法书名画册页，40件，4箱。

书画挂轴，21件，1箱。

宋元版书，200部，31箱。

殿版书，册数不详，3箱。

大金库，2个，存静园南楼下库房。内装皮匣2个，手提小金库30余个，后运长春19个，余留存天津。

皮货，300件，8箱。

这批国宝秘籍，存放在天津，比较安全。溥仪和他的家眷们都在天津，溥仪的父亲、弟弟和警卫处长、随侍等大量亲信都盯着这批珍宝，看护在周围。溥仪前往东北，做了伪满洲国的皇帝，他当然不会忘记这批国宝秘籍，这可是他的帝国基业。作为建立伪满洲国的日本，也垂涎于这批中国皇宫的国宝秘籍，想方设法地将这批东西运到长春。

溥仪盗窃出宫的宫中古物珍宝秘籍，从北京到天津，再从天津运到东北伪满洲国后，全部入藏于伪皇宫藏书楼中。1946 年国民党军占领长春后，接收了 13 箱宋版书，并交给了国立长春大学图书馆；其余的珍贵古书和珍品文物，一部分收回、收购，入藏北京故宫博物院，其他的则流失各处。

伪满皇宫内的藏书，大体分三个部分：一是溥仪的私人藏书，称为内廷藏书；二是宫内府藏书，数量较多；三是尚书府藏书，数量很少。内廷藏书基本上是溥仪从紫禁城中盗运出宫的古书，即从天津转运过来的；还有一部分是收购和遗老旧臣进呈的。如前清内阁侍读学士、头品顶戴刘锦藻进呈《续皇朝文献通考》，溥仪赐给他一方御题匾，他万分感激，特地上了一个“谢恩折”。伪满皇宫的内廷藏书，留下有四本目录：第一本是《书籍簿》，是藏书书名总汇；第二至四本是《书目簿》，是藏书的详细目录。这里的全部藏书有 800 余种，34000 余册。从天津转运过来的清宫内府古书，除变卖了几十册外，基本上都在这里。如宋本《周易本义》《广韵》《玉篇》，分别于宣统十四年（1922 年）七月十四日、八月初六日、八月十四日赏给溥杰、带出皇宫，然后辗转运到这里。

伪满内廷藏书中，所藏宋版《重广补注黄帝内经素问》，石青绢封面，黄绢题签，签上楷书“宋版内经素问”，封面内钤“五福五代堂”“古稀天子宝”“八徵耄念之宝”“太上皇帝之宝”诸印，卷首首页右上方钤“天禄继鉴”方印和“乾隆御览之宝”椭圆印，卷末末页左上方钤“天禄琳琅”方印。从书品到印章看，此书系“天禄琳琅”旧藏无疑。该书每册首页都有“娄东”“扫花庵鉴赏”印，末页有“王时敏印”“烟霞氏”等印。查阅《天禄琳琅书目续编》所记载，正相吻合。再查《赏溥杰书画目》，此书正是宣统十四年（1922 年）八月十八日，赏给溥杰而带出皇宫的秘籍。

国宝流失

1945 年 8 月 9 日早晨，关东军司令山田乙三和参谋长秦彦三郎一起走进同德殿，告诉溥仪：苏联对日宣战了。伪满洲国召开紧急会议，关东军决定放弃新京（长春），要求溥仪迁往临江。8 月 10 日，日本关东军司令告诉溥仪，他们决定退守南满，伪满洲国的“国都”要迁往通化，形势危急，必须当天动身。司令官走后，联络员吉冈恶狠狠地告诉溥仪：“陛下如果不走，必定首先遭受苏联军的杀害！”溥仪看着吉冈的样子，心里有点害怕：他们怕我这个人证落在盟军手里，会不会杀我灭口？溥仪想到这里，吓出一身冷汗，立即召来伪国务总理张景惠和伪总务厅长官武部六藏，为了表示对日本的忠心，吩咐：要竭尽全力支援亲邦进行“圣战”！要抗拒苏联军到底！

8 月 15 日，日本宣布无条件投降。吉冈告诉溥仪：“天皇陛下宣布了投降，美国政府已表示对天皇陛下的地位和安全给以保证！”溥仪双膝一软，跪了下来，磕了几个头，默诵：我感谢上天，保佑天皇陛下平安！吉冈愁眉苦脸地对溥仪说：“关东军已经与东京联系好了，送陛下到日本。不过，天皇陛下也不能保证陛下的安全。这一节，要听盟军的了。”

8 月 17 日夜晚，在大栗子矿业所的职工食堂，溥仪举行了简单的退位仪式，念诵汉学家草拟的最后一道“康德皇帝”诏书：退位诏书。张景惠回到长春，与蒋介石联系，等候国民党来接收。苏联军队进军神速，突然降临长春。吉冈通知溥仪，挑选几个人，立即前往日本。溥仪挑了弟弟溥杰、两个妹夫、三个侄子、一个医生和一个随侍，皇后、嫔妃全扔下了。飞机飞往沈阳，但刚刚到达沈阳机场，苏军的飞机就到了，溥仪一行全部被俘，第二天就被押往苏联。

溥仪一行被送往苏联，溥仪随身携带的法书、名画、珠宝玉翠，由东北人民自卫军收缴，交东北人民银行保管。溥仪和他的伪总理张景惠被押往西伯利亚的赤塔，1950 年 8 月，押送抚顺战犯监狱。这时，溥仪才交代，在他的随身行李箱子的夹缝之中，藏有珍贵的珠宝。然而，打开箱子后，夹缝内却什么都没有。

溥仪携带逃跑的法书名画，100余卷，包括晋、唐、五代、宋时的名家佳作，大多数是《石渠宝笈》所著录的乾隆皇帝鉴赏的名品。其余珠宝玉翠之类，也都是宫中的上乘珍玩。这些国宝，见于溥仪《赏溥杰书画录》中。主要有：

《曹娥碑》，晋王羲之书，宋高宗题跋。

《步辇图》《萧翼赚兰亭图》，唐阎立本画。1922年11月19日溥仪赏赐溥杰携带出宫。

《仲尼梦奠帖卷》《行书千字文》，唐欧阳询书，欧阳氏真迹传世仅仅4件，溥仪携出2件。

《草书古诗四帖》，唐张旭书，五色笺，狂草书庚信（庾信）古诗4首。宋徽宗内府旧藏，传入清宫。

《论书帖》，唐怀素书，1922年11月23日赏溥杰携出宫。

《写生珍禽图》，五代黄筌画，1922年11月24日赏溥杰携出宫。

《潇湘图》《重溪烟霭图》（后人仿作）《夏景山口待渡图》等，都是南唐画师董源的画作，1922年10月20日始，赏溥杰携出宫，其中，《夏景山口待渡图》随身携带。

《恭事方丘敕》《蔡行敕》《瑞鹤图》《临古图》《王济观马图》《写生翎毛图》《摹张萱虢国夫人游春图》，题宋徽宗书、画，1922年11月19日等赏溥杰携出宫。

《寒鸦图》《小寒林图》，题宋李成画，溥仪1922年12月12日赏溥杰携出宫。

《女史箴》真迹、《九歌图》《摹韦偃放牧图》《白莲社图》《君明臣良图》《前代故实图》《韩幹狮子骢图》《唐明皇击球图》《商山四皓会昌九老二图》，题宋李公麟画，1922年10月21日等赏溥杰携出宫。

《诗经图》，南宋马和之画，宋高宗书经文16卷，乾隆皇帝极为推重，特地命名自己的画库房为学诗堂。溥仪随身携带《唐风图》《陈风图》《鲁颂图》《周颂·清庙之什》4卷，1922年9月28日至11月8日等，赏溥杰携出宫。

《江山秋色图》《莲舟新月图》《仙山楼阁图》《荷亭消暑图》，题南宋赵伯驹画，还有其弟赵伯骕的《万松金阙图》，1922年11月20日赏溥杰携出宫。

《清明上河图》，北宋宫廷待诏张择端画，溥仪在 1922 年 11 月 17 日赏溥杰携出。等等。

奇怪的是，《清明上河图》这样的绝世佳作，竟然没有入以鉴赏行家自居的乾隆皇帝的法眼，也没有收入乾隆时期的著名大作《石渠宝笈初编》《石渠宝笈续编》之中。只是到嘉庆时期，编纂《石渠宝笈三编》时，才勉强收入这幅作品。

清末代皇帝溥仪想盗窃宫中国宝秘籍出宫，还吩咐学识渊博的陈宝琛点查宫中历代名贵字画，分成上、中、下三品。1922 年 11 月 17 日，溥仪赏赐弟弟溥杰这卷《清明上河图》，携带出宫。随后，溥仪将《清明上河图》带到东北，入藏伪满皇宫。

苏联红军俘虏了溥仪，同时收缴了他随身携带的收藏名贵字画珍宝的木箱，其中，就有这幅“中华第一神品”的《清明上河图》。但是，当时情况很混乱，并没有人在意这些书画名品，只是随意地扔在机场。后来，作为战利品上交，并陆续地发现了两幅临摹本。1950 年，这三件《清明上河图》，也就是一件真迹和两件临摹本，拨交东北博物馆（今辽宁省博物馆），该馆在这幅名品上正式盖有馆藏章：东北博物馆珍藏。

1950 年底，文化部组织专家清理东北遗留下来的文化遗产，其中文化部研究员杨仁恺先生奉命清点、整理东北地区收缴的战利品。杨先生在堆积如山的藏品中，发现了这幅《清明上河图》真迹，欣喜若狂，差点跳了起来。“1950 年冬，我在东北博物馆临时库房里，竟然发现张氏《清明上河图》真本！顿时，目为之明，惊喜若狂，得见庐山真面目！此种心情，不可言状！”

经过专家鉴定，一致认为，这是张择端的真迹。1953 年，中央政府下令，将这幅《清明上河图》真迹，送回原收藏地故宫博物院。事实上，经过政府多方努力，许多随溥仪流失宫外的珍宝，也顺利地回到了紫禁城。这其中，溥仪有一些严重的过失，导致一些珍贵国宝文物遭到毁灭、损坏，也有溥仪的一份功劳，上交了珍宝，使这些的旧物又回到了故宫。

另外，溥仪一行匆匆出逃长春之后，伪皇宫一下子安静了下来，仿佛成了一座空城。负责看守这座皇宫的士兵，依旧坚守岗位，守护着这座空城。可是，士兵们奇怪地发现，曾在溥仪身边的这些侍从，怎么一个个神情古怪、鬼鬼祟

北宋　张择端　《清明上河图》全卷

《清明上河图》，绢本设色，中国古代十大名画之一。描绘的是北宋都城汴梁街头风俗画，北宋画家张择端仅见的存世精品，属国宝级文物。此卷里包含了大量的人物、动物、车、轿、船只、桥梁、城楼和房屋等，体现了北宋当时城市的建筑面貌和社会各阶层人们的生活场景。此画具有很高的历史价值和艺术价值。现藏于北京故宫博物院。

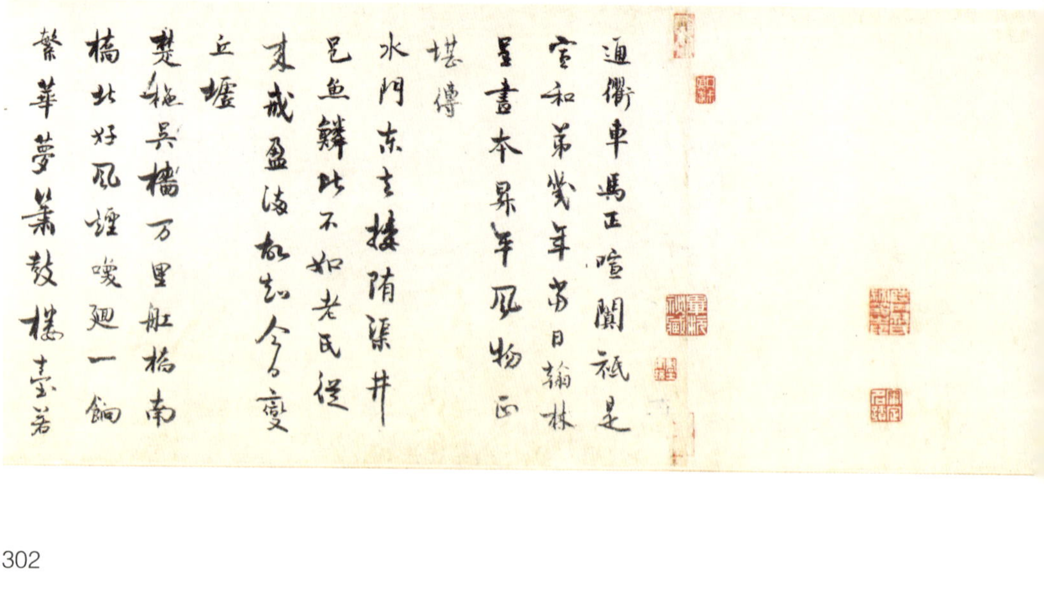
通衢車馬正喧闐祇是
宣和第幾年當日翰林
呈畫本昇平風物正
堪傳
水門東去接隋渠井
邑魚鱗比不如老氏從
來戒盈滿故知今日變
丘墟
楚柂吳檣万里舡橋南
橋北好風煙喚廻一餉
繁華夢蕭鼓樓臺若

翰林張擇端字正道東武人也幼讀書遊
學於京師後習繪事本工其界畫尤嗜於
舟車市橋郭徑別成家數也按向氏評論
圖畫記云西湖爭標圖清明上河圖選入

見說後生畏誰
云前藝空神
傳期阿堵目送
易歸鴻詎在依
形肖堪稱精健
雄緬懷八斗韻
三百有遺風
命丁觀鵬仿顧愷
之洛神圖成即用
題顧卷原韻題之
丙子初冬御筆

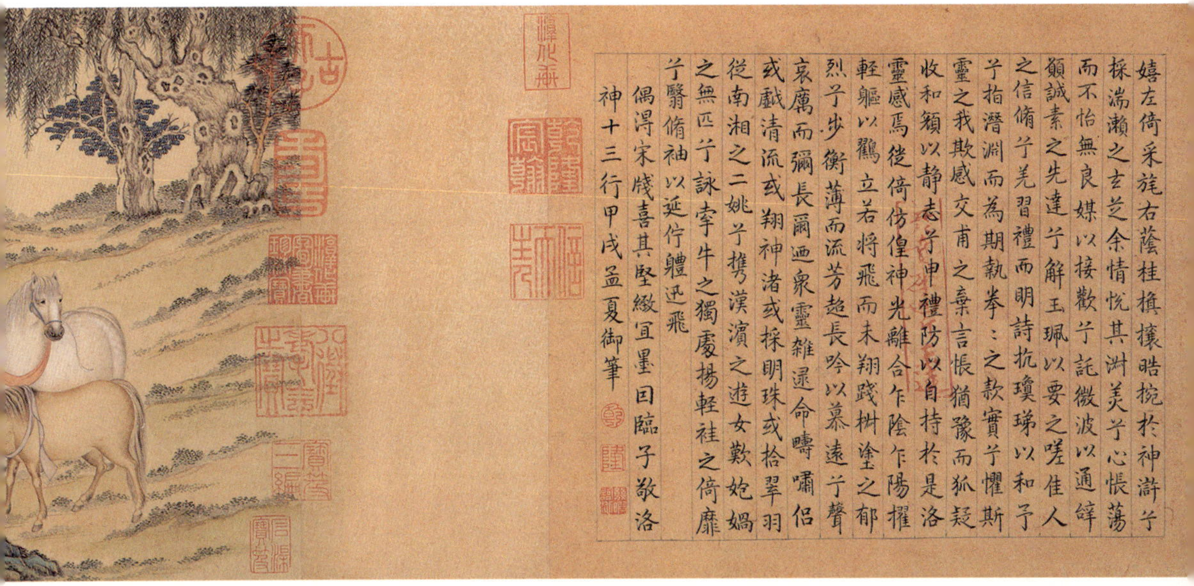

清　丁观鹏　摹顾恺之《洛神图》卷

图为以曹植《洛神赋》为题材所作的绘画作品。丁观鹏为清雍正年间的宫廷画师，曾师从郎世宁，深受西洋画法的影响。丁观鹏临摹的《洛神图》中糅合了西洋画法的明暗关系和透视关系。乾隆皇帝曾评价他：“善临摹，兼工设色。”

祟地进出皇宫，还携带了一些小巧精致的财物。有个值勤的士兵，偶尔走过小白楼，由于好奇，他向楼门张望，看到门窗紧闭，可是，从窗子看进去，发现有许多木箱整齐地摆放在那里。这些木箱，就是从天津张园、静园搬运到长春的国宝秘籍箱子。士兵破窗而入，打开木箱，惊奇地发现，箱内有许多小木匣；再打开小木匣，更加吃惊地发现匣内竟然是暗花纹黄绫包裹着的一卷东西。

士兵以为是一卷女人喜欢的绫罗锦缎，打开后，黄绫内竟然是一些色泽较为暗淡的古画，画布较为结实，好像是五色锦的，上面有书签和长长的丝带，带上附有白玉别子；再展开，发现有字，有画，有图章，有签名，赤金闪烁，五彩缤纷。士兵大为疑惑，不知道这些是何物？值不值钱？接连打开几卷，都是这些玩意，士兵好不扫兴。但没办法，也许值几个钱呢？于是，他顺手拿了几卷。士兵回到大门值班室，一位何姓排长正在那里，注意了士兵的行动，问清来由。有点文化的何排长知道这些国宝的价值，决定暂且隐瞒，然后不动声色地组织偷运。可是，这个情况很快传开，许多士兵开始行动，特别是几个念过书的士兵更是跃跃欲试，行动迅速。军官们想控制局面，可已经太晚了。负责值勤的士兵一批批地进入小白楼，由暗到明地抢劫，大批国宝悄然流失。

士兵站岗，都有一定的时间，他们只能在规定的时间内才能进入皇宫。这样，他们在有限的时间内，充分施展本领，寻找最好最有价值的东西。小白楼被一个个的木箱占据了空间，楼内可转动的地方有限，开箱、开匣，展画、展观，士兵们为了争夺国宝开始发生冲突，有的大打出手，有的甚至为了争夺一卷而撕成几段，有的珍贵国宝瞬间被毁！

米芾是北宋“四大家”之首，他的代表作，就是著名的《苕溪帖》，是书写在澄心纸上的6首诗，可谓古画中的精品，誉满天下。但是，这样一件稀世国宝，竟然遭受到前所未有的破坏：包首锦一段，不知去向；引首是明代大臣李东阳七十岁高龄的绝笔手书篆文“米南宫诗翰”5字，被人撕去；帖心、前隔水、后隔水，被揉成一团，完全变形；书心被撕毁了一大块，残缺10字！

这次士兵哄抢小白楼，所幸内府秘籍没有殃及，原因是这些书籍体积较大，不好携带，也不知道有何价值。但是，士兵们嫌这些书籍碍事，随意地推倒、翻腾，扔了一地。

价值连城的“东北货”

“东北货”,就是流失在东北的皇宫珍贵文物的简称。大栗子沟流失的国宝,是货真价实的宫廷文物,是第一批“东北货”。溥仪一行匆忙逃到大栗子沟煤矿时,狼狈不堪。可是,这一行浩浩荡荡,60 辆大车,令人目眩,人们不知道由军队戒严的这个大型车队究竟装运的是什么。车队从长春到双阳,经过伊通、梅河口,最后到达鸭绿江上游的大栗子沟。60 辆的车队,随行人员一大群:溥仪和他的随侍、臣僚、皇亲、国戚、护卫军等,这么多人,突然来到这样一个穷乡僻壤的地方,日常饮食首先成为大问题。当时,纸币已经成为废物,摆在众人面前的难题是:用什么换些粮食来充饥?只有一个办法,就是用携带的宫中珍贵的金银珠宝和名人字画,换些可吃的粮食。可是,谁又识货呢?又有什么有眼光的财主能够出重金购买?

经过再三斟酌,溥仪拿出了相当数目的名画,交给近侍,将这些宝物存放在当地士绅大户家中,换些吃的。后来,从这些乡绅手中,发现了这些宫廷珍宝,包括:唐代画师韩幹的《神骏图》,南宋画师赵伯驹的《莲舟新月图》,宋徽宗的《王济观马图》,元代赵孟頫的《水村图》,明代刘铎的《罗汉图》等。

小白楼流失的国宝,也是货真价实的宫廷文物,是第二批真正的“东北货”。小白楼流失了多少国宝文物,没有一个具体的数字。

但从许多史料上看,流失的国宝数量,触目惊心,主要有:

《积时帖》,唐虞世南墨书;

《地宫出游图》,唐周昉绢本彩绘;

《职贡图》《步辇图》,唐阎立本绢本彩绘;

《三马图》,北宋画师李公麟画,上附苏轼手书《三马记》;

《自书诗稿》,北宋陈洎手迹,卷末有司马光等 12 位名家手跋;

《易说》《苕溪帖》,北宋书家米芾手迹;

《二札帖》,北宋大臣范仲淹手迹;

《江山佳胜图》，南宋夏圭纸本设色长卷；

《历代钱谱》，南宋徐本绢本设色钱谱，小楷谱文；

《西岳降灵图》，南宋牟益画，有元代画家赵孟頫的墨迹；

《尺牍三帖》，元代画家赵孟頫和他的夫人、儿子的墨迹三帖；

《三蔬图》《秋江待渡图》，元钱选手绘，画上有作者生活写照的题诗；

《御史箴》，元鲜于枢大字楷书长卷，上有周驰、乐元璋、郭大中等名家题跋等。

杨仁恺先生对这场浩劫深感痛惜，他沉痛地说："原藏于长春伪宫小白楼的历代法书名画，在很短的时间内，经过值勤士兵的一番争夺洗劫，剩下满楼空箱空匣和散在各个角落的花绫包袱，凌乱之景，无法言喻。上面所列举者，只是荦荦大者，与实际损毁数字自然有很大的距离，已足以使人惊心动魄了！历史上，除去六朝梁承圣三年（554年）萧绎的火焚法书名画，隋大业十二年（616年）和唐初武德二年（619年）黄河运载遭落水之厄外，此次的浩劫，可算是历史上屈指可数的人类精神、物质文化的第四次大灾祸！"

海外秘密收藏

溥仪盗运出宫的国宝，在东北长春风云流散，一部分由溥仪携带，绝大多数由值勤士兵抢劫，另一部分在大栗子沟流失。所有这些"东北货"，一时成为国内军政人士和国外富商、收藏家搜集、征购和抢夺的焦点。由于国内的风声日紧，手中掌握着这些国宝的人千方百计地出售奇货，获得暴利。而随着国外商富等特殊群体的介入，这些无价之宝渐渐流传国外，成为私人和国有博物馆等公私收藏的镇宅、镇馆之宝。

1945年是最为混乱的年份之一，日本投降，国民党以统治者的国民政府身份接收东北地区，并用美国的飞机空降军队，占领东北。国民政府管理松懈，特别是在国宝秘籍方面，没有一个法令严格禁止珍贵文物出口。这样，大量的"东北货"堂而皇之地从东北涌向边疆口岸，流出国门。

海外公私收藏“东北货”，数量惊人。

美国纽约大都会博物馆，收藏中国名画430余件，其中，“东北货”17件。名收藏家王季迁藏宋元名画25件，转让大都会博物馆。顾洛阜先生是收藏中国宋元名画的大家，其收藏之精、之富，品质之优，都令人惊叹，他将自己的收藏也捐赠给大都会博物馆。这样，大都会博物馆成为中国名画的主要收藏地之一，其主要作品有：唐韩幹《照夜白图》；五代《别院春山图》；北宋屈鼎《夏山图》、北宋米芾《云山图》、北宋高克明《溪山雪霁图》、北宋郭熙《树色平远图》、北宋李公麟《豳风图》、北宋乔促常《后赤壁赋图》；南宋李唐《晋文公复国图》、南宋马和之《鸿雁之什图》、南宋《胡笳十八拍图》、南宋赵孟坚《自书梅竹三诗》；元钱选《王羲之观鹅图》、元鲜于枢《石鼓歌》、元倪赞《虞山林壑图》、元王振鹏《维摩不二图》、元张羽《山水图》、元赵孟頫《双松平远图》；明钱谷《兰亭修禊图》；清《康熙南巡图》第三卷等。

美国普林斯顿大学博物馆，收藏中国书画也十分丰富，主要有：北宋黄庭坚《张大同题语》、李公麟《孝经图》、王洪《潇湘八景图》、米芾《三札帖》；南宋张即之《楷书金刚经》；元钱选《来禽图》、赵孟頫《谢幼舆丘壑图》《赵氏一门合札》、柯九思《上京宫词》、鲜于枢《御史箴》、康里巎巎《草书柳宗元梓人传》；明沈度《真草书诗》等。堪察斯城纳尔逊博物馆，收藏中国书画也久负盛名，有许多是绝世孤本，主要有：北宋许道宁《渔父图》，李成《晴峦萧寺图》，南宋江参《林峦积翠图》，夏珪《山水图》，元任仁发《九马图》，盛懋《山居纳凉图》，张彦辅《棘竹幽禽图》，等等。

港台地区的“东北货”收藏，主要包括：

《诗经·豳风图》，香港王文伯收藏。

《别院春山图》，五代作品，王文伯收藏。

《溪山雪霁图》，五代董源画，香港陈仁涛收藏。

《金英秋禽图》，宋徽宗御笔画，陈仁涛收藏。

《芦汀密雪图》，北宋梁师闵绘，宋宣和内府原装，有宋徽宗御笔题签，香港余协中收藏。

《杜秋娘图》，元人周朗绘。周氏作杜秋娘像，康里氏书唐杜牧《杜秀娘诗》，书、画合璧之佳作，余协中收藏。

《三骏图》，元任仁发绘，余协中收藏。

《商颂图》，南宋马和之绘，南宋高宗书，清乾隆皇帝经过鉴赏，收藏于学诗堂的十四卷名迹之一，上钤学诗堂印；1922 年 11 月 19 日，赏溥杰携带出宫，由香港荣广亮收藏，后携至美国，转售波士顿博物馆。

《灯戏图》，南宋画师朱玉绘，以白描手法描绘上元节宫廷生活习俗，人人头戴面具，身穿彩衣，发簪花枝，最前一人持牌领行，上书“庆赏上元美景”，后有执扇 12 人、秉烛 12 人，生动地展现了南宋真实的宫廷生活，极其珍贵，全卷由香港陈光甫收藏。

《谢昌元座右自警辞》，南宋文天祥三十八岁时书于湖南长沙，香港周游收藏。

《自书梅竹三诗》，南宋书画家赵孟坚书，周游收藏。

《三世人马图》，元赵孟頫画白马，其长子画青斑马，其孙子画桃花点子马，周游收藏。

《树色平远图》，北宋郭熙画师绘，香港张文奎收藏。

《吴江舟中诗》，北宋书画大家米芾绘，张文奎收藏。

《林峦积翠图》，南宋江参画，张文奎收藏。

《桤木诗》，北宋苏轼书，台湾私人收藏。

政府征集和收购

溥仪携带出宫的国宝秘籍，在长春流散之后，政府方面和关心国宝命运的有识之士，一直采取积极措施，千方百计进行征集和收购。政府的征集和收购，主要是指国民政府和中央人民政府的积极征集和收购。

刘时范是国民政府东北地区的一位民政厅长，喜爱书画，精于鉴赏。他是国民政府的几位接收大员之一，所收获的国宝最为丰富：一方面为政府和上司多方搜集长春散出的国宝，另一方面自己选择珍贵的国宝悄悄收藏。刘氏收获的国宝，主要有：北宋韩琦《二牍》，南宋马和之《诗经・齐风图》，明宋濂的《自书戴伯曾序文》、文徵明《自书诗》和沈周的《菖蒲图》等。

郑洞国将军是国民政府派到东北的又一位接收大员，是东北地区的最高军事长官。他用大量黄金收购了长春散出的许多历代书画名迹，包括：宋李公麟的《吴中三贤图》，元赵孟頫的《浴马图》《勉学赋》，元马逵《久安长治图》，元人合璧《陶九成竹居诗画卷》等。长春解放后，郑氏以郑佑民的名义，将元赵孟頫的《浴马图》捐献给故宫博物院。

曾担任长春伪皇宫警卫任务的士兵金香蕙，是辽宁盖县人，曾当过小学美术教师。他在这次小白楼抢劫活动中，收获颇丰，将30余卷宋元书画存放在好友刘国贤家里，自己携带10余卷认为最珍贵的国宝，回到自己的故乡。新中国成立前夕，他卖出了两件：一是马远的《万籁清泉图》，《佚目》中无此卷，杨仁恺先生认为可能是《溪山秋爽图》，此画一直下落不明。二是明唐寅的《事茗图》，此画于20世纪60年代由北京故宫博物院收购。金香蕙将手中的明文徵明《老子像》和清张若霭《五君子图》送给其叔叔，后一再转卖，由旅顺博物馆收藏。更为珍贵的是，图后附有小楷《太上老君说常清静经》。最为可惜的是，新中国成立初期，金氏的妻子出身为地主，因为害怕，竟然将丈夫抢劫来的国宝扔进了火坑，化为灰烬！这些国宝包括：东晋王羲之《二谢帖》，南宋马和之《诗经・郑风图》，南宋陈容《六龙图》，南宋岳飞、文天祥《岳、文合卷》等。

从长春流失的国宝秘籍，通过政府渠道接收、搜集和收购的，大部分拨交故宫博物院收藏，一部分则交当地相关部门管理，最后正式接收，如沈阳故宫博物院、辽宁省博物馆等相关对口单位。杨仁恺先生说："从溥仪携逃时所获的国宝中，拨归前东北博物馆接收典藏，名正言顺，本无问题。而东北博物馆从全面考虑，将全部珠宝玉翠转交沈阳故宫，也是出于全局观点，值得称许。1952年，清理及回收长春伪宫散佚历代法书名画，从数与质的方面说，不减于溥仪携逃的分量。后来，全数上交国家文物局，转拨故宫博物院。"

北宋初年王著书《千字文》，是清宫收藏的一份重要墨迹，乾隆皇帝极为喜爱。王著的书法，流传下来的极少，收录清宫，纳入皇帝鉴赏之列的就是《王著书千字文》真迹一卷。这卷绝世珍品，1922年10月10日是溥仪赏赐给溥杰，携带出宫。经过小白楼哄抢，此卷下落不明。杨仁恺先生说："据当时留长春之于莲客所云，（王著书《千字文》）原件已毁。”事实上，这件真迹，王著书正文、乾隆皇帝书引首和部分题跋，下落不明，但乾隆皇帝题诗和周越后跋尚存于世！这段稀世珍迹，辗转流传到台湾地区。2006 年 3 月 16 日，台湾著名作家李敖先生将这段真迹捐赠给北京故宫博物院。

宫廷珍宝的神秘去向

负责守卫长春伪皇宫的士兵，大肆抢劫小白楼时，忽略了一箱箱的宋元珍本秘籍，使得这些书籍除了极少部分散乱地扔在地上之外，基本上保存完好。可是，这些书籍去了哪里？台湾学者秦翰才说：国民党军占领长春后，国民政府的东北接收大员张嘉璈先生，接收了 13 箱宋元善本秘籍，交给了国立长春大学图书馆保管，现收藏于东北师范大学图书馆。就这批书籍，笔者专门走访了东北师范大学图书馆副馆长王占林先生，王馆长说：“经向我们特藏主任询问，他认为，如果是溥仪带来的书，应该是宋元或更早的善本书，并有宫内藏书印。但我们馆藏仅有一些残卷，没有那么好的东西。”也就是说，王占林和该馆古籍部主任都查过库房，馆中并无这批书籍。

经过查阅大量档案，发现事实是这样的：这批宋元珍本，共计 13 箱，最早应该是由张嘉璈先生接收。但是，他没有交给长春大学，而是直接交给了当时担任沈阳故宫博物院院长、东北文化接收委员会主任委员的金毓黻先生。金先生在国民政府离开东北前夕，将这批从皇宫流出的国宝秘籍，包括宋元珍本和缂丝，用飞机运回北京，再次交回故宫博物院。

全国抗日战争胜利之后，国民政府在东北设立东北文物管理处，接收留存在东北的文物，包括溥仪盗运出宫、遗散在东北的宫廷文物。

通过政府征集，许多珍贵国宝文物，现由辽宁省博物馆收藏，包括：

东晋真书《曹娥诔辞卷》，唐欧阳询行书《仲尼梦奠帖卷》；

唐孙过庭草书《千字文第五本卷》，唐周昉《簪花仕女图卷》；

唐人《摹王羲之一门书翰卷》，五代董源《夏景山口待渡图卷》；

北宋李成《茂林远岫图卷》，北宋欧阳修行书《自书诗文稿卷》；

北宋徽宗《瑞鹤图卷》，南宋高宗书、马和之画《唐风图卷》；

南宋徐禹功《雪中梅竹图等合卷》，南宋陆游行书《自书诗卷》；

南宋文天祥草书《木鸡集序卷》，金杨微《二骏图卷》；等等。

1946年12月，故宫博物院奉命接收东北文管会由长春移运北京的一批珍贵文物，包括缂丝、玉器、古钱等，共计3319件。故宫博物院在《接收清点目录》中称：

> 中央银行长春分行，运平古物，计玉器、缂丝、古钱等，共三千三百十九件，分装二十七箱匣。系于民国三十五年十一月二十五日，中央银行北平分行原封移交本院保管。当于即日起，会同中央银行北平分行，及教育部清理战时文物损失委员会平津区办公处代表，按照原单原箱，顺序启封清点。查原箱，均有民国三十五年三月十九日，中央银行徐庆澜封条。箱外，麻皮，均有同日中央银行晏戴封条。各器并多贴有伪满洲中央银行号签，其名称、件数，除间有不符，及原单间有误字当予更正并加注明外，均依原单开列物品，逐件点验清讫，仍装原箱封存。

这批文物，仅仅丝绣类就有：

宋缂丝《天官》轴，宋缂丝《牡丹团扇》轴，宋缂丝《蟠桃春燕图》轴；

宋缂丝《吴熙蟠桃花卉》轴，宋缂丝《瑶池献寿图》轴，宋缂丝《米襄阳行书》轴；

宋缂丝《米襄阳行书》卷，宋缂丝《紫鸾鹊谱》轴，宋缂丝《崔白三秋图》轴；

宋缂丝《海屋添筹》卷，宋缂丝《绣线合璧》册，宋缂丝《万年枝片段》幅；

宋缂丝《徽宗御笔花卉》轴，宋缂丝《迎阳介寿》卷，宋缂丝《米南宫自书诗》卷；

宋人《扁舟傲睨》轴，宋绣《金刚般若波罗蜜经》。

元缂丝《释迦牟尼佛像》轴，元缂丝《通景花卉屏幛片》轴；

元缂丝《宜春帖子岁朝图》轴，元吴镇《草堂烟雨图》轴。

徵即所以念萬民曲禮八十曰
耄老而智衰之謂茲逮八十幸
賴
天佑身體康強一日萬幾未形
智衰不可不自勉也如至果不
能自勉則亦不敢曠職以待亦
年之期何則
壇
廟之祀不可不躬親雨暘之時
不可不常驗中外之政不可不
日勤民物之養不可不心存苟
失其一叢脞隨之則吾豈敢是
則耄而敬念庶徵仍古稀猶日
孜孜之意也亦五福五代堂之

予沐
昊乾鴻貺為獨深而予之所寅
承
錫羨當何如亦曰體
天愛民誠心勤政與洪範五之
斂錫八之念徵九之三憂孜孜
惕惕日進无疆云尒予之子孫
能心予之心政予之政惕予之
惕憂予之憂或得仰邀
天眷有年至七旬八旬者繼用
此寶則又我大清國億萬斯年
无疆之庥所不敢必而深願者
也是為記
乾隆庚戌新正御筆

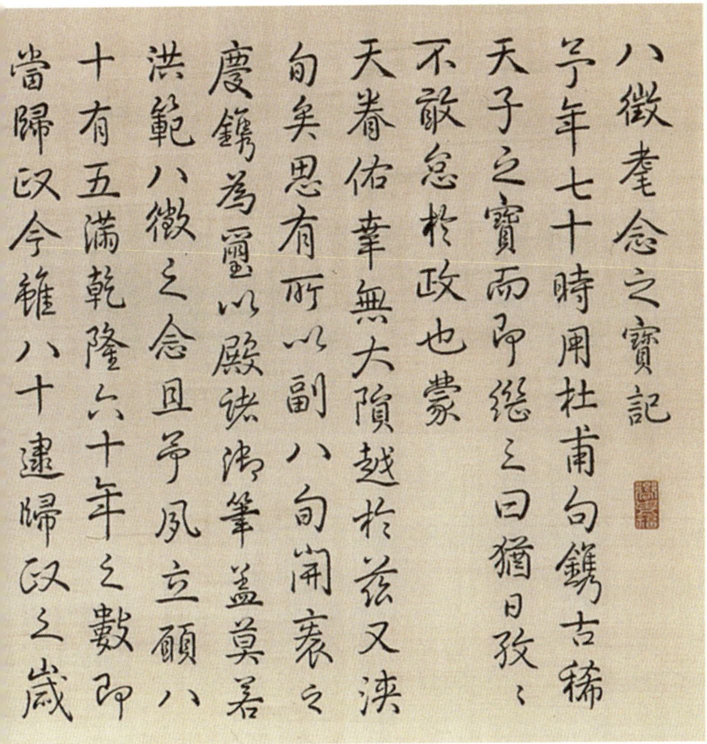

缂丝　乾隆皇帝御笔《八徵耄念之宝记》1

现藏于北京故宫博物院。此卷用缂丝的工艺来摹缂乾隆皇帝为『八徵耄念之宝』所作的记文。

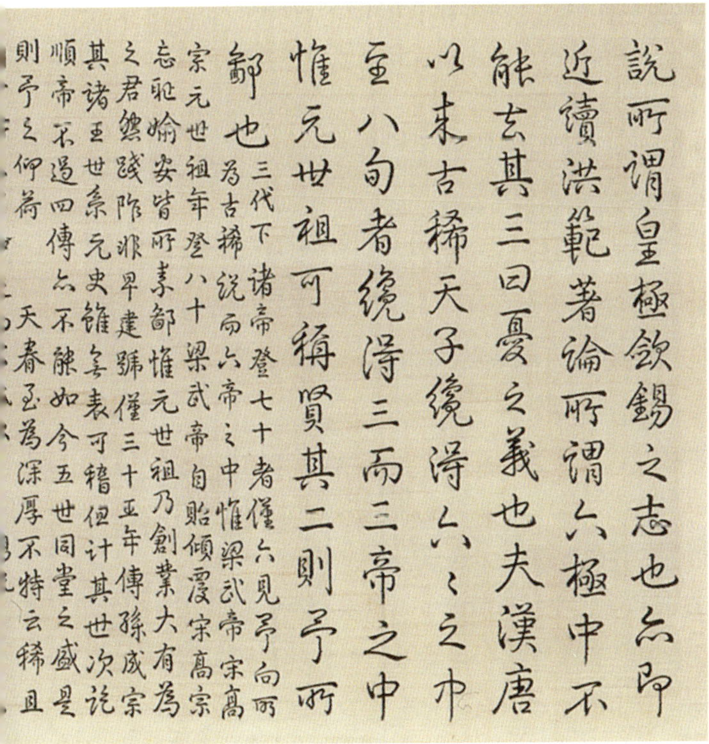

缂丝　乾隆皇帝御笔《八徵耄念之宝记》2

现藏于北京故宫博物院。

明缂丝《故宫屏幛残段》轴，明缂丝《宣宗校射图》轴；

明宣德缂丝《梅花仙禽》轴，明绣《溪山积雪图》轴；

明缂丝《乞巧图》轴，明缂丝《牡丹》轴，明缂丝《碧桃花》轴；

明绣《岁寒三友》轴，明“顾绣”《董其昌弥勒佛像》轴，明陈粲《福禄鸳鸯图》轴。

清康熙组金织彩佛幌，清康熙缂丝《董其昌临蔡苏黄米四家书卷》；

清乾隆御用纱窗帘，清乾隆御用《龙凤双喜绣纱帘》；

清乾隆仿宋绣《花卉小景》轴，清乾隆缂丝《博古花卉椅披》；

清乾隆缂丝《朱衣达摩像》轴，清乾隆缂丝《鸡雏待饲图》；

清乾隆缂丝《雀雏待饲图》，清乾隆缂丝《墨云室记卷》；

清乾隆缂丝《御制平定台湾二十功臣像赞序》，清乾隆缂丝《御制平定台湾告成热河文化碑文》；

清乾隆缂丝《御制福康安奏报生擒庄大田纪事语》，清乾隆缂丝《御制剿灭台湾逆贼生擒林爽文纪事语》。

这些珍宝，都是极其珍贵的宫廷文物，许多都是溥仪带走的宫中之物。宋人《扁舟傲睨图》轴，直幅绢本，附有木匣，匣上刻：元赵孟頫停舟携琴图。臣张之洞恭进。

沈阳故宫博物院，一再请北京故宫博物院接收 13 箱珍贵的宋元书籍，故宫博物院同意，最后由东北行营经济委员会正式移交。北京故宫博物院派员接收，特地开具接收函：“顷接，文管会通知，关于前清点东北行营经济委员会移交之图书十三箱，已核定拨归本院管理，兹遣本院职员持函提取，即希按箱点交，并派员随同来院，会同文管会人员开箱清点，经便交接为荷，特致沈阳博物院筹备委员会。”

故宫博物院接收了这批珍贵秘籍，又接收了文管会和北京图书馆送来的“天禄琳琅”旧本《经典释文》。

北京故宫博物院接受了沈阳故宫博物院送来的这批古书之后，发现有重复版本书籍 7 种，215 册，马衡院长致书北平军事管制委员会文化接管委员会，请交还沈阳故宫博物院：“查本院些资接收沈阳博物院、东北行营经委会移交之图书，业经会同贵会办理接交手续完竣，内中有重复版本书籍七种，计二百十五册。拟仍交还沈阳博物院筹备委员会。”故宫博物院交还的这 7 种书籍，是《通鉴总类》32 册，《尚书》5 册，《黄帝内经·素问》10 册，《四书》11 册，《六家文选》32 册，《资治通鉴》116 册，其他 9 册。1948 年 5 月至 9 月，东北文管处先后多次运送文物到北平，由故宫博物院接收，存放在景山禧雨殿，其中，皇宫秘籍包括：清历朝《玉宝、玉册》，101 包；汉文《清实录》原本，85 包；满文《清实录》原本，65 包。

追寻国宝的踪迹

据溥仪身边的侍卫叙述：1945 年 8 月 12 日，溥仪携带最为珍贵的书画 4 箱，大约 80 件和小金库全部珠宝，匆匆地离开长春。14 日到达大栗子沟，18 日晚上 11 点秘密地乘坐火车离开。临行前，溥仪将随身携带的珍贵书画、珠宝，分给身边的人员，剩余的书画、珍宝，除留下一部分外，大多数则存放在柴扉寮 4 间房内。随后，他们来到临江县之临江公寓，留下部分珠宝给商会林会长，林会长则送给溥仪 15 万元。柴扉寮 4 间房内的书画珍宝，已被盗窃一空。东北民主联军神速进驻临江后，说服林会长，收回了一部分溥仪散出的国宝。

溥仪随身携带的书画珍迹 4 箱，据说都是从宫中盗窃出来的书画精品中挑选的，也是自以为精通鉴赏的溥仪最为喜爱的佳作。在长春伪皇宫缉熙楼中，书画账 3 册，书目账 30 余册。这么多的珍贵书画、珠宝，去向何方？

珍稀孤本唐摹《万岁通天帖》，是 1922 年 11 月 8 日，赏赐溥杰携带出宫的。万岁通天，是唐女皇武则天的年号。深受女皇宠信的王方庆，授予凤阁鸾台的要职。这位聪明过人的幸臣，继续施展他的柔媚功夫，特地将家中祖宗所留存下来的墨宝珍迹：《王羲之一门之书翰》宝迹，包括王羲之、王献之、王导、仲宝、僧绰等人的墨迹，亲自题签，取名《王羲之一门书翰》，进献给女皇武则天。女皇当然喜出望外，因命一一填廓，再由王方庆分别小楷题签，书写女皇武氏特地宣诏推行的万岁通天时代之新字！

这件《万岁通天帖》，南宋时流入岳珂手中。岳珂非常喜爱，特地在卷后题写跋文和赞语："金轮（女皇武则天）御朝，始制十三字，竟有六字之差。"明代大画师文徵明，八十八岁"市寿"之时，展赏此帖，爱不释手，一时兴起，以精致小楷书写长跋，留下千年难得的书林佳话，并盛语称赞此帖是："在今世，当为唐法书第一也！"卷末是明代大书法家董其昌题跋，盛赞其双钩填廓，真正一流高手："此帖云花满眼，奕奕生动。并其用墨之意，一一备具。王氏家风，漏泄殆尽。是必薛稷、钟绍京诸名手双勾填廓，岂云下真迹一等！"

这件名帖，明代时由大收藏家收为镇宅之宝，虽遭遇大火，但幸免于难。清代时，进入宫中，为皇帝珍藏，收藏于乾清宫中。不幸再次降临：清嘉庆十年（1805年），乾清宫大火，乾清宫及周围廊庑陷入一片火海，大量珍贵的宋元版书籍和历代书画化为灰烬。不幸中的万幸，这件稀世珍品《万岁通天帖》再次逃过大劫。《万岁通天帖》一再大难不死，人们对这件火烧之后伤痕累累的珍品古物，越发敬畏，视之为"圣帖"。

"东北货"回宫

1949年3月31日，局势紧张，沈阳博物院筹备委员会主任委员金毓黻先生，致函故宫博物院，请求将运到北平交给故宫的国宝秘籍，包括宋元珍本和玉宝、玉册，《清实录》等，运回沈阳。经中国人民解放军北平市军事管制委员会文化接管委员会同意，由管委会主任周扬、副主任陈微明签发公函，调回这批珍贵文物："查故宫藏有长春流平古物一批，希按前接收清册点交东北文管处，运回东北为荷！此致故宫博物院。"1949年4月2日（周六）上午九点，东北文物管理处派员到故宫博物院接收了玉宝、玉册等文物。1949年4月14日，在故宫博物院绛雪轩，在文化接管委员会人员监督下，东北文管处代表杨孟雄正式接收了玉器、缂丝、古钱文物，准备装运出院，运回东北。故宫博物院院长马衡在批示中写道："准中国人民解放军北平市军事管制委员会文化接管委员会，一九四九年四月十二日平秘字第七七三号函开，故宫藏有长春流平古物一批，希按前接收清册点交东北文管处。业经于一九四九年四月十四日，双方会同文管会代表，点交清讫。”

东北文管处编审科长杨孟雄也签署了收讫单：“准北平文管会公函平秘字第七九三号指示，前项文物移交东北文管处，运回东北。当即于本年四月十四日，会同院方负责人，将文物点收清讫。”点交单上，北平市军事管制委员会文化接管委员会代表王冶秋，也签字盖章。

这批运回东北的文物，十分珍贵，仅仅珠玉类的文物就有：

玉花杯、玉小碟、玉水池、玉水碗、玉小瓶、玉花盒、玉花屏、玉花瓶；

玉插屏、玉壶、玉花碟、玉三镶如意、玉石山、玉册文、玉鸳鸯、玉石瓶；

玉茶碗、碧玉缸、玉盖碟、玉花碗、玉三星、金描玉碗、玉水仙、玉雀盆；

玉如意、玉长方盘、汉玉壶、玉小盒、玉中碗、玉圆盘；

脂玉佛子、脂玉笔筒；

水晶葫芦、水晶水池、翠插屏、镶珍珠金戒指、镶钻石金戒指、镶珍珠饰物；

镶珍珠镯子、小宝石、镀金金属、宝石屑、碧鼎炉、碧玉插屏、脂玉鹿、玉寿桃盆；

白玉插屏、玉壶水池、玉鹿、汉玉杯、碧玉大碗、玉十二辰、玉砚池、密蜡朝珠；

淡蓝晶石朝珠、嵌花玉如意头、玉盒、玉手臂、乾隆御题玉牌子；等等。

那么，溥仪携带出宫的国宝秘籍命运如何？最后回到沈阳了吗？

由于故宫博物院和北平军事管制委员会出面，拒绝将溥仪携带出宫的国宝秘籍运回沈阳。这样，这批国宝秘籍又逃过了一劫，仍然留在故宫博物院。故宫博物院致函北平军事管制委员会，态度很坚决，认为这批书籍都是当年溥仪带出宫的，都是宫中的“天禄琳琅”珍本书籍，理应由故宫博物院收藏。

故宫博物院先后多次接收了东北方面归还的溥仪携带出宫的清宫旧藏珍籍，而且，这些珍本，许多正是乾隆时期建立的“天禄琳琅”珍藏。当然，也有不是“天禄琳琅”的本子，但这些秘籍，都很珍贵，主要有：

《资治通鉴》294 卷，142 册，半页 10 行，行 21 字，白口，慎、淳等字缺笔，宋绍兴初刻本。1922 年 9 月 18 日，赏溥杰携带出宫宋版《资治通鉴》，1 部 18 套。

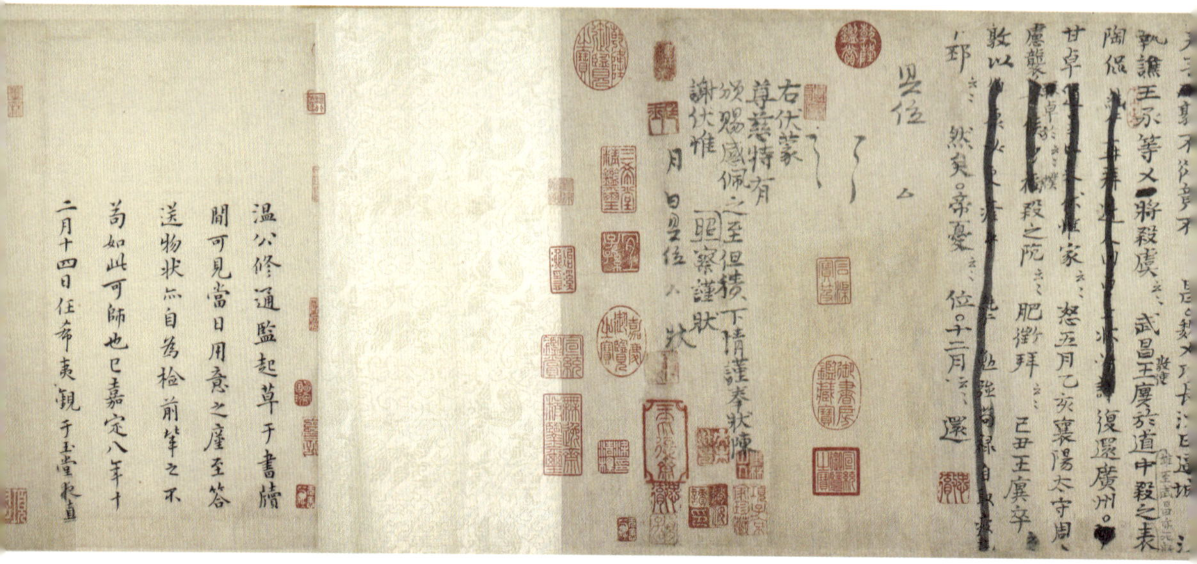

《曹子建集》十卷，宋嘉定前刻本。

《温国文正司马公文集》八十卷，卷前有绍兴二年序言，为宋绍兴初刻本。

《欧阳文忠公居士集》五十卷，凡、慎、桓等字避讳缺笔，宋绍兴年间刻本。

《清波杂志》十二卷，卷前有宋绍兴年序，凡、慎避皇帝讳。

《三苏先生文集》七十卷，匡、恒、贞诸字减笔避皇帝讳，宋光宗前刻本。

《淮海先生文集》二十六卷，慎字缺笔，宋宁宗时蜀刻本。

《孔丛子》七卷，宋刻本。

《礼记郑注》二十卷，宋刻本。

《六臣文选》，宋刻本。

《五朝名臣言行录》，宋刻本。

《通鉴总类》，宋刻本，钤乾隆之宝印。

这批珍籍，宋本有 27 部，“天禄琳琅”珍本，主要有：

《周易本义》十二卷，《天禄琳琅书目后编》卷二著录，宋版，存六册。1922 年 7 月 14 日，溥仪盗窃行动的第二天，赏赐溥杰全套，携带出宫。

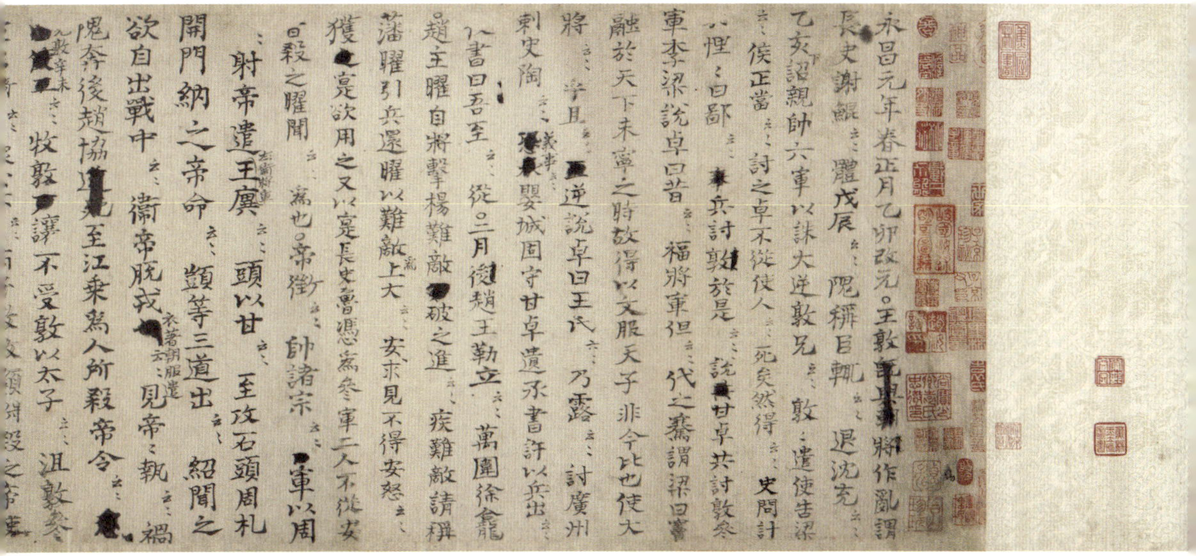

《资治通鉴残稿（长卷）》

北宋司马光主编的一部编年体史，共 294 卷，记录的是周威烈王至五代周世宗共计十六朝的历史。它是我国的第一部编年体通史。全书按朝代分为十六纪，分别为《周纪》五卷、《秦纪》三卷、《汉纪》六十卷、《魏纪》十卷、《晋纪》四十卷、《宋纪》十六卷、《齐纪》十卷、《梁纪》二十二卷、《陈纪》十卷、《隋纪》八卷、《唐纪》八十一卷、《后梁纪》六卷、《后唐纪》八卷、《后晋纪》六卷、《后汉纪》四卷、《后周纪》五卷。主要讲的是国家的政治、经济、军事以及历史文化等方面。此残稿共计 29 行 465 余字。现藏于台北故宫博物院。

禄琳琅书目后编》著录，全套6册。这部珍贵的影宋本书籍，是1922年7月18日，溥仪盗窃行动的第五天，赏赐溥杰，携带出宫的。

溥仪赏赐弟弟，携带出宫的“天禄琳琅”秘籍中的元版书籍，共计 10 部。这批沈阳博物院交给北平故宫博物院的珍贵元版秘籍，共有 16 部，其中溥仪盗窃出宫的有 2 部，包括：

《韵府群玉》二十卷，《天禄琳琅书目后编》著录。1922 年 9 月 25 日赏赐溥杰，携带出宫。

《增修文事类聚翰墨全书后丙集》六卷，《天禄琳琅书目后编》著录。1922 年 9 月 25 日，赏赐溥杰，携带出宫。

其他珍本，包括：《学易记》九卷，《天禄琳琅书目后编》著录。《说文解字韵谱》一卷，《天禄琳琅书目后编》著录。《通鉴总类》二十卷，《天禄琳琅书目后编》著录。《王荆文公诗》五十卷，《天禄琳琅书目后编》

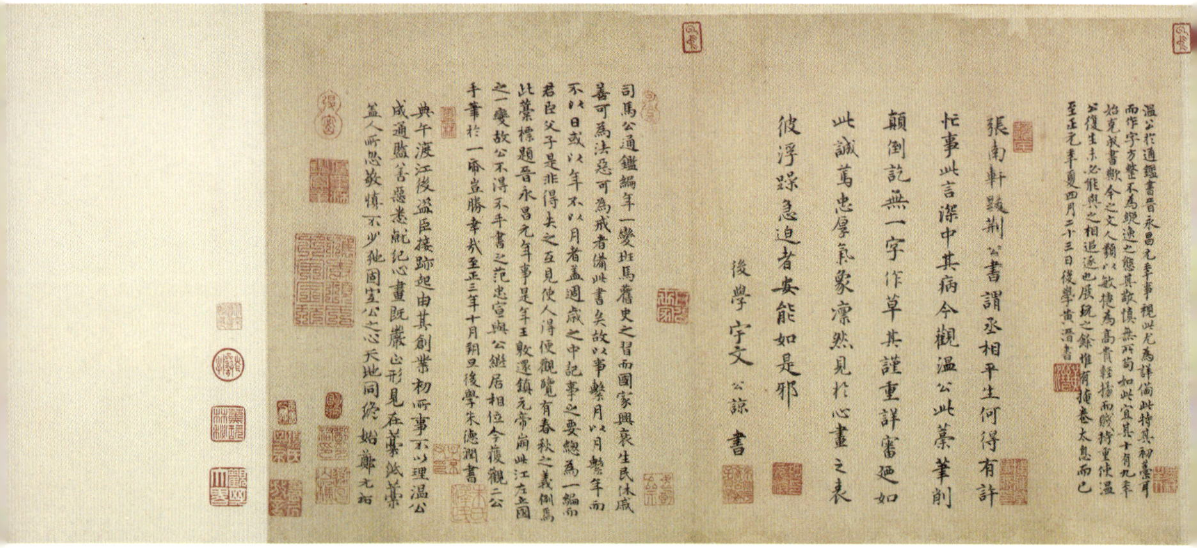

著录。《大广益会班篇》三十卷，《天禄琳琅书目后编》著录，原题宋版，审定元版。《纂图互注六子全书》，《天禄琳琅书目后编》著录，原题宋版，审定元版。《丽泽论说集录》，《天禄琳琅书目后编》著录，原题宋版，审定元版。《新编证类图注本草》，《天禄琳琅书目后编》著录，原题宋版，审定元版。等等。

这批沈阳归还的珍贵书籍，明版达 27 部之多，而且，许多都是“天禄琳琅”秘籍，主要包括：《毛诗》《仪礼》《春秋经传》《春秋经传集解》《前后汉纪》《元经薛氏传》《重广补注黄帝内经素问》《论衡》《梁溪漫志》《自警编》《西京杂记》《欧阳文忠公集》《三苏先生文粹》《临川先生文集》、《六家文选》四部、《唐文粹》《唐人万首绝句》等，都见于《天禄琳琅书目后编》著录。

溥仪赏赐出宫的明版书，只有 1 部，却意外地出现在这批书中。这批沈阳归还的清宫秘籍，有 2 部是精抄本，其中之一的《诗经解颐》，就是溥仪赏赐弟弟溥杰携带出宫的唯一明版书：《诗经解颐》四卷，《天禄琳琅书目后编》著录。1922 年 7 月 14 日，溥仪盗窃行动的第二天，赏赐溥杰携带出宫。另 1 部精抄本是《易小传》，原题影宋抄本，实则是清抄本。

溥仪盗窃出宫的宫中秘籍，没有清代版本。这次沈阳归还书籍，有 6 部清

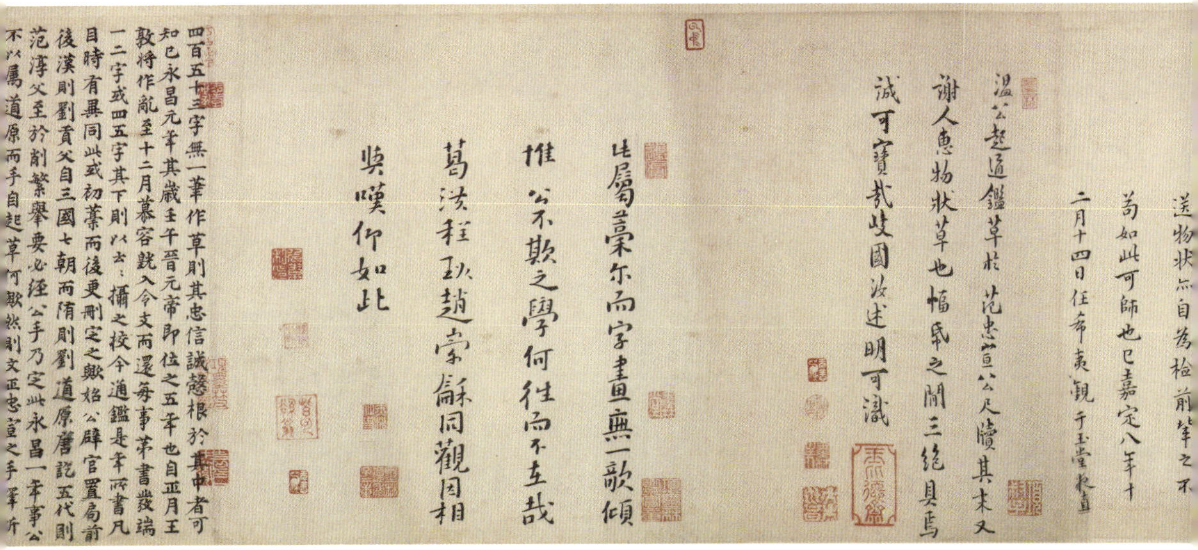

本，其中5部刻本，1部抄本。这5部刻本，也是赏赐出宫的，不过原定为宋版，现确定为清本：《说文解字》三十卷，《天禄琳琅书目》未著录，原题翻宋本，审定为清毛氏汲古阁本。《佩觿》三卷，《天禄琳琅书目后编》著录，原题宋版，审定是清张氏泽存堂刻本。《班马字类》三卷，《天禄琳琅书目后编》著录，原题宋版，审定为清翻宋本。《权文公诗集》十卷，《天禄琳琅书目后编》著录，原题宋版，审定为清刻本。《雍正谕折》，清抄本。

附 宫廷国宝的命运

有多少中国文物流失海外？

根据联合国教科文组织统计，中国有160余万件国宝级的珍贵文物流失海外，被世界各地的200余家博物馆收藏。日本仅仅在侵华期间掠夺的中国文物，就达360余万件。流失海外的3万片珍贵的甲骨文片，日本就有约13000片。据记载，战后日本归还中国部分战争时期掠夺的中国文物，多达近16万车，其中，珍贵文物就有2000余件。英法联军洗劫圆明园，八国联军侵入北京，大肆掠夺，许多珍贵的文物流入英、法、美等国，成为各国博物馆引以为豪的经典收藏。

大英博物馆的中国珍品收藏多达700万件，其中，收藏的中国书画、古籍、玉器、陶器、瓷器、青铜器、雕刻品等珍稀国宝3万余件，许多都是从未面世的孤品。流失海外的中国古代绘画精品几乎都在馆中，包括：东晋顾恺之《女史箴图》，唐代摹本，清乾隆皇帝最为珍爱；初唐宗室李孝斌之子、左武卫大将军李思训《青绿山水图》；北宋初江南画派代表人物巨然《茂林叠嶂图》；北宋三大家之一的范宽《携琴访友图》；号称“龙眠居士”的安徽人李公麟《华岩变相图》；北宋大文豪苏轼《墨竹图》等。

法国枫丹白露宫特设中国馆，收藏的中国珍稀文物也达3万余件，涉及中国古代绘画、书法、书籍、舆图、经卷、陶器、瓷器、玉器、青铜器等各个方面。法国国家图书馆也收藏着丰富的中国文物，藏品之精，令人惊叹。

日本拥有1000余座大小博物馆，这些博物馆收藏着大量的中国历代文物，数量应该在数十万件以上，其中珍品、孤品更是不计其数。东京国立博物馆是日本最大的国家博物馆，收藏着历代的文物珍品，藏品多达 9 万余件。其中，中国珍贵文物就 1 万余件。这些文物，包括玉器、陶器、瓷器、书画、古籍等。文物名品有：南宋李迪《红白芙蓉图》，南宋马远《寒江独钓图》，南宋梁楷《李白行吟图》《雪景山水图》等。

分散在五湖四海私人手中的中国珍贵文物的数量，实在无法统计，估计应该在 1600 万件以上。

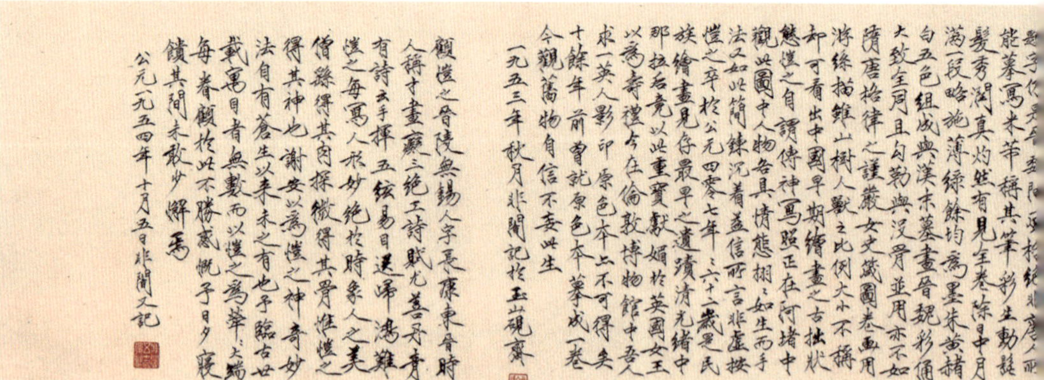
能摹寫米芾稱其筆彩生動髭
髮秀潤真灼然有見全卷除日中月
滿一段略施薄綠餘均為墨朱黃赭
白五色組成與漢末墓畫晉魏彩俑
大致全同且勾勒與沒骨並用亦不如
隋唐格律之謹嚴女史箴圖卷畫用
游絲描雖山樹人獸之比例大小不稱
却可看出中國早期繪畫之古拙狀
態愷之自謂傳神寫照正在阿堵中
觀此圖中人物各具情態栩栩如生而手
法又如此簡練沉着益信所言非虛按
愷之卒於公元四零七年年六十二歲是民
族繪畫見存最早之遺蹟清光緒中
那拉后竟以此重寶獻媚於英國女王
以為壽禮今在倫敦博物館中吾人
求一英人影印原色本亦不可得矣
十餘年前曾就原色本摹成一卷
今觀舊物自信不妄此生
一九五三年秋月非闇記於玉山硯齋

顧愷之晉陵無錫人字長康東晉時
人稱才畫癡三絕工詩賦尤善丹青
有詩云手揮五絃易目送歸鴻難
愷之每寫人形妙絕於時象人之美
僧繇得其肉探微得其骨惟愷之
得其神也謝安以為愷之神奇妙
法自有蒼生以來未之有也予臨古廿
載寓目者無數而以愷之為莘莘大端
每春觀於此不勝感慨予日夕寢
饋其間未敢少懈焉
公元一九五四年十月五日非闇又記

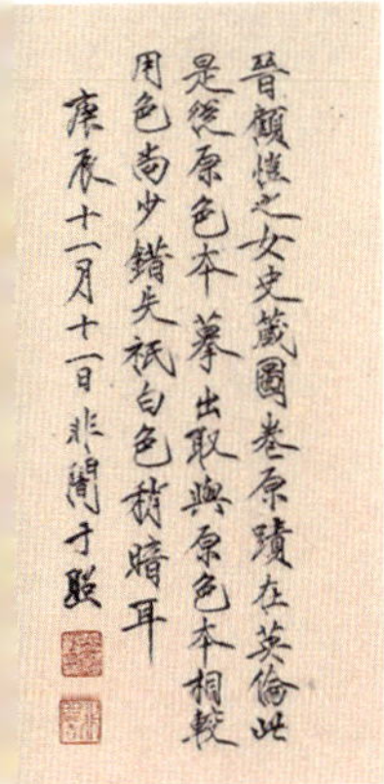

清　于非闇摹《女史箴图》卷

东晋顾恺之绘，此为南宋摹本。此图根据晋代诗人张华所写的《女史箴》绘制，“女史”指宫中妇人，“箴”为规劝、劝诫之意。晋惠帝时期，贾后专权。《女史箴》讲的是历朝历代贤妃的故事，主要用意是讽谏贾后和用以教诫警世，告诫宫廷妇女需遵守妇德。描绘关于贤妃的故事有“樊姬感庄”“卫姬谏齐桓公”“冯婕妤挡熊”等。

有多少皇宫国宝流失宫外？

据估算，大约有 30 万件以上的皇宫国宝，流传宫外。

流失海外的中国古代名画，有 2 万余件，其中，唐代卷轴画 20 余张，宋代卷轴画 200 余张，元代画近 200 张，明代画约 8000 张，清代画约 12000 张。按照流失海外的地区划分，美洲、欧洲和日本各占三分之一。美洲主要是美国和加拿大；欧洲则主要是当年来到中国大肆掠夺的英国、法国、德国、瑞典、比利时等国。

这些中国的国宝，都是在那个任人宰割的年代被侵略者强行抢夺的。他们掠夺的文物，主要是 1860 年英法联军洗劫圆明园、1900 年八国联军掠夺北京，以及盗窃龙门石窟、敦煌藏经洞等地的珍贵藏品，包括《女史箴图》《洛神赋图》《七月都下帖》《离骚经》和著名的洛阳龙门石窟《帝后礼佛图》浮雕等。

英法联军洗劫圆明园国宝

清咸丰十年（1860 年），英法联军入侵北京，洗劫圆明园，掠夺园中珍贵文物不计其数。仅大英博物馆就有 2 万余件的收藏，包括：皇帝玉玺、如意、时钟、金塔、玉磬、瓷器、陶器、玉器、漆器、牙雕、珊瑚、琥珀、水晶、朝珠，以及乾隆皇帝极其珍爱的高约 3 尺的白色大玉马等珍稀孤品。

英国收藏着大量的中国宫廷文物，包括中国珍贵古书。大英博物馆是英国最大的国家博物馆，是世界上公认收藏中国珍贵文物最丰富、最精美的博物馆。英法联军掠夺圆明园以后，英军将抢夺的部分珍贵文物进献给当政的维多利亚女王，女王将这批文物存放在大英博物馆。馆中 700 万件藏品，大多是掠夺而来的世界各国珍贵文物。中国文物 2 万余件，包括敦煌盗宝第一人的斯坦因盗取的大批敦煌古书和其他文物。大英图书馆收藏有中国珍贵古籍 6 万多种，其中，包括十分珍稀的甲骨文、竹简、敦煌藏经，还有他们视为极品珍藏的中国波罗蜜多经卷的最早版本、明本《永乐大典》4 卷和稀见舆图等。

法国是掠夺圆明园文物的另一个主要国家，收藏圆明园珍贵文物最多、最好的博物馆也是被称为蓝色之泉的枫丹白露王宫。这座 12 世纪法王路易六世（1108—1137 年在位）开始兴建的王宫，一直是皇帝避暑、狩猎、游乐之所。经过几代帝王不断地兴建、扩充和对外掠夺，王宫日益完善，更显富丽堂皇。

枫丹白露宫中的中国馆，是法国皇帝拿破仑三世（1852—1870 年在位）的皇后欧仁妮建立的。这位美丽的法国皇后，喜爱珍宝文物，特别是东方珍品。1860 年，英法联军入侵中国，洗劫了万园之园的圆明园。满载而归的侵华法军司令孟托邦得意扬扬，将部分抢劫来的战利品，敬献给自负的拿破仑三世和美丽的皇后。面对士兵们掠夺来的中国圆明园的精美文物，皇后喜不自胜，吩咐特建中国馆，收藏这些稀世之珍。中国馆收藏极其丰富，涉及书画、首饰、金器、银器、书籍、瓷器、玉石、香炉、编钟等方面，都是稀有珍品。这些文物，器物之华贵，造型之精美，制作之细致，都是令人惊叹的。中国馆的珍藏和展览，可以说是中国圆明园在法国的再现。

法国国家图书馆是法国国家级最大的图书馆，收藏着十分丰富的东方图书，特别是中国古籍，藏品时代之早、品相之精、器物之美，都是别的图书馆无法相比的。它的收藏包括：东晋义熙二年（406 年）绢写本《十诵比丘戒本》，沙门弘文手书诵读本；北魏皇兴五年（471 年）绢写本《佛说无量寿经》卷下，康僧铠译；北魏宣武帝延昌三年（514 年）写本《成实论》，敦煌镇经生师令孤崇哲法海寺手写；北魏普泰二年（532 年）写本《大智第二十六品释论竟》，鸠摩罗什译，东阳王元荣造；大梁天监十八年（519 年）写本《出家人受菩萨戒法卷第一》，戴萌桐书；陈宣帝太建八年（576 年）写本《佛说生经第一》，洛阳白马寺慧湛造；隋开皇九年（589 年）写本《大楼炭经卷第三》，法立、法炬译，上书“皇后为法界众生敬造一切经”；唐代精绣本，黄丝绢绣于蓝绢上的丝绣本《佛说斋法清静经》；唐代精写本，《妙法莲华经卷七品第二十五佛说观世音经》，蓝笺，泥金书，鸠摩罗什译；唐写本金字藏经《添品妙法莲华经序品第一》、黑地金字《金刚般若波罗蜜经》、墨笔泥金三行间书的《普贤菩萨行愿王经》，明万历九年（1581 年）刻本《大方广佛华严经普贤行愿品》，以及大量珍稀舆图《大清万年一统地理全图》《黄河地区全图》《重庆府渝城图》等。这里也收藏着丰富的圆明园文物，包括清宫廷画师沈源、唐岱精绘的绢本《御制圆明园四十景诗》，宫廷画师沈源、孙佑精刻的木刻本《圆明园四十景图》，以及宫廷画师郎世宁所画《圆明园菊花迷宫图》《格登鄂拉斫营图》，宫廷画师伊兰泰精绘的海晏堂西洋楼铜版画 40 幅，等等。

八国联军洗劫北京国宝

清光绪二十六年（1900 年），八国联军入侵北京，皇宫珍宝文物再遭浩劫，大量宫廷文物被掠走。据内务府进奏，掠夺的文物主要包括：碧玉弹子 24 颗，金钟 2 座，李廷珪墨 1 盒，琬琰大屏风 4 扇，玉马 1 匹，墨晶珠 1 串，林凤翔、洪宣娇牙齿一盒，宝物 2000 余件。

坛庙方面，珍宝文物损失十分严重：北京四坛——天坛、地坛、日坛、月坛镇坛之宝——苍璧、黄琮、赤璋、白琥不幸丢失。坛庙损失的珍宝，也很惊人，主要包括：天坛 1148 件，社稷坛 168 件，嵩祝寺金像 3000 尊，铜佛 5 万座，等等。

图书在版编目（CIP）数据

故宫国宝 / 向斯著. —北京：中国工人出版社，2021.2
ISBN 978-7-5008-7592-5

Ⅰ.①故… Ⅱ.①向… Ⅲ.①故宫博物院－历史文物－介绍－中国 Ⅳ.①K87

中国版本图书馆CIP数据核字（2021）第027270号

故宫国宝

出 版 人	王娇萍
责任编辑	葛忠雨　刘广涛
责任印制	黄　丽
出版发行	中国工人出版社
地　　址	北京市东城区鼓楼外大街45号　邮编：100120
网　　址	http：//www.wp-china.com
电　　话	（010）62005043（总编室）（010）62005039（印制管理中心） （010）62379038（社科文艺分社）
发行热线	（010）62005996　82029051
经　　销	各地书店
印　　刷	北京盛通印刷股份有限公司
开　　本	710毫米×1000毫米　1/16
印　　张	21.5
字　　数	340千字
版　　次	2021年4月第1版　2025年9月第7次印刷
定　　价	88.00元